1年

版

うがくこくご

教科書ぴったりトレーニング

			きょうかしょページ	ぴったり1 じゅんび	ぴったり2 れんしゅう
1	はじめの　べんきょう　ひらがな・かたかなの　おさらい①～④	きょうかしょ上	14～97	2～5	
	なつの　チャレンジテスト①②		14～97	6～9	
2	けんかした　山		98～103	10～13	14～15
	かん字の　はじまり		105～107	16～19	20～21
	だれが、たべたのでしょう		113～123	22～25	26～27
	たのしかった　ことを　かこう				
	かぞえよう				
3	しらせたいな、いきものの　ひみつ	きょうかしょ下	8～9	28～29	33～34
	はたらく　じどう車		12～16	30～32	
	「のりものカード」で　しらせよう		21～23	35	40～41
	なにを　して　いるのかな？		26	36	
	日づけと　よう日		28～30	37～39	
4	うみへの　ながい　たび		33～48	42～46	47～48
5	天に　のぼった　おけやさん		54	49	52
	かたかな		56～57	50～51	
	かん字の　よみかた		58～59	53～56	57
6	こころが　あたたかく　なる　手がみ		61	58	61
	スイミー		64～80	59～60	
	ふゆの　チャレンジテスト①②		上98～下80	62～65	
7	文を　つくろう		102～111	66～71	72～73
	かわる　よみかた				
	ことばで　つたえよう				
8	にて　いる　かん字		118～138	74～79	80～81
	お手がみ				
	はるの　チャレンジテスト①②		102～119	82～85	
★	よみかたさくいん			86～88	

巻末	学力しんだんテスト	とりはずして お使いください
別冊	まるつけラクラクかいとう	

月　日

はじめのべんきょう

ひらがな・かたかなの　おさらい①

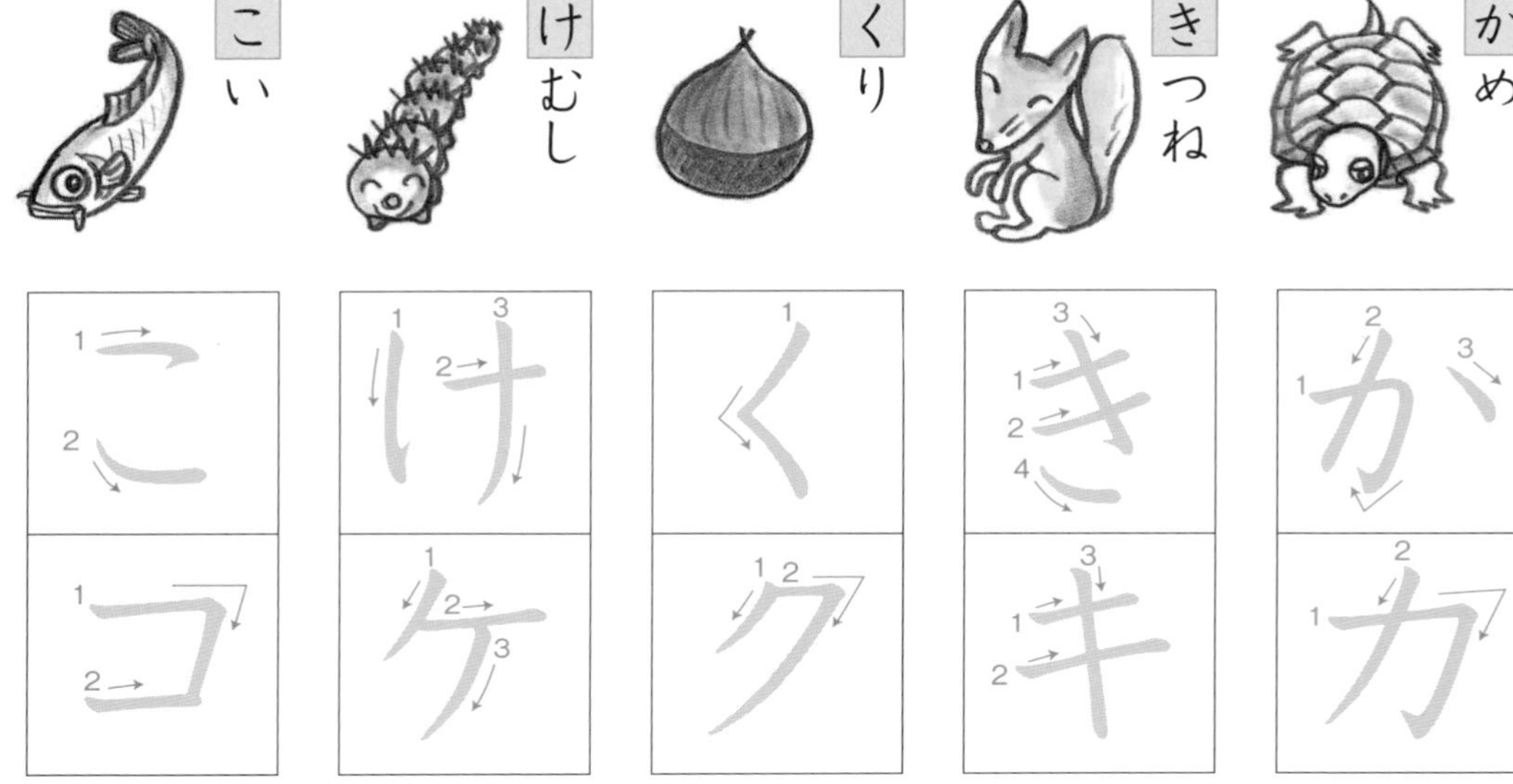

きょうかしょ
上14～97ページ

ひらがな・かたかなの おさらい②

きょうかしょ 上14～97ページ

たこ

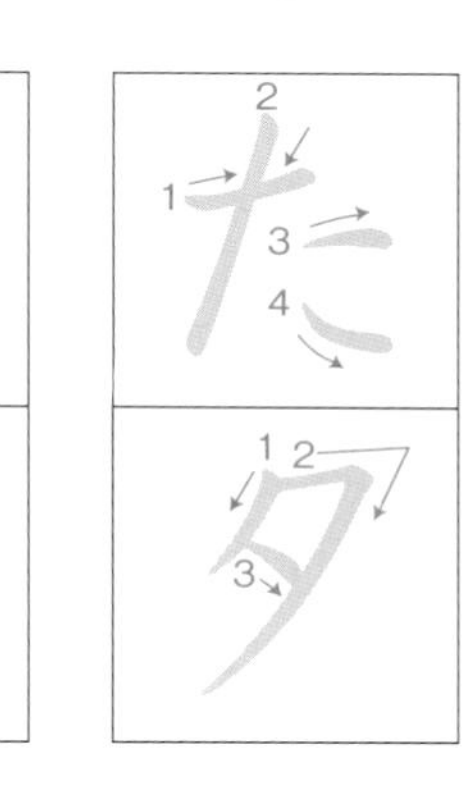

ちくわ

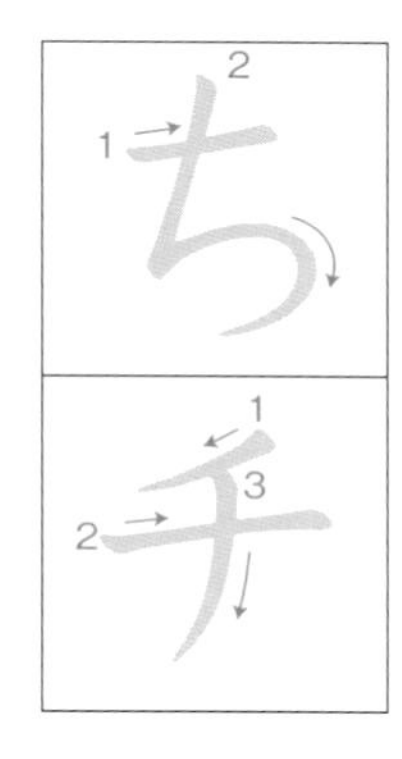

つみき

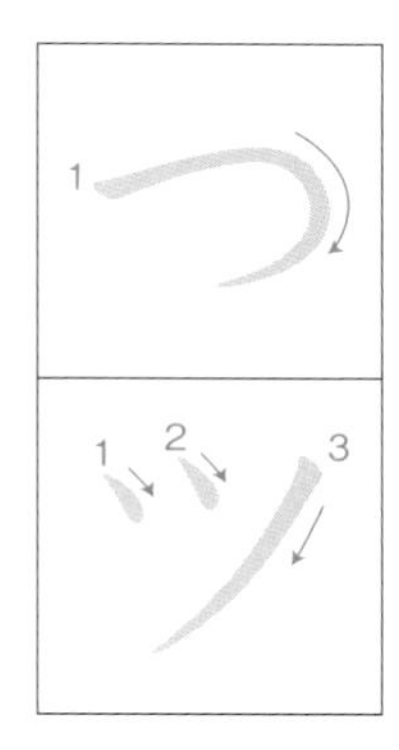

てつぼう

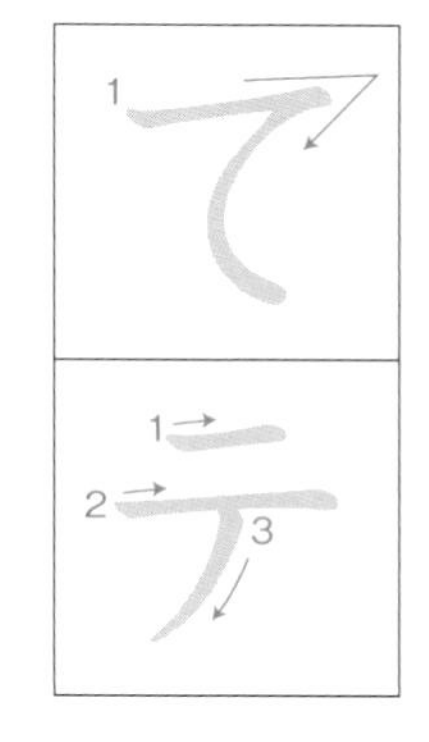

とけい

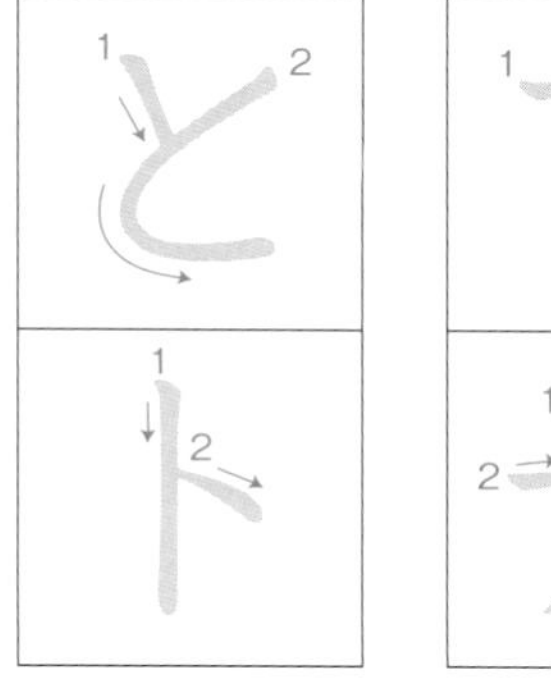

なす

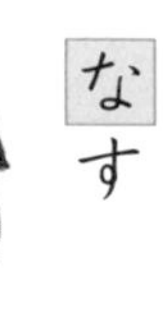

にわとり

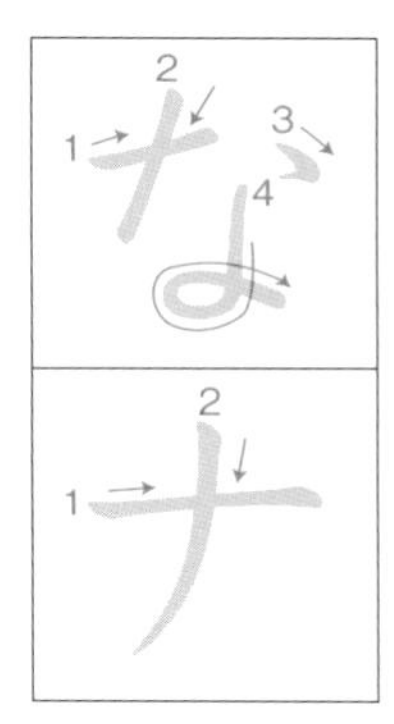

ぬりえ

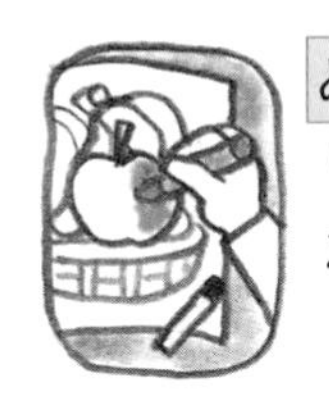

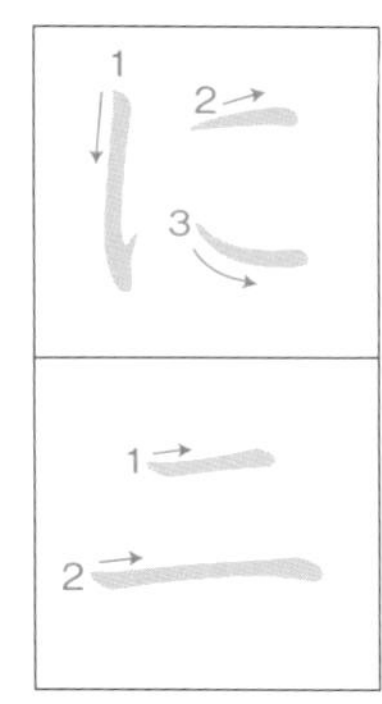

ねずみ

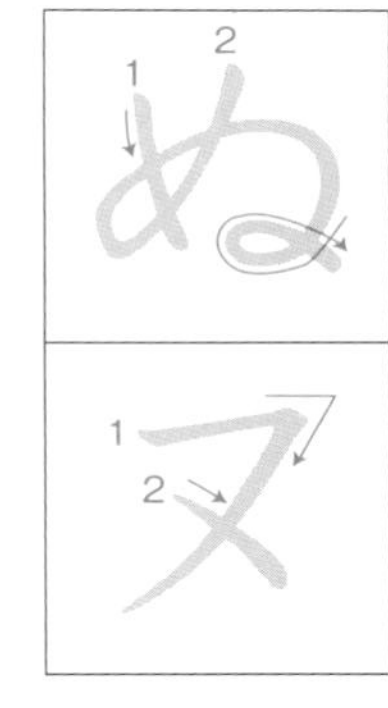

のはら

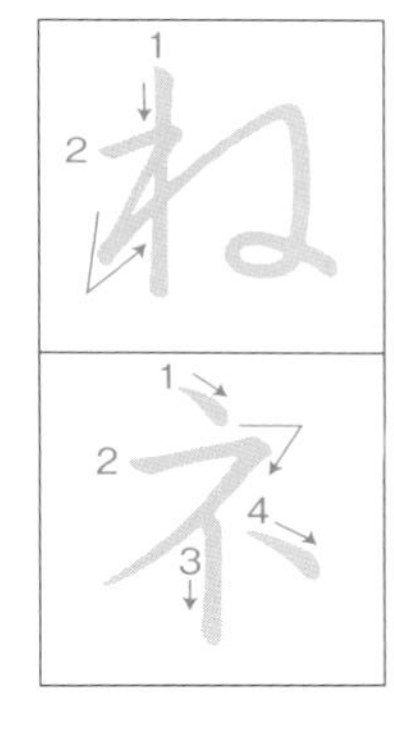

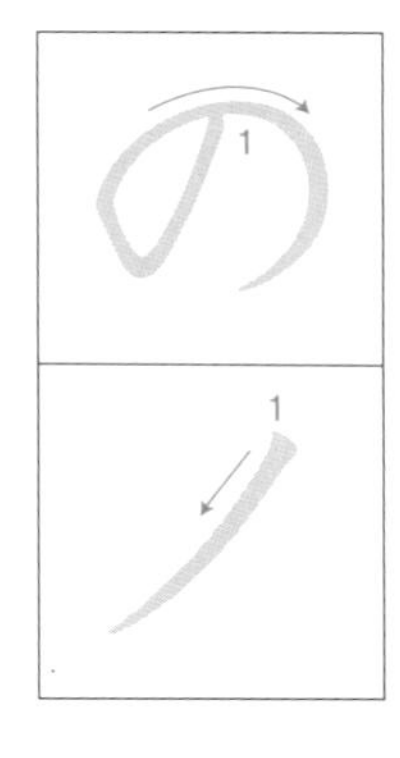

はち

ひこうき

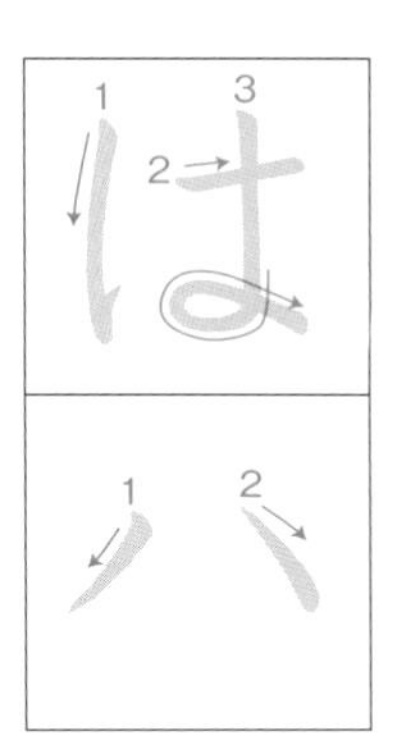

ふね

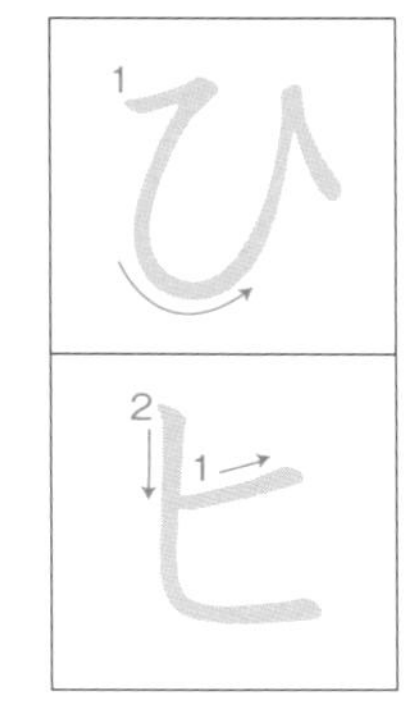

へちま

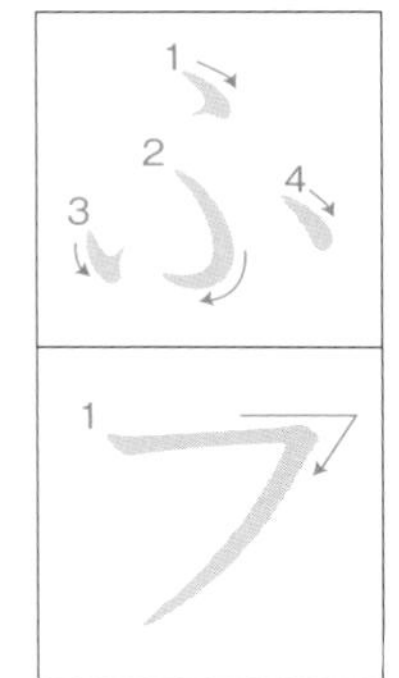

ほし

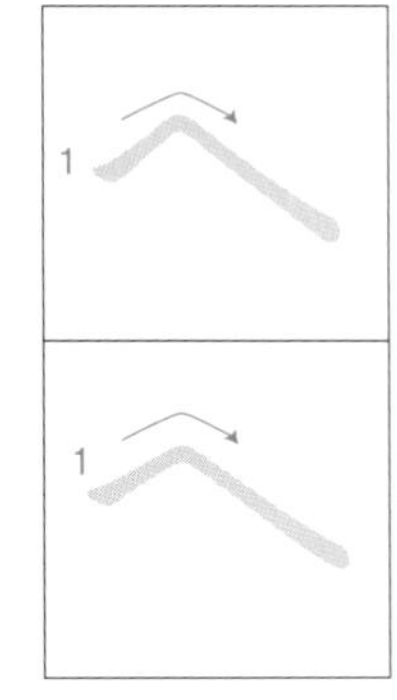

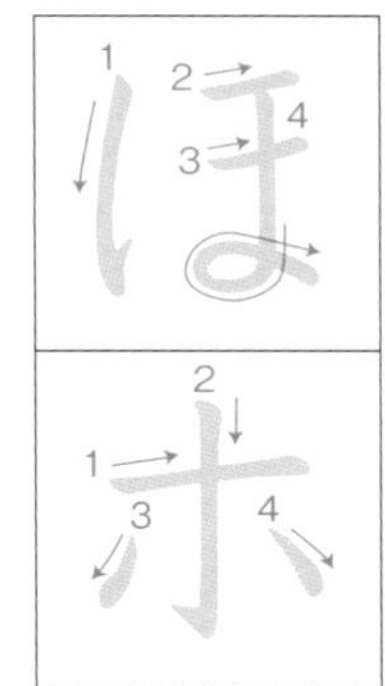

月　　日

はじめのべんきょう

ひらがな・かたかなの　おさらい③

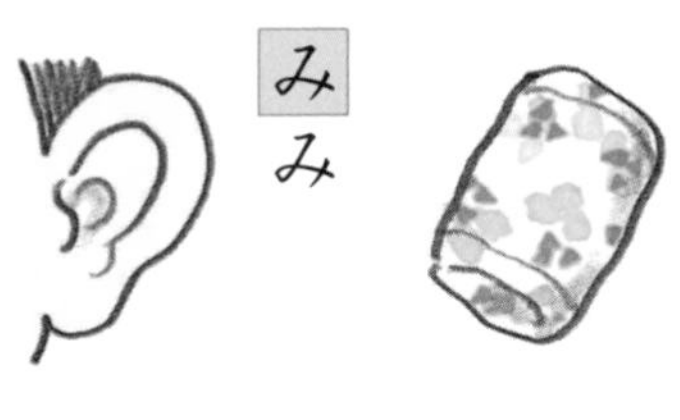

まくら　みみ　むしめがね　めだか　もり

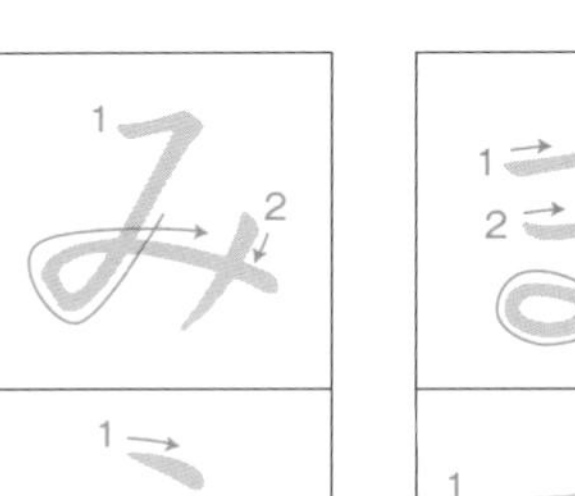

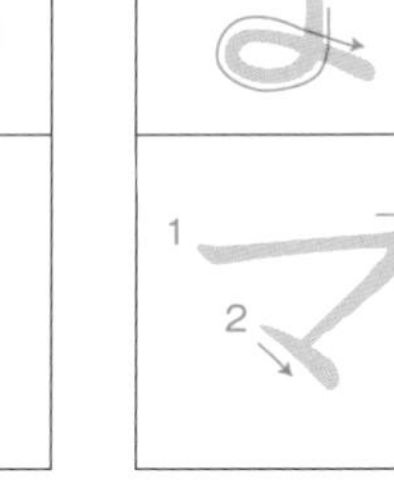

ま　マ　み　ミ　む　ム　め　メ　も　モ

やかん　ゆかた　ようかん

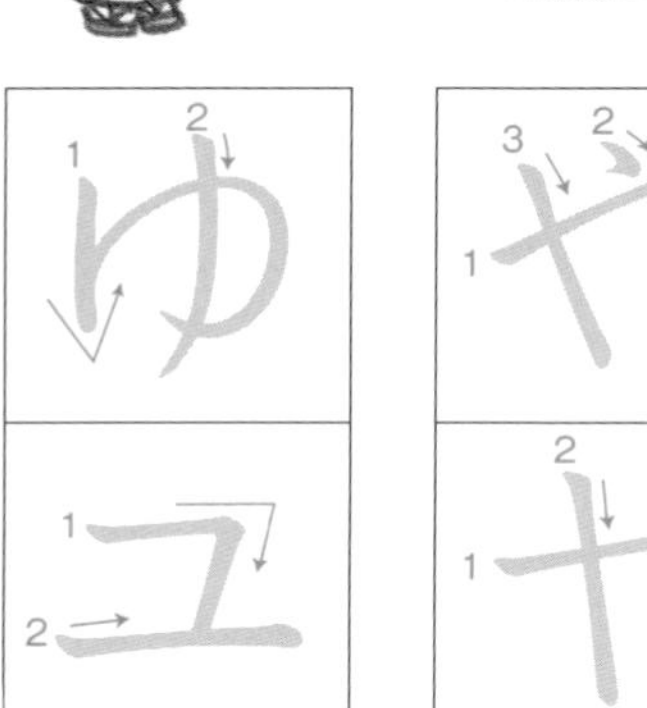

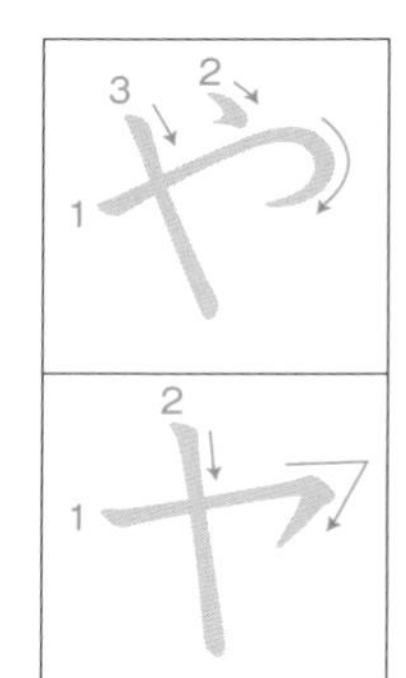

や　ヤ　ゆ　ユ　よ　ヨ

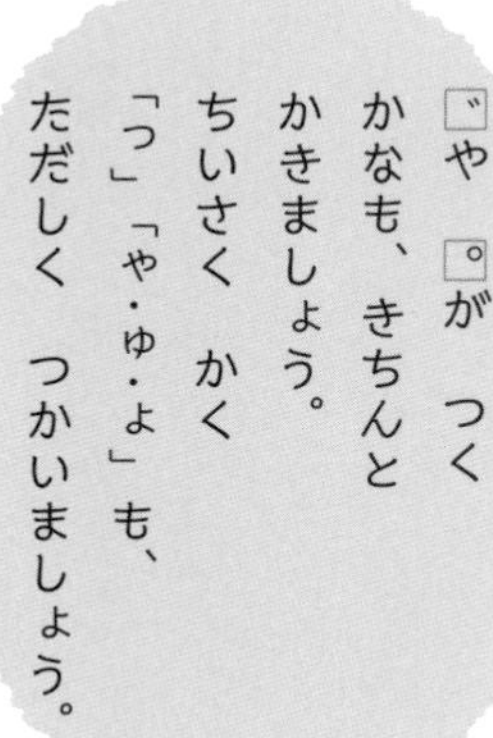

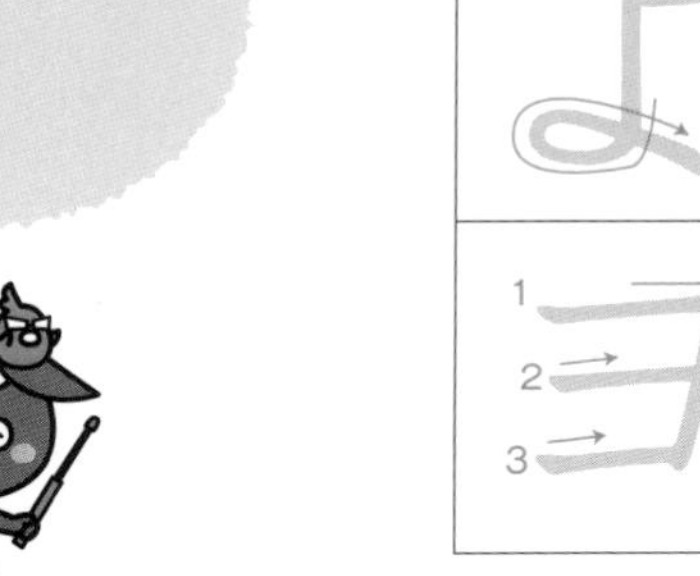

゛が　つく　じ

がぎぐげご　ガギグゲゴ
ざじずぜぞ　ザジズゼゾ
だぢづでど　ダヂヅデド
ばびぶべぼ　バビブベボ

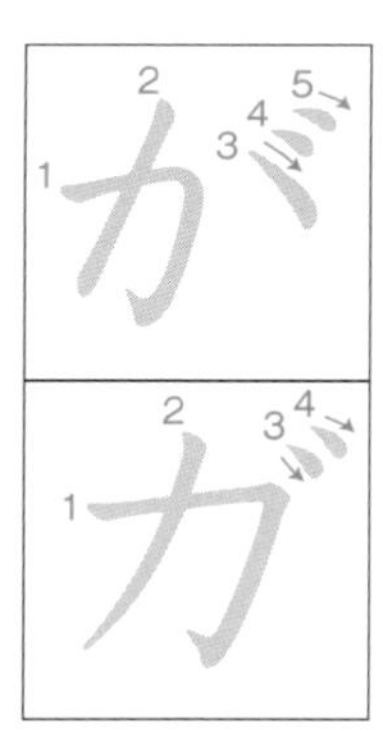

が　ガ

゜が　つく　じ

ぱぴぷぺぽ　パピプペポ

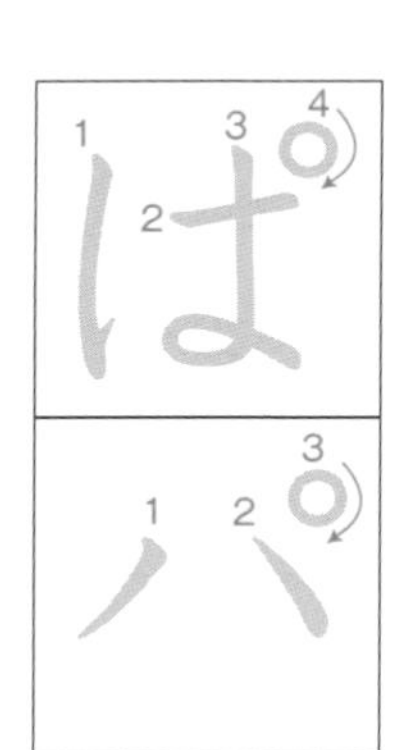

ぱ　パ

きょうかしょ
上14〜97ページ

月　日

はじめのべんきょう
ひらがな・かたかなの　おさらい④

わし
きを　きる
みかん

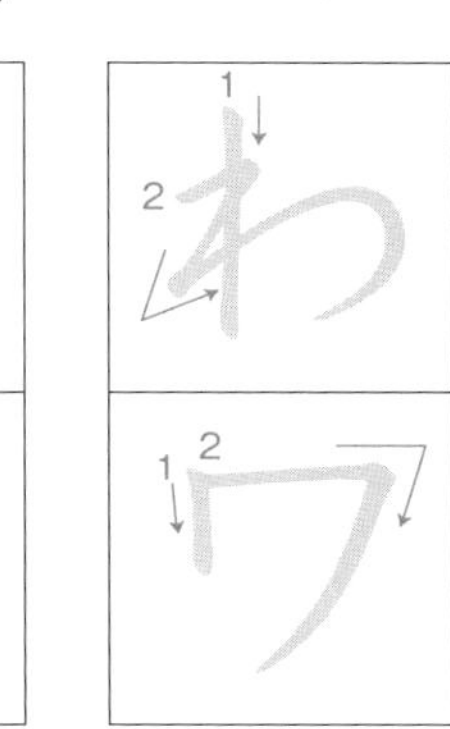
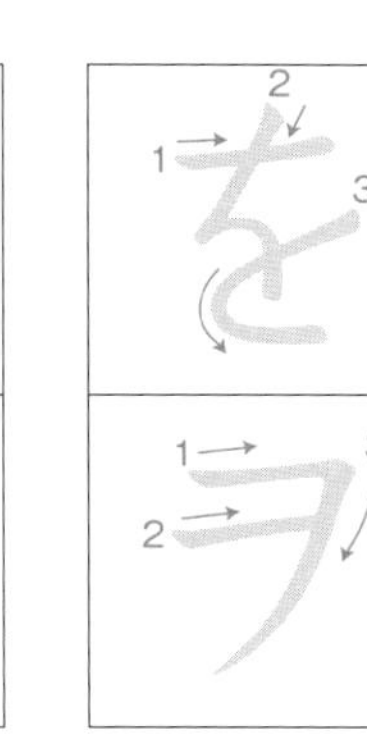
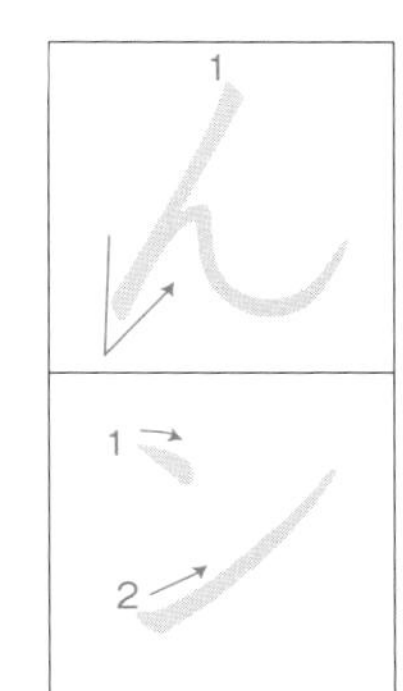

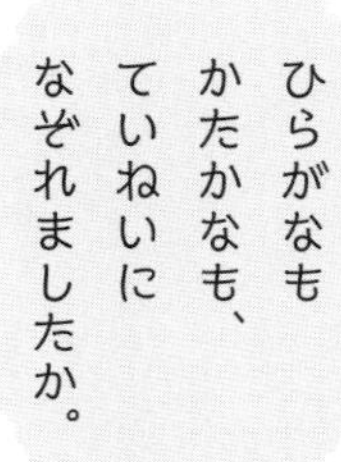

ちいさく　かく　じ

っ

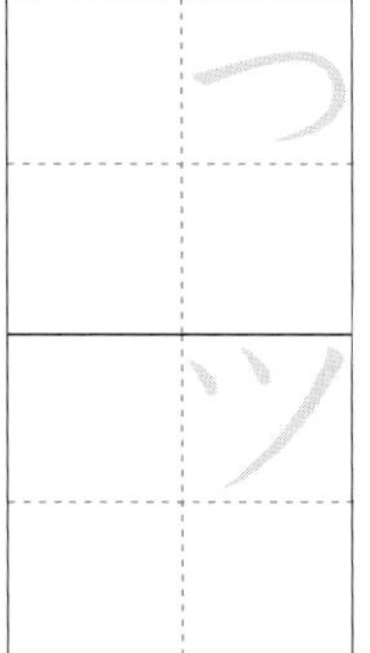

ゃ
ゅ
ょ

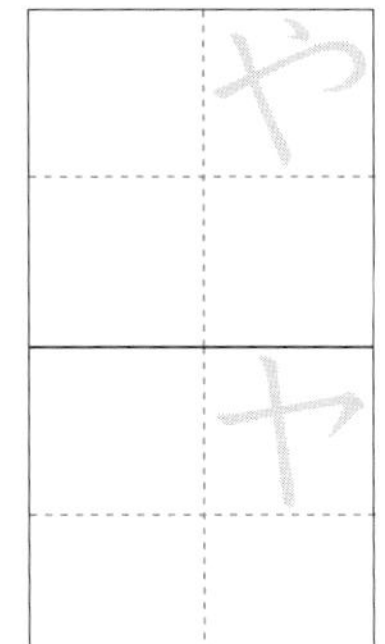
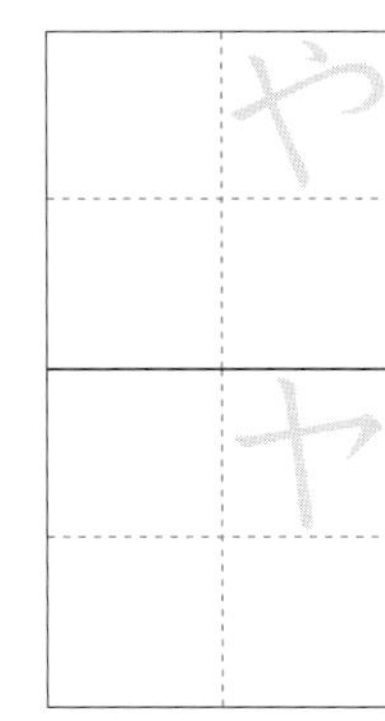

たてに　かく　ときは、
みぎうえに　ちいさく。

きょうかしょ
上14〜97ページ

なつの チャレンジテスト①

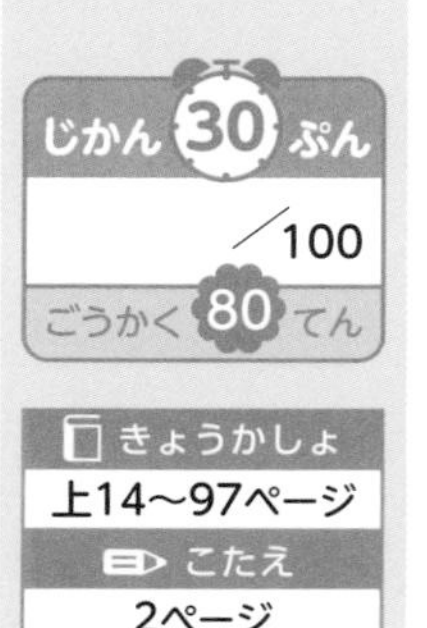

1 えを みて、□に あう ひらがなを かきましょう。

一つ4てん（32てん）

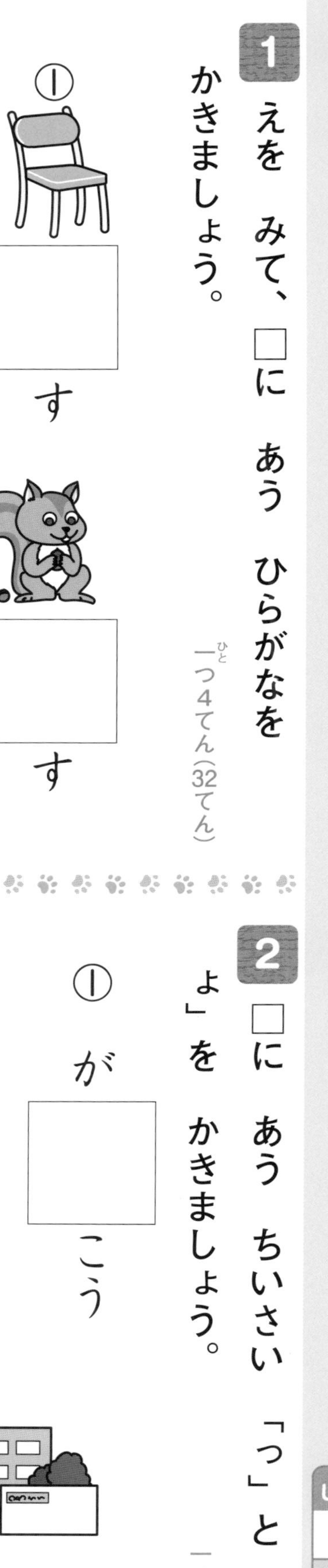

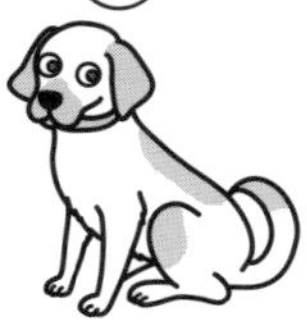

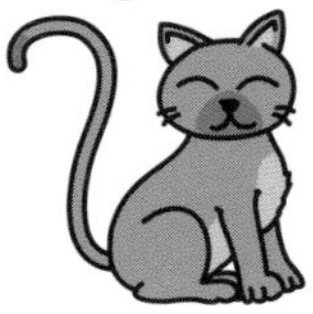

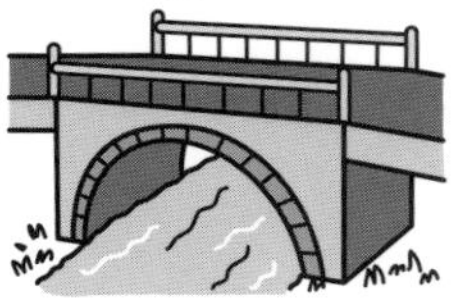

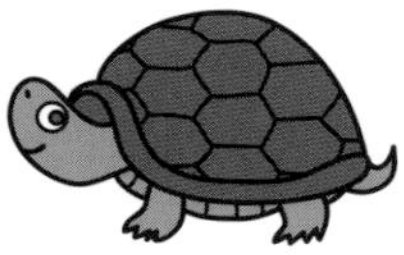

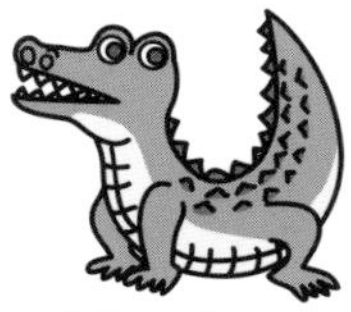

①

□す

②

い□

③

□こ

④

□し

□す

か□

□に

□し

2 □に あう ちいさい 「っ」と 「や・ゆ・よ」を かきましょう。

一つ4てん（24てん）

① が□こう

② じ□んけん

③ とし□かん

④ かけ□こ

⑤ ぎ□うに□う

じかん30ぷん

／100

ごうかく80てん

きょうかしょ 上14～97ページ

こたえ 2ページ

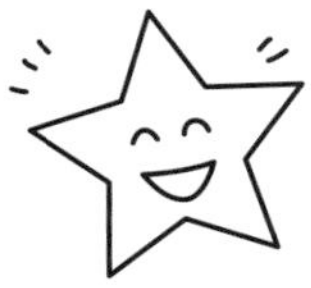

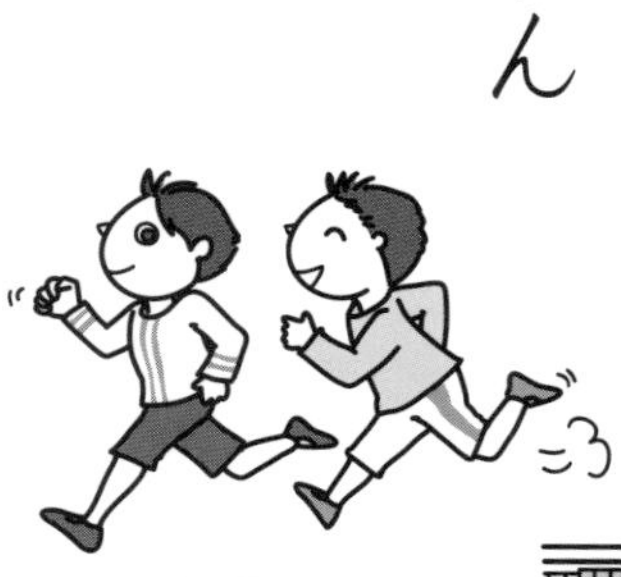

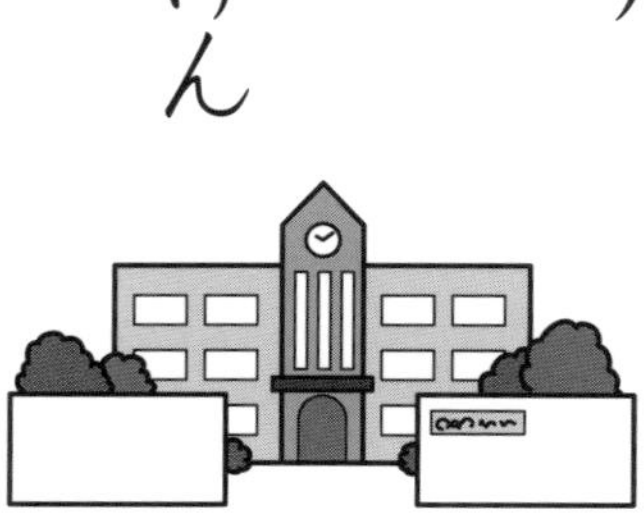

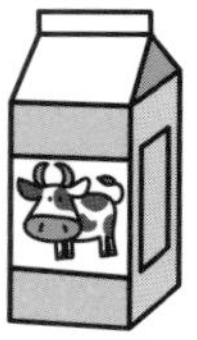

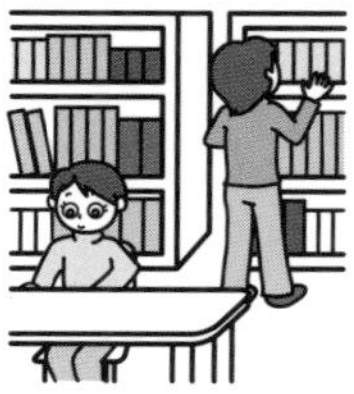

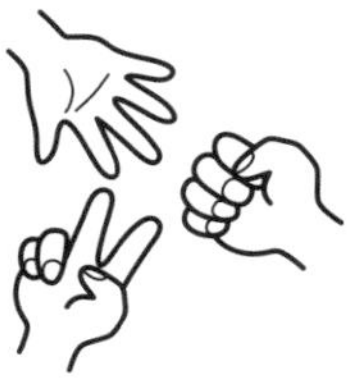

月　日

3 「は・へ・を」を　つかわないと　いけない　じに　×を　つけて、みぎに　ただしい　じを　かきましょう。　一つ2てん（20てん）

〈れい〉おとうと~~わ~~は　けんか~~お~~を　した。

① わたしわ　へちまの　えお　かいた。

② やまえ　くりお　ひろいに　いこう。

③ みんなわ　おにごっこお　した。

④ べんとうお　もって　うみえ　いく。

⑤ にわとりわ　にわお　かけまわった。

4 かたかなを　なぞって、たべものの　なまえを　かんせいさせましょう。　一つ4てん（24てん）

① バナナ

② トマト

③ プリン

④ カステラ

⑤ キャベツ

⑥ ドーナツ

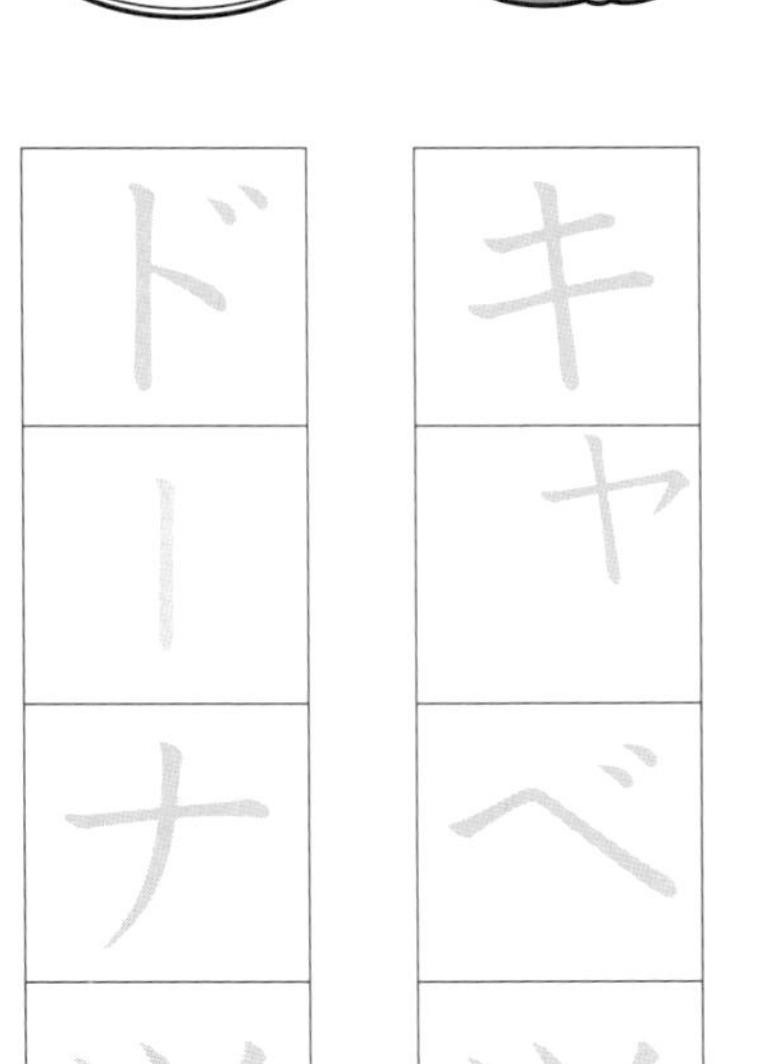
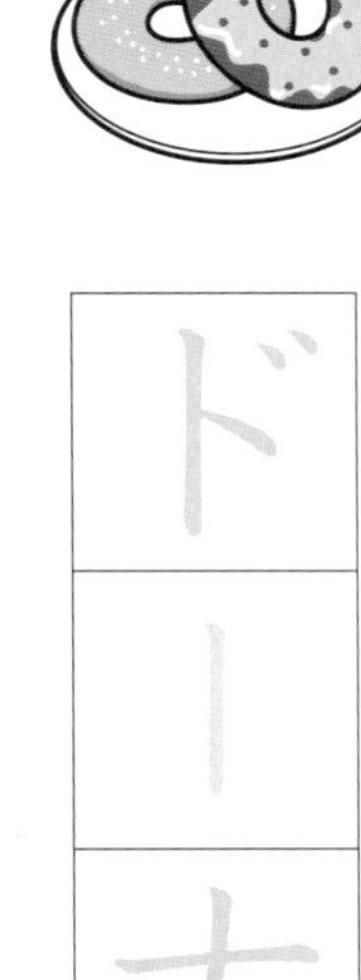

なつの チャレンジテスト②

1 えを みて、□に あう ひらがなを かきましょう。

一つ4てん（32てん）

① □る
② か□
③ □ね
④ □た
⑤ □る
⑥ か□
⑦ かっ□
⑧ きっ□

2 □に ひらがなを いれて、かぞくの よびかたに しましょう。

一つ4てん（20てん）

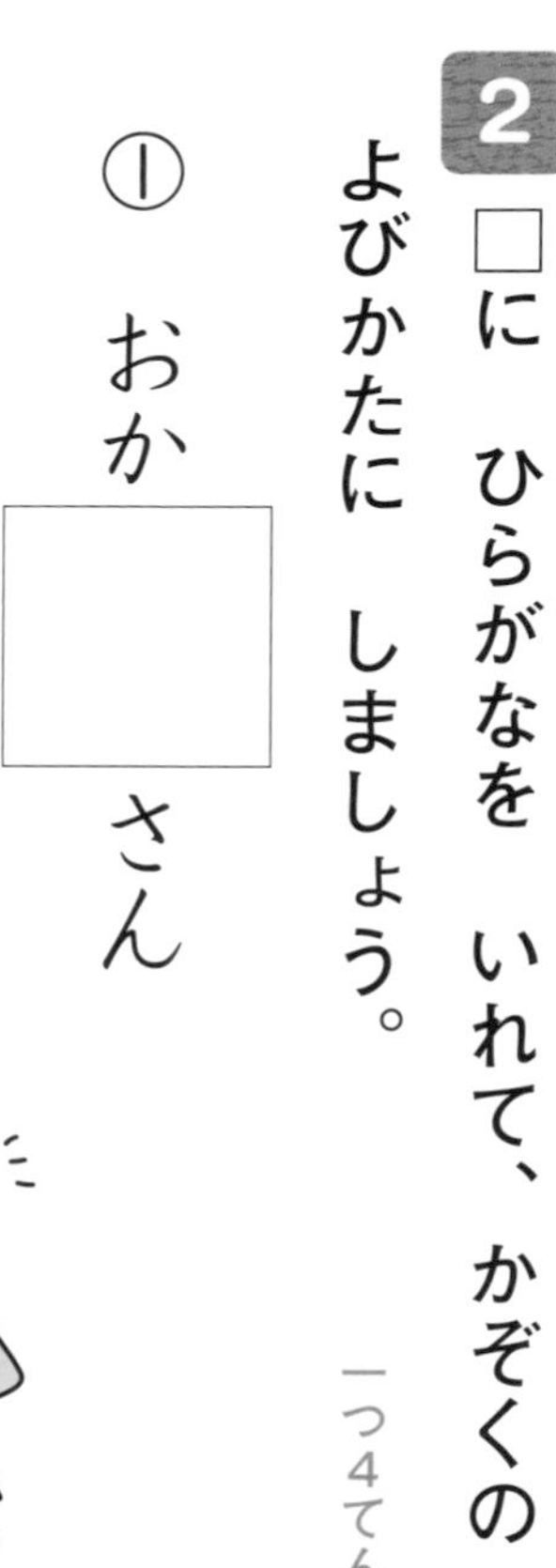

① おか□さん
② おと□さん
③ おに□さん
④ おね□さん
⑤ いも□と

じかん 30ぷん
／100
ごうかく 80てん

きょうかしょ 上14～97ページ
こたえ 2ページ

月　日

3

□に　あう　ひらがなを　いれて、しりとりを　しましょう。

一つ４てん（24てん）

い

ず

う

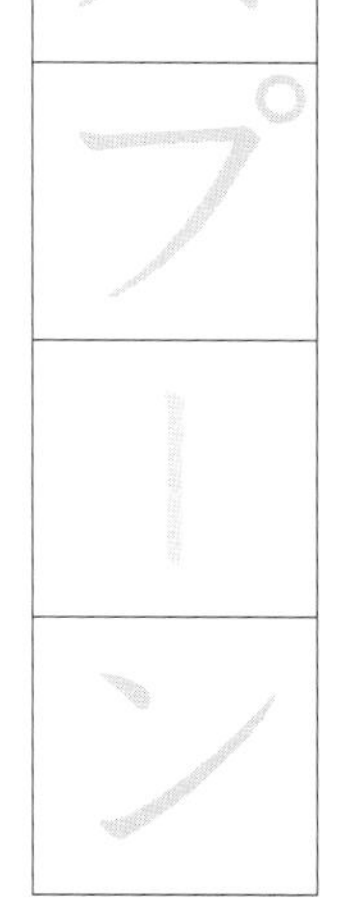

4

うすい　もじを　なぞって、かたかなの　れんしゅうを　しましょう。

一つ４てん（24てん）

① てれび　テレビ

② ぺんぎん　ペンギン

③ とらっく　トラック

④ しゃつ　シャツ

⑤ さっかあ　サッカー

⑥ すぷうん　スプーン

月　日

ぴったり じゅんび 1

けんかした 山

きょうかしょ 上98〜103ページ

あたらしく がくしゅうする かんじ

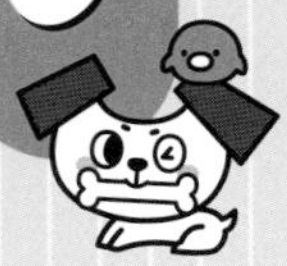

きょうかしょ上98ページ

山

ながく　すこし だす

よみかた
サン
やま

つかいかた
ふじ山（さん）
山（やま）に のぼる
たかい 山（やま）

▼かきじゅん ▼かいて おぼえましょう

1 山 2 山 3 山

山（やま） 3かく

できかた
やまの かたちから できた。

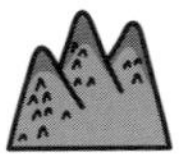

▼なぞりましょう

山のいただき

けわしい山みち

きょうかしょ上98ページ

日

あきが　おなじ

よみかた
ニチ
ジツ
ひ
か

つかいかた
日（にち）よう日（び）
日（ひ）が のぼる
三日（みっか）ぼうず

▼かきじゅん ▼かいて おぼえましょう

1 日 2 日 3 日 4 日

日（ひ） 4かく

できかた
おひさまの かたちから できた。

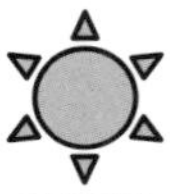

▼なぞりましょう

きねん日

つき日がすぎる

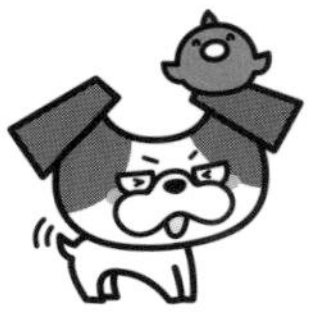

かんじの たしざんを やって みよう

一 ＋ 二 ＝ □

さんすうの 1+2 と おなじだね。

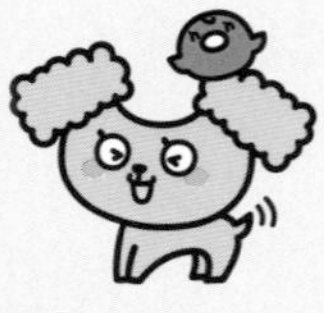

こたえは 12ページ

月　日

きょうかしょ上99ページ

月

はらう　はねる

よみかた
ゲツ
ガツ
つき

つかいかた
月(げつ)よう日(び)
お正月(しょうがつ)
月(つき)が　でた

かきじゅん　かいて　おぼえましょう
1 月
2 月
3 月
4 月

月（つき）
4かく

できかた 
みかづきの　かたちから　できた。

なぞりましょう
月のひかり
たいようと月
月にてらされる
まるいお月さま

きょうかしょ上100ページ

火

とめる　はらう

よみかた
カ
ひ
◆ほ

つかいかた
火(か)よう日(び)
火(ひ)の　ようじん
火(ひ)を　つける

かきじゅん　かいて　おぼえましょう
1 火
2 火
3 火
4 火

火（ひ）
4かく

できかた 
ひが　もえて　いるようすから　できた。

なぞりましょう
火おこし
はな火があがる
火をけす
火ばながとぶ

　　月　　日

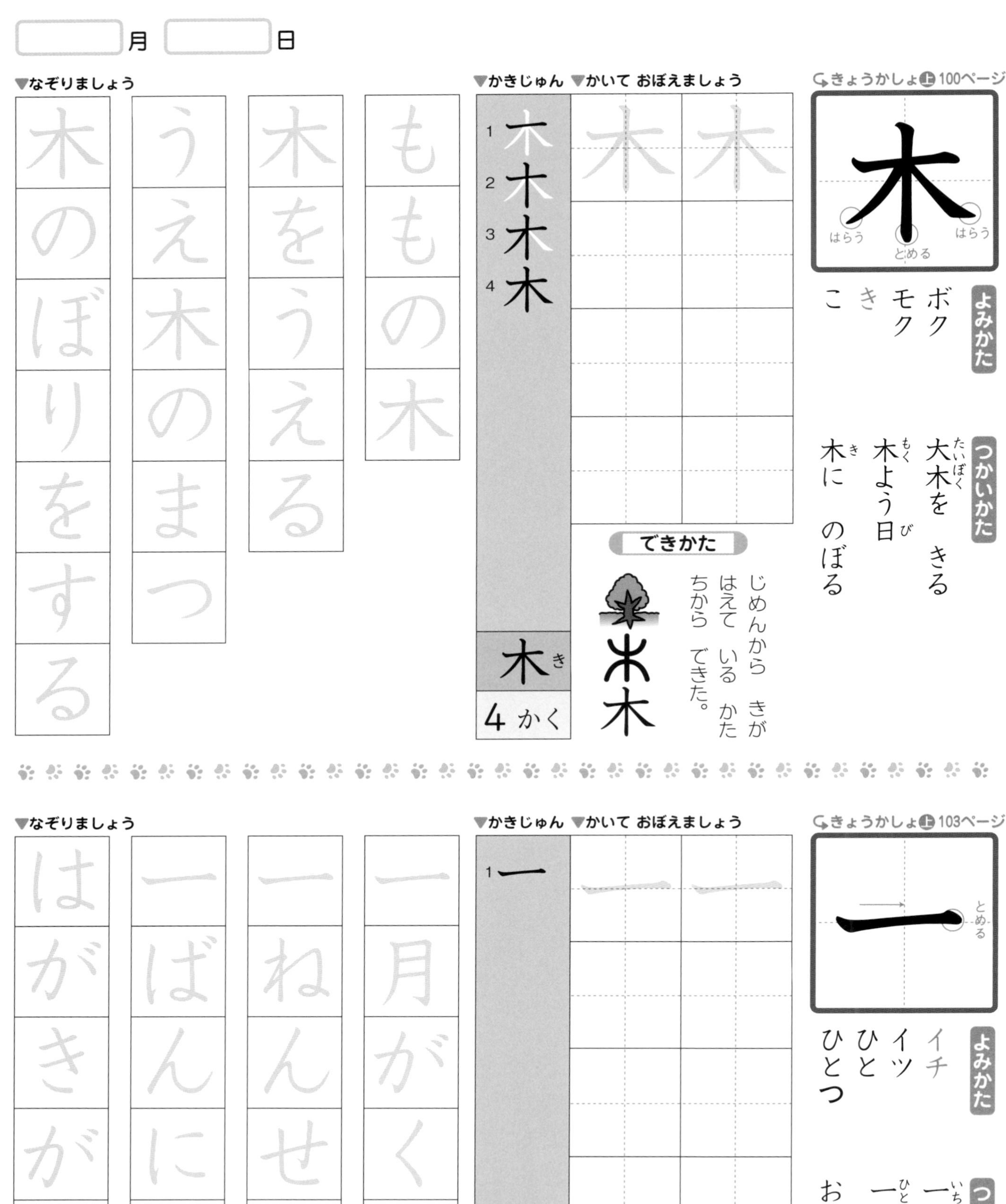

きょうかしょ上100ページ

木

よみかた

ボク
モク
き
こ

つかいかた

大木(たいぼく)を　きる
木(もく)よう日(び)
木(き)に　のぼる

▼かきじゅん ▼かいて おぼえましょう

1 2 3 4

木(き)

4かく

できかた

じめんから　きが　はえて　いる　かたちから　できた。

▼なぞりましょう

もものき
木をうえる
うえ木のまつ
木のぼりをする

きょうかしょ上103ページ

一

よみかた

イチ
イツ
ひと
ひとつ

つかいかた

一(いち)まいの　かみ
一(ひと)くち　たべる
おにぎりが　一(ひと)つ

▼かきじゅん ▼かいて おぼえましょう

1

一(いち)

1かく

できかた

ものが　ひとつ　ある　しるしから　できた。

▼なぞりましょう

一月がくる
一ねんせい
一ばんになる
はがきが一まい

月　日

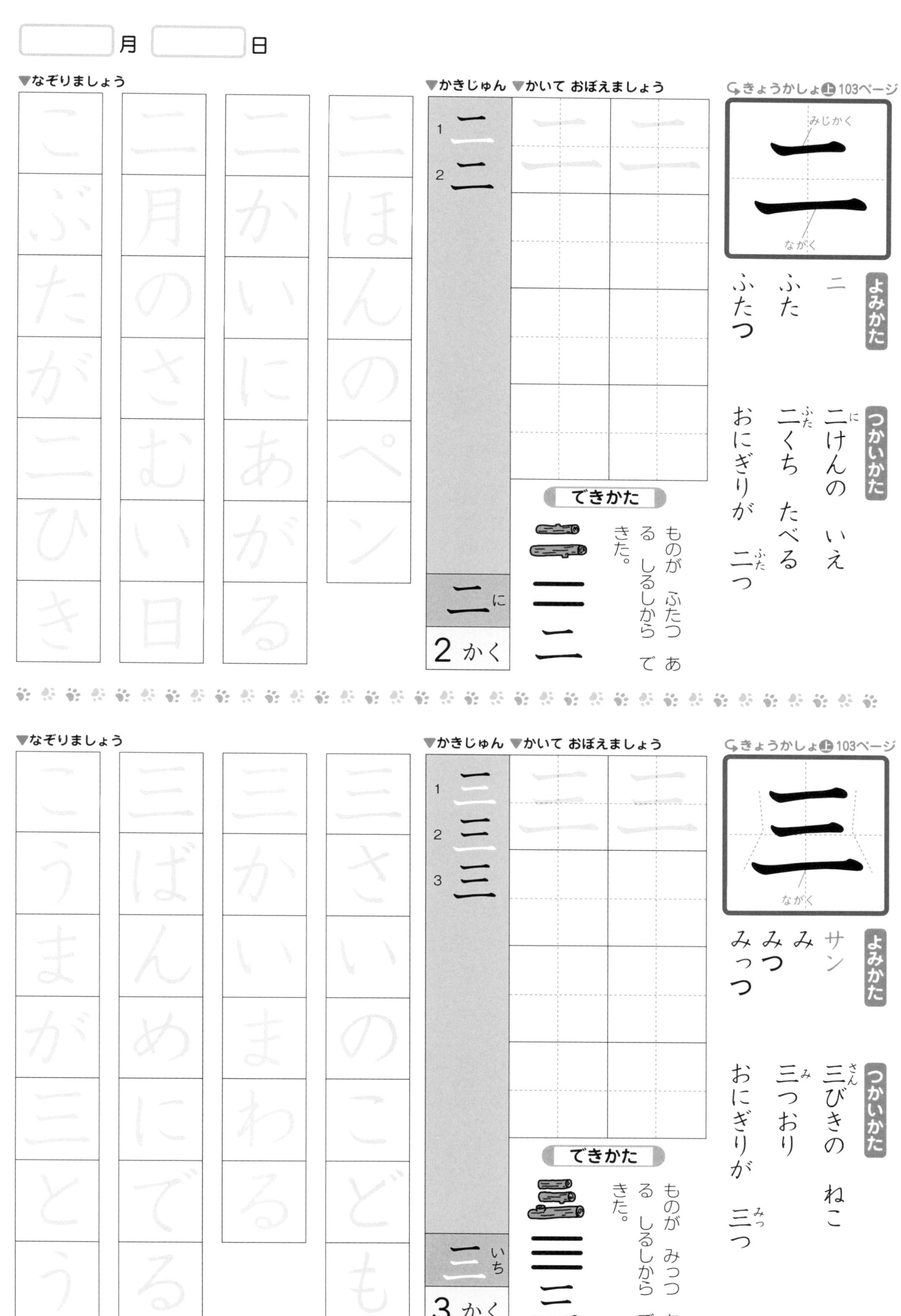

二

きょうかしょ上103ページ

よみかた
ニ
ふた
ふたつ

つかいかた
二（に）けんの いえ
二（ふた）くち たべる
おにぎりが 二（ふた）つ

できかた
ものが ふたつ ある しるしから できた。

▼かきじゅん
1 2
二（に）
2 かく

▼かいて おぼえましょう

▼なぞりましょう
二ほんのペン
二かいにあがる
二月のさむい日
こぶたが二ひき

三

きょうかしょ上103ページ

よみかた
サン
み
みつ
みっつ

つかいかた
三（さん）びきの ねこ
三（み）つおり
おにぎりが 三（みっ）つ

できかた
ものが みっつ ある しるしから できた。

▼かきじゅん
1 2 3
一（いち）
3 かく

▼かいて おぼえましょう

▼なぞりましょう
三さいのこども
三かいまわる
三ばんめにでる
こうまが三とう

けんかした 山

月　日

1 かんじを よみましょう。

① 火（　　）を つける。

② たかい 木（　　）。

③ 二（　　）この あめ。

④ 三（　　）さいの おとうと。

⑤ 火（　　）ようび。

⑥ 木（　　）のぼりを する。

2 □に かんじを かきましょう。

① □（やま）に のぼる。

② □（ひ）にちを かぞえる。

③ □（いち）まいの おりがみ。

④ なん□（にち）かが すぎる。

⑤ □（つき）の ひかり。

⑥ □（げつ）ようび。

⑦ □（いち）□（にち）が おわる。

⑧ □（き）を うえる。

⑨ □（いち）□（がつ）に なる。

⑩ ふじ□（さん）の ゆき。

きょうかしょ 上98〜103ページ
こたえ 3ページ

けんかした 山

きょうかしょ 上98〜103ページ
こたえ 3ページ

月　日

1 かんじを よみましょう。

① 山（　　）みちを あるく。

② 日（　　）が さす。

③ 月（　　）が でる。

④ 一（　　）ばんに なる。

⑤ と山（　　）を する。

⑥ 一日（　　）が すぎる。

2 □に かんじを かきましょう。

① □（き）を きる。

② □□（に がつ）の あさ。

③ ろうそくの □（ひ）。

④ えんぴつが 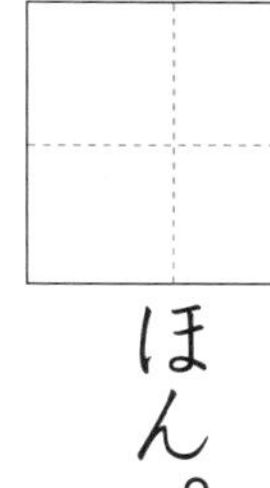（に）ほん。

⑤ □（さん）かくじょうぎ。

⑥ □（か）じに きを つける。

⑦ □（さん）まいの いろがみ。

⑧ □（か）よう日が くる。

⑨ うえ □（き）しょくにん。

⑩ □（ひ）の ようじん。

月　日

ぴったり1 じゅんび

かん字の　はじまり

きょうかしょ 上105〜107ページ

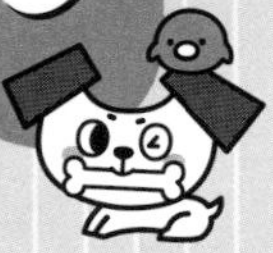

あたらしく　がくしゅうする　かん字

きょうかしょ上105ページ

字（つける・はねる・とめる・はねる）

よみかた
ジ
◆あざ

つかいかた
字を　かく
かん字を　ならう
むずかしい　字

かきじゅん　かいて　おぼえましょう
1 2 3 4 5 6
字（こ）
6かく

できかた 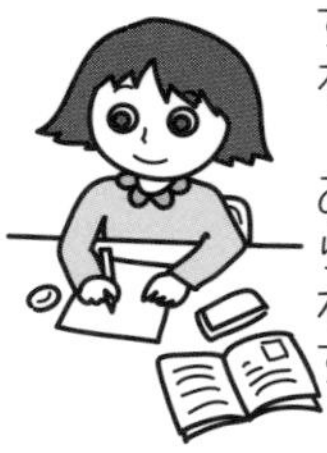
子どもが　いえで　字を　かく　ようすを　あらわす。

なぞりましょう
字を　よむ
しゅう字

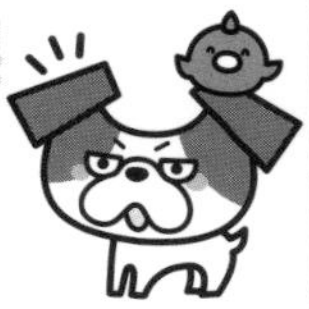

「かん字」「すう字」「ローマ字」…いろんな「字」があるね。

きょうかしょ上106ページ

上（まんなかに・おろす・とめる）

よみかた
ジョウ
うえ・うわ
かみ・あげる
あがる・のぼる
◆ショウ
◆のぼせる・のぼす

つかいかた
上きげん
つくえの　上
もち上げる

かきじゅん　かいて　おぼえましょう
1 2 3
上（いち）
3かく

できかた 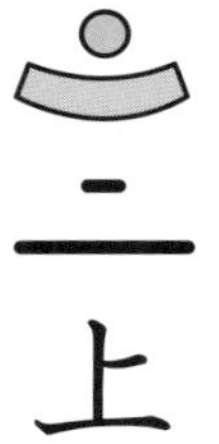
うえに　ものが　あることを　しめす　しるしから　できた。

なぞりましょう
山の上
上に　のせる

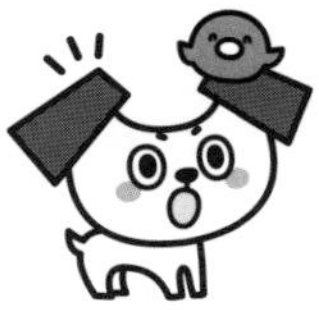

○上げる　×上る
○上る　×上ぼる
おくりがなに　ちゅうい！

かん字の　たしざんを　やって　みよう

口＋十＝□

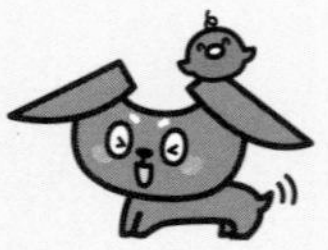

口の　なかに　いれて　みてね。

こたえは　12ページ

月　日

▼なぞりましょう

木の下

上と下

下じきにする

としたのこども

▼かきじゅん ▼かいて おぼえましょう

1 下 2 下 3 下

下（いち）

3 かく

きょうかしょ上106ページ

下

とめる

よみかた

カ・ゲ

した・しも・さげる

さがる・くだる

くだす・くださる

おろす・おりる

◆もと

つかいかた

地下（ちか）・上下（じょうげ）

つくえの　下（した）

あたまを　下（さ）げる

できかた

したに　ものが　ある　ことを　しめす　しるしから　できた。

上↕下

はんたいの　かん字を　おぼえよう。

▼なぞりましょう

となりの人

しらない人

人とのであい

しんせつな人

▼かきじゅん ▼かいて おぼえましょう

1 人 2 人

人（ひと）

2 かく

きょうかしょ上107ページ

人

はらう　はらう

よみかた

ジン

ニン

ひと

つかいかた

にっぽん人（じん）

三人（さんにん）の　女（おんな）の子（こ）

人（ひと）と　はなす

できかた

たって　いる　ひと　の　かたちから　できた。

月　日

きょうかしょ上 107ページ

川

ながく　はらう　とめる

よみかた
かわ
◆セン

つかいかた
川(かわ)が　ながれる
川上(かわかみ)と　川下(かわしも)
はるの　小川(おがわ)

かきじゅん　1 2 3

かいて おぼえましょう

できかた 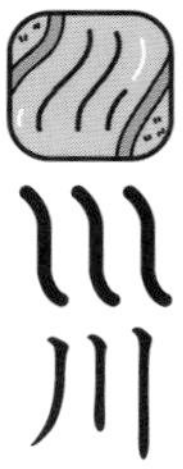
水(みず)の　ながれて　いる　かわの　かたちから　できた。

川(かわ)　3 かく

かきじゅんは　ひだりから　みぎへ、1・2・3。

なぞりましょう
川ぎし
川であそぶ
たに川のながれ
あまの川をみる

きょうかしょ上 107ページ

子

すこし まげる　はねる

よみかた
シ
ス
こ

つかいかた
男子(だんし)と　女子(じょし)
様子(ようす)を　みる
子犬(こいぬ)が　あそぶ

かきじゅん　1 2 3

かいて おぼえましょう

できかた 
あかちゃんの　かたちから　できた。

子(こ)　3 かく

なぞりましょう
くまのおや子
子もりをする
子どものひろば
子そだてをする

月　日

口

きょうかしょ上107ページ

よみかた
コウ
ク
くち

つかいかた
にっぽんの　人口（じんこう）
きびしい　口調（くちょう）
口（くち）ぶえを　ふく

できかた
くちの　かたちから　できた。

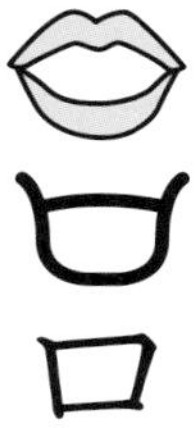

かきじゅん
口（くち）
3かく

かいて　おぼえましょう
口　口

なぞりましょう
口ぶえ
おおきな口
口をうごかす
口にくわえる

田

きょうかしょ上107ページ

だささない
だささない

よみかた
デン
た

つかいかた
水田（すいでん）が　ひろがる
田（た）を　たがやす
田（た）うえの　きせつ

できかた
たんぼの　かたちから　できた。

かきじゅん
田（た）
5かく

かいて　おぼえましょう
田　田

なぞりましょう
田やはたけ
田をたがやす
ひろがる田はた
田んぼのかえる

月　　日

ぴったり2 れんしゅう

かん字の　はじまり

きょうかしょ 上105～107ページ
こたえ 3ページ

1 かん字を　よみましょう。

①（　　）きれいな　字。

②（　　）田の　あぜみち。

③（　　）口を　あける。

④（　　）かわいい　子いぬ。

⑤（　　）つよい　口ちょう。

⑥（　　）田はたを　たがやす。

2 □に　かん字を　かきましょう。

① おかの　□（うえ）。

② さかの　□（した）。

③ おおぜいの　□（ひと）。

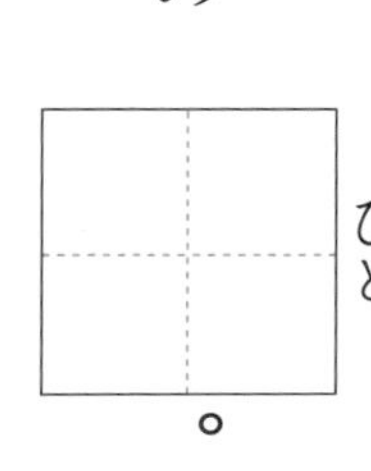

④ □（かわ）の　そば。

⑤ たなに　□（あ）げる。

⑥ かいだんを　□（お）りる。

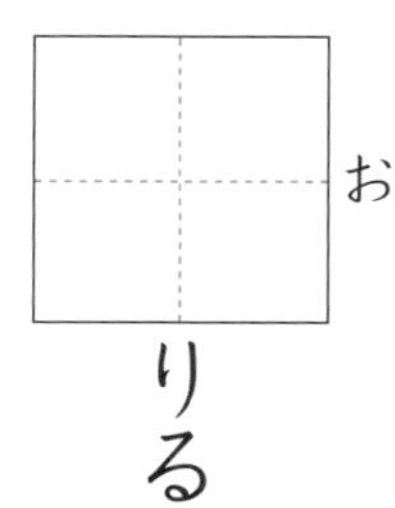

⑦ □（ひと）を　さがす。

⑧ □（かわ）が　ながれる。

⑨ □□（じょう げ）に　ゆれる。

⑩ □□（さん にん）　あつまる。

□月 □日

かん字の はじまり

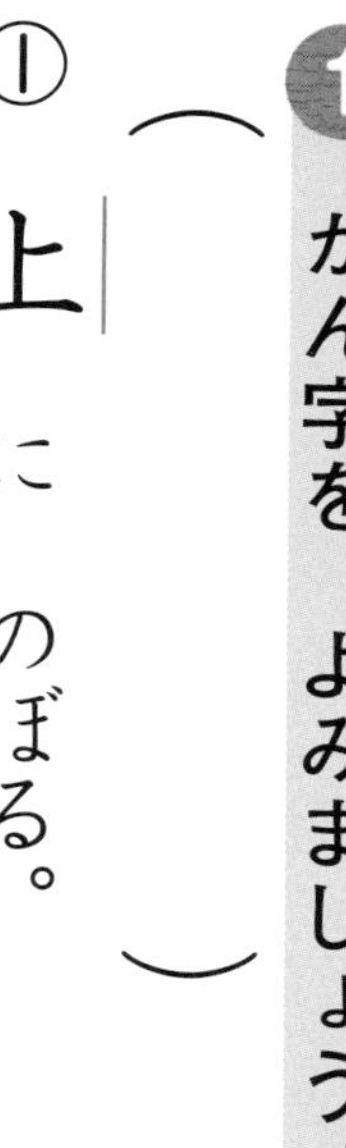

1 かん字を よみましょう。

① 上（　　）に のぼる。

② 人（　　）を のせる。

③ ふかい 川（　　）。

④ 木の 下（　　）で やすむ。

⑤ てを もち 上（　　）げる。

⑥ 川を 下（　　）る。

2 □に かん字を かきましょう。

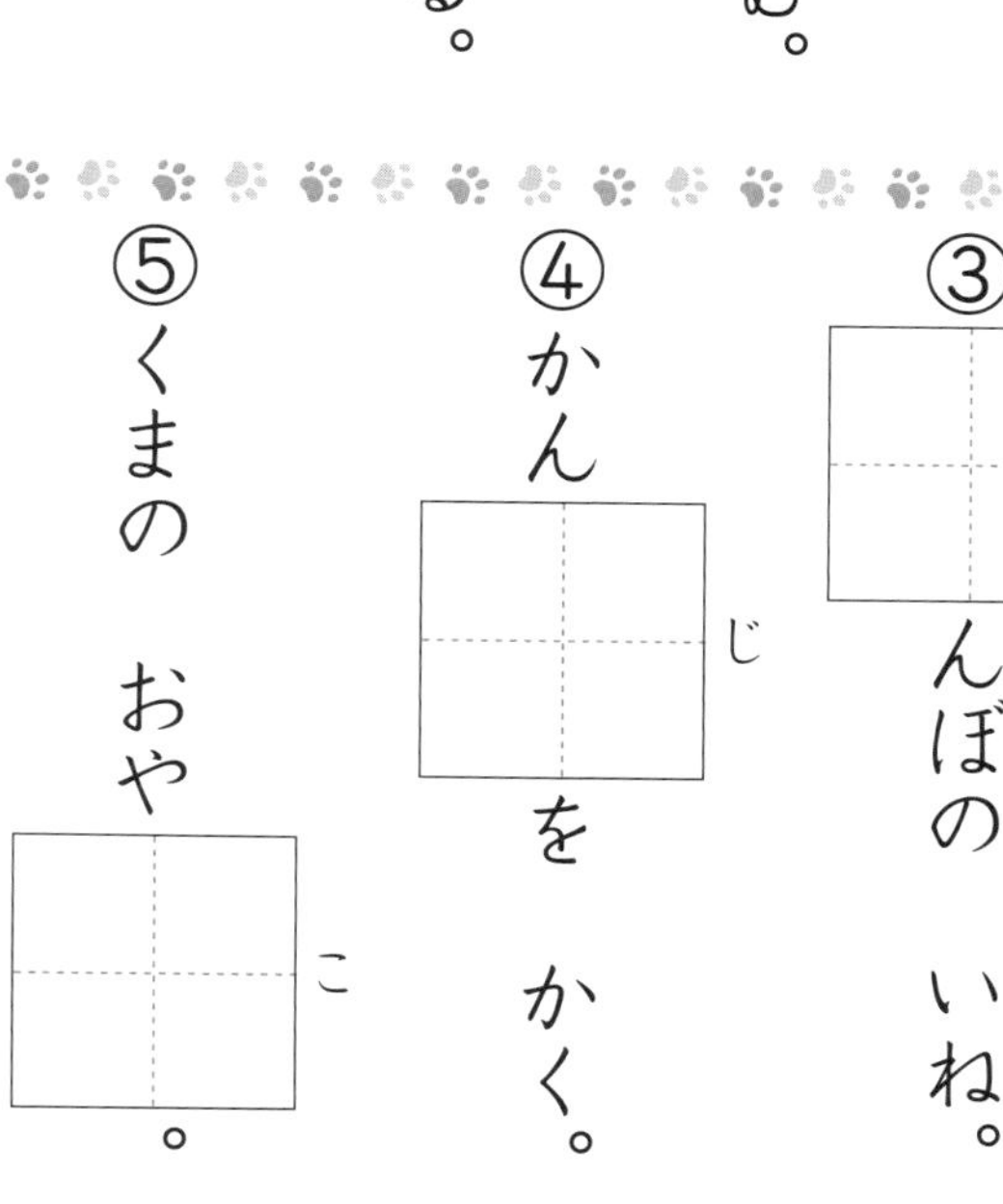

① □（じ）を かく。

② げんきな □（こ）ども。

③ □（た）んぼの いね。

④ かん□（じ）を かく。

⑤ くまの おや□（こ）。

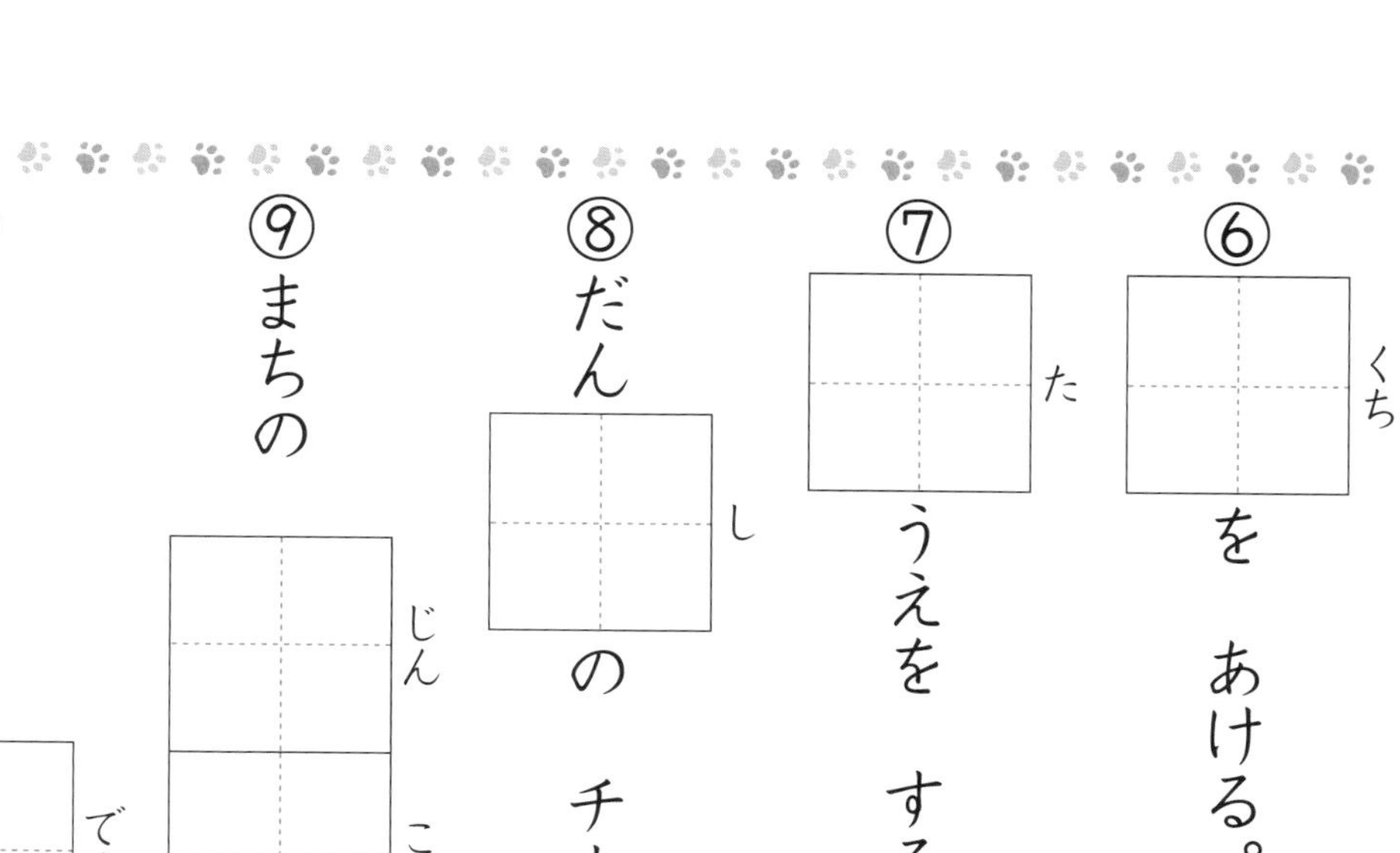

⑥ □（くち）を あける。

⑦ □（た）うえを する。

⑧ だん□（し）の チーム。

⑨ まちの □（じん）□（こう）。

⑩ おおきな すい□（でん）。

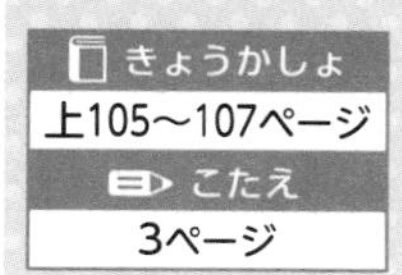

月　日

ぴったり1 じゅんび

だれが、たべたのでしょう
たのしかった　ことを　かこう
かぞえよう

きょうかしょ 上113～123ページ

あたらしく　がくしゅうする　かん字

きょうかしょ上122ページ

四

はらう

よみかた
シ
よ・よつ
よっつ
よん

つかいかた
三かくと　四かく
四つに　わける
四ばんめ

かきじゅん 1〜5
四　くにがまえ　5かく

よみがな
○四つば　×四つば
○四つかど　×四つかど

かいて　おぼえましょう

なぞりましょう
四月になる
四かく

ていねいに　かこう。

きょうかしょ上122ページ

五

ななめに
ながく

よみかた
ゴ
いつ
いつつ

つかいかた
子どもが　五人
五月五日
五つの　たま

かきじゅん 1〜4
五　に　4かく

おくりがな
○五つ　×五つつ

かいて　おぼえましょう

なぞりましょう
五までかぞえる
五ばんめ

かん字の　たしざんを　やって　みよう

儿＋口＝□

かずの　かん字を　つくろう。

こたえは　12ページ

月　日

きょうかしょ上123ページ

六

つける　はらう　とめる

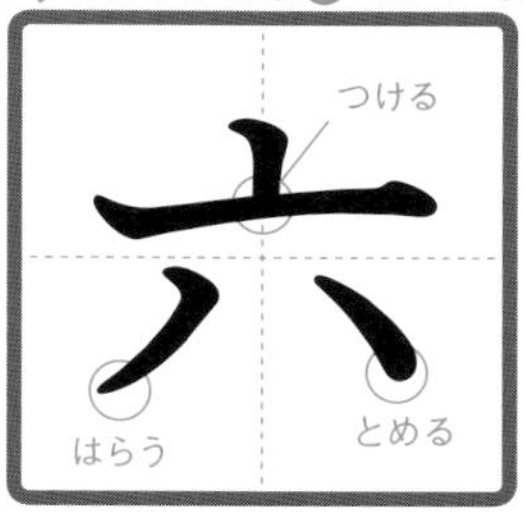

よみかた
ロク
む・むっつ
むっつ
むい

つかいかた
すずめが　六わ
六つ　かぞえる
六月六日

▼かきじゅん
1 六　2 六　3 六　4 六

六は　4かく

▼かいて おぼえましょう
六　六

かたちの にた 字
文（ぶん）　六 
ちがいに ちゅうい！

▼なぞりましょう
六ばんめ
六月に なる
六さつの ほん
カナリアが 六わ

きょうかしょ上123ページ

七

とめる

よみかた
シチ
なな
ななつ
なの

つかいかた
七五三（しちごさん）
七つに なる
七月七日（しちがつなのか）

▼かきじゅん
1 七　2 七

七は　2かく

▼かいて おぼえましょう
七　七

一口ちしき
「七五三」は、三さい、五さい、七さいの 子どもの おいわい。

「七まい・七だい」は、「七（なな）まい・七（なな）だい」とも よめるよ。

▼なぞりましょう
七五三
七じに なる
七まいの はがき
バイクが 七だい

月　日

きょうかしょ上123ページ

八

あける　はらう

よみかた
ハチ
や・やつ
やっつ
よう

つかいかた
八人（はちにん）の　子（こ）ども
八（や）つに　わける
八月八日（はちがつようか）

かきじゅん
1 ノ
2 八

八（はち）

2かく

かいて おぼえましょう

かたちの にた 字
八（かん字）　ハ（かたかな） 
ちがいに　ちゅうい！

なぞりましょう
はちばんめ
はちこにわける
はちまいのおさつ
くるまがはちだい

きょうかしょ上123ページ

九

うえに はねる　はらう

よみかた
キュウ
ク
ここの
ここのつ

つかいかた
九（きゅう）ひきの　ねずみ
九月九日（くがつここのか）
九（ここの）つ　かぞえる

かきじゅん
1 丿
2 九

乙（おつ）

2かく

かいて おぼえましょう

かたちの にた 字
九　力（ちから）
ちがいに　ちゅうい！

なぞりましょう
ビルのきゅうかい
きゅうまでかぞえる
きゅうにんのこども
こざるがきゅうひき

月　日

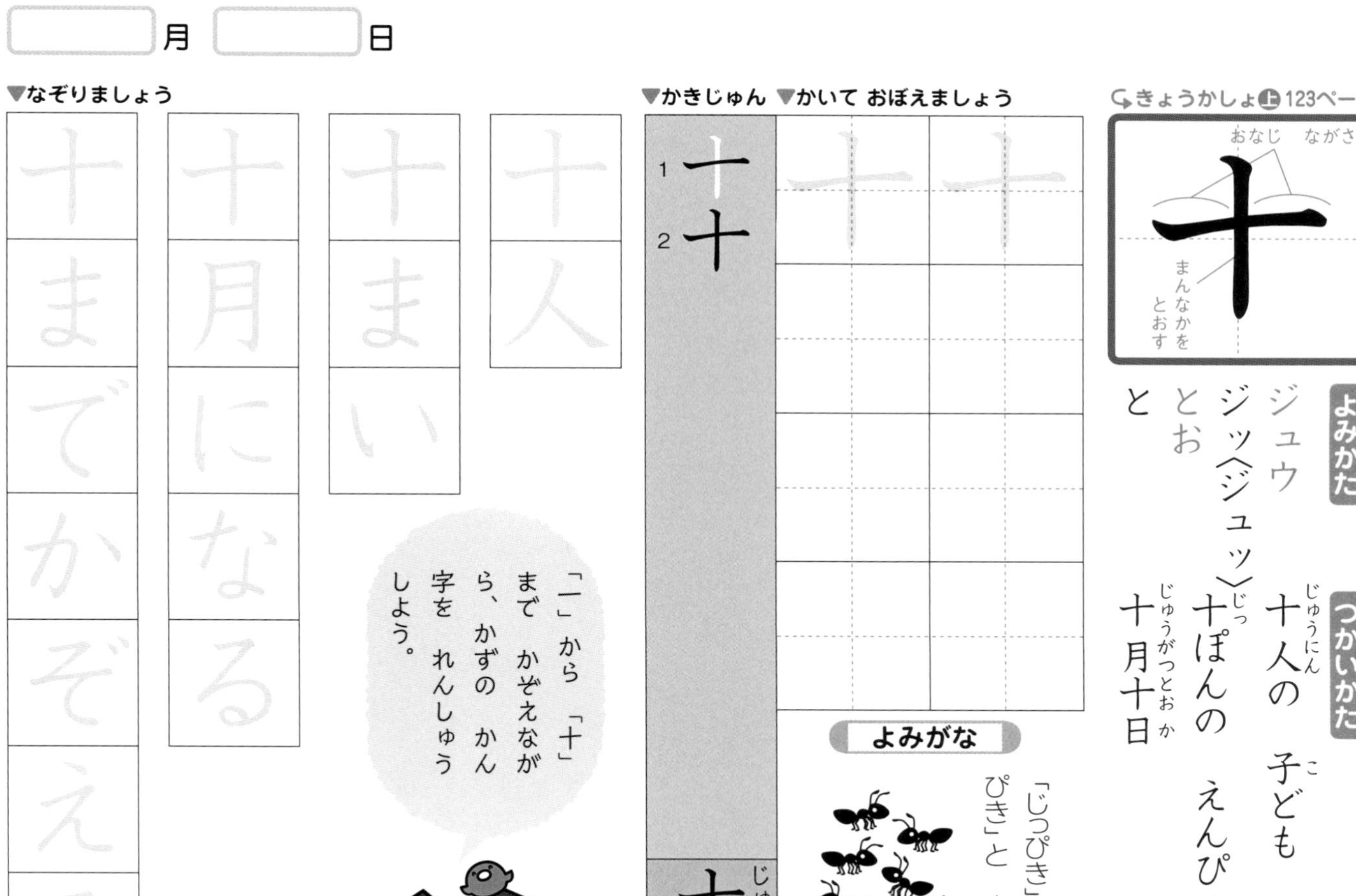

よみかたが あたらしい かん字

かん字	木	一	二	三
よみかた	ボク モク こ	ひと ひとつ	ふた ふたつ	み みっつ
つかいかた	たい木（ぼく） 木よう日（もくようび） 木のみ（こ）	一ばん（ひと） 一つのあめ（ひと）	二さら（ふた） 二つのかき（ふた）	三日月（みかづき） 三つのねじ（みっ）
まえの よみかた	木（き）の 上（うえ）	一（いち）まい	二（に）かい	三人（さんにん）

だれが、たべたのでしょう
たのしかった ことを かこう
かぞえよう

月　　日

1 かん字を よみましょう。

① 五（　　）この いし。

② おにぎりが 二（　　）つ。

③ 三（　　）つ かぞえる。

④ 十（　　）まいの がようし。

⑤ 六（　　）つの あめ。

⑥ くるまが 九（　　）だい。

2 □に かん字を かきましょう。

① □（よん）とうの うし。

② ハンカチが □（はち）まい。

③ □（もく）ようびに なる。

④ □（ひと）つずつ わける。

⑤ □□（しちがつ）うまれ。

⑥ いちごが □（よっ）つ。

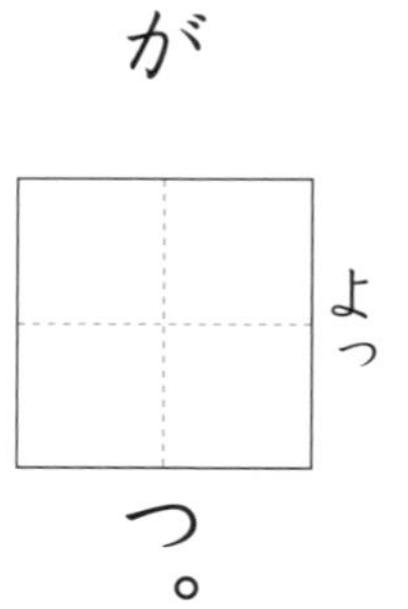

⑦ □（なな）いろの にじ。

⑧ まると □（し）かく。

⑨ 三月 □□（ようか）。

⑩ □（こ）のはが ちる。

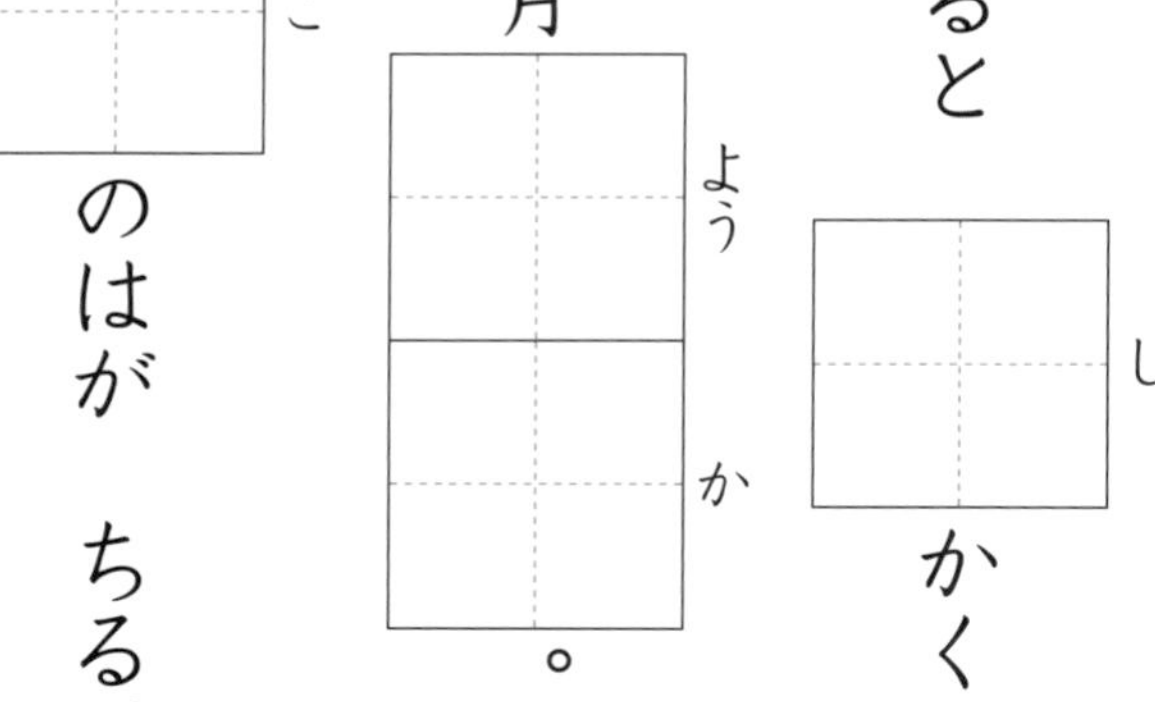

きょうかしょ 上113〜123ページ
こたえ 4ページ

月　日

ぴったり2 れんしゅう

だれが、たべたのでしょう
たのしかった　ことを　かこう
かぞえよう

きょうかしょ 上113〜123ページ
こたえ 4ページ

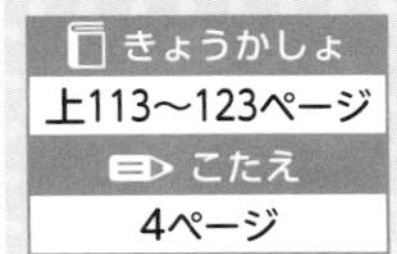

1 かん字を　よみましょう。

①（　　）まると　四　かく。

②（　　）一つの　ほし。

③（　　）七ひきの　こやぎ。

④（　　）八月は　あつい。

⑤（　　）木よう日に　いく。

⑥（　　）八つ　かぞえる。

2 □に　かん字を　かきましょう。

① □（ご）ひきの　ねこ。

② □（ろく）□（にん）で　あそぶ。

③ □（く）□（がつ）に　なる。

④ はがきが　□（じゅう）まい。

⑤ □（ふた）つの　やくそく。

⑥ □（ご）この　りんご。

⑦ □（ろく）さつの　ほん。

⑧ □（きゅう）ほんの　えんぴつ。

⑨ □（じっ）さいの　おにいさん。

⑩ □（むい）□（か）めの　あさ。

ぴったりじゅんび 1

しらせたいな、いきものの ひみつ

あたらしく がくしゅうする かん字

きょうかしょ 下8～9ページ

きょうかしょ 下8ページ

見

よみかた
ケン
みる
みえる
みせる

つかいかた
工場見学（こうじょうけんがく）
とけいを 見る
山が 見える

できかた
目に あしが あるかたちで、みる ことを あらわした。

見（みる） 7かく

きょうかしょ 下9ページ

文

よみかた
ブン
モン
◆ふみ

つかいかた
文を よむ
天文台（てんもんだい）
文字（もじ（もんじ））を かく

一口ちしき
「文字」は、「もじ」・「もんじ」と よむ。でも、「文」を「も」と よむのは、「文字」くらいだね。

文（ぶん） 4かく

かん字の たしざんを やって みよう

儿＋目＝□

目を つかって する ことだよ。

こたえは 12ページ

月　日

きょうかしょ下9ページ

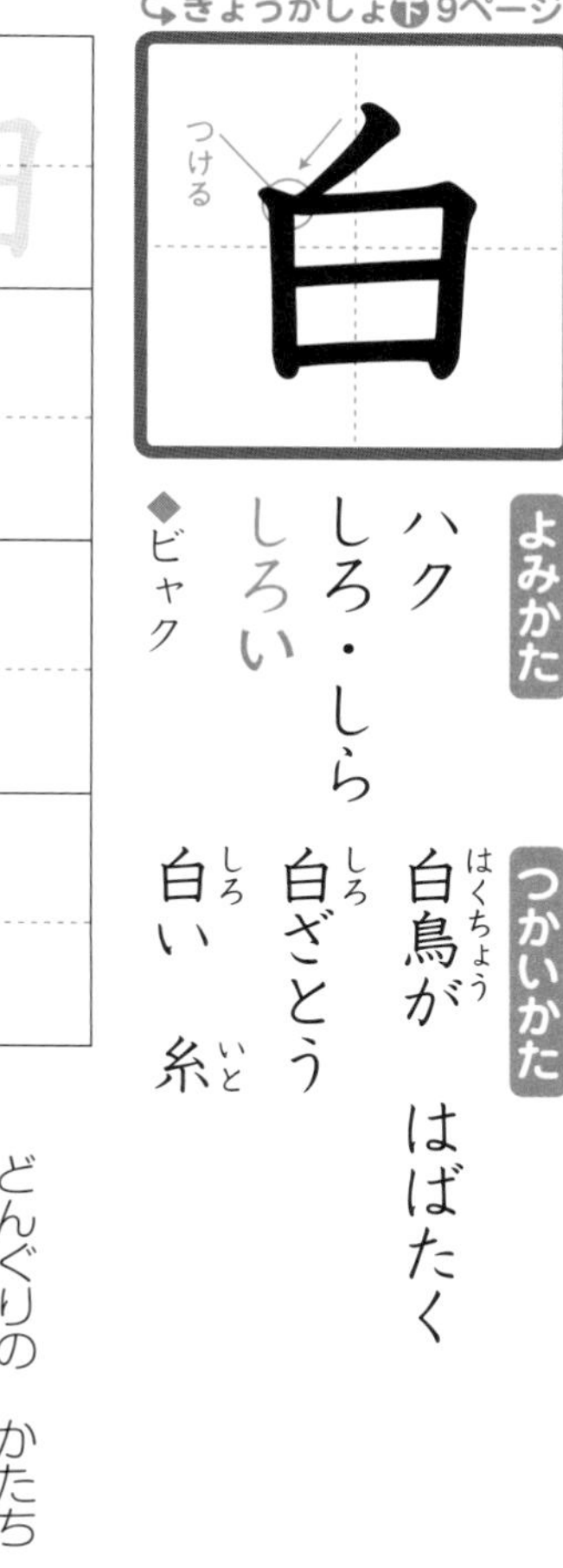

よみかた

ハク
しろ・しら
しろい
◆ビャク

つかいかた

白鳥（はくちょう）が　はばたく
白（しろ）ざとう
白（しろ）い　糸（いと）

▼かきじゅん　▼かいて おぼえましょう

1 白
2 白
3 白
4 白
5 白

白（しろ）

5 かく

できかた

どんぐりの　かたち
から　できた。
どんぐりの　みは
しろいからだよ。

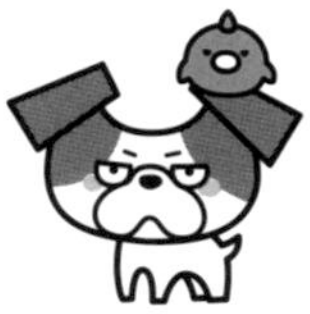

白白

▼なぞりましょう

白　いろ

白　いゆき

白　いえのぐ

白　いセーター

「白い　ゆき」↔「白（しら）ゆき」
よみかたが　かわるよ。
おぼえて　おこう。

かん字クイズ 1

ひだりの　三つの　えだの　どれかを、
みぎがわに　もって　きて　かさねると
できる　かん字を　かこう。

こたえ↓12ページ

ぴったり1 じゅんび

はたらく じどう車

あたらしく がくしゅうする かん字

きょうかしょ 下12〜16ページ

月 日

きょうかしょ㊦12ページ

車

ながく

まんなかを とおす

よみかた

シャ

くるま

つかいかた

じどう車（しゃ）

車（くるま）が はしる

車（くるま）の うんてん

かきじゅん

1〜7

車（くるま） 7かく

かいて おぼえましょう

車 車

できかた

くるまの ついた のりものの かたちから できた。

なぞりましょう

クレーン車

きゅうきゅう車

きょうかしょ㊦13ページ

手

ながく

すこし まげる

はねる

よみかた

シュ

て

◆た

つかいかた

かたい あく手（しゅ）

手（て）を つなぐ

手足（てあし）を のばす

かきじゅん

1〜4

手（て） 4かく

かいて おぼえましょう

手 手

できかた

ひらいた ての かたちから できた。

なぞりましょう

手を たたく

手が かかりが ない

かん字の たしざんを やって みよう

亘 ＋ 丄 ＝ □

ここで ならう かん字だよ。

こたえは 12ページ

月　日

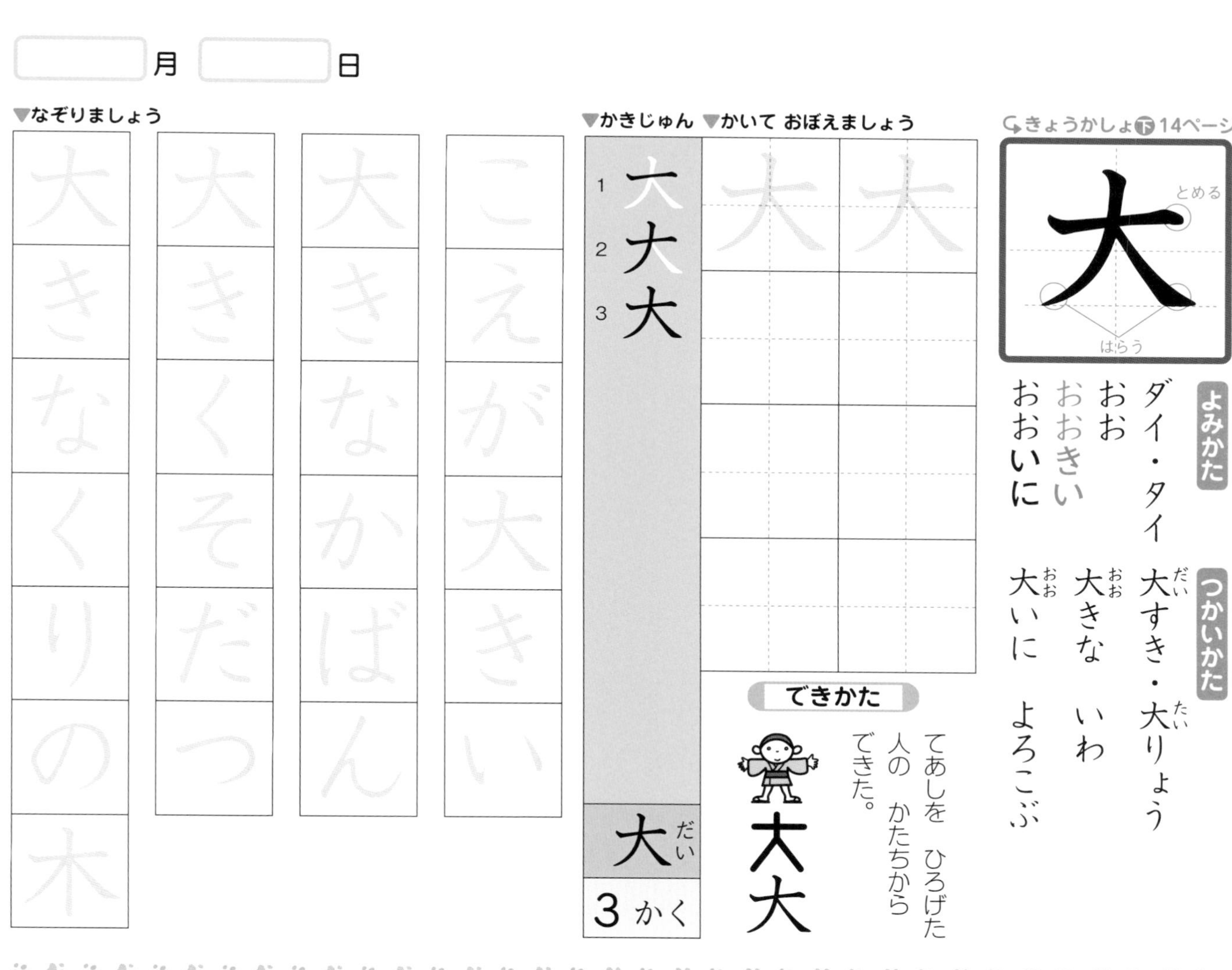

きょうかしょ下14ページ

大

とめる
はらう

よみかた
ダイ・タイ
おお
おおきい
おおいに

つかいかた
大すき・大りょう
大きな いわ
大いに よろこぶ

かきじゅん
1　2　3
大（だい）
3 かく

かいて おぼえましょう

できかた
てあしを ひろげた 人の かたちから できた。

なぞりましょう
こえが大きい
大きなかばん
大きくそだつ
大きなくりの木

きょうかしょ下15ページ

土

ながく

よみかた
ド
ト
つち

つかいかた
土よう日
土地を たがやす
土を ほりかえす

かきじゅん
1　2　3
土（つち）
3 かく

かいて おぼえましょう

できかた
くさの めが つちから でる ようすから できた。

なぞりましょう
はたけの土
土からめがでる
にわの土をほる
土にまみれた手

月　日

きょうかしょ下16ページ

水

はなす　はらう　はねる　はらう

よみかた
スイ
みず

つかいかた
水(すい)よう日(び)
水(みず)が　ながれる
水(みず)あそび

▼かきじゅん
1 2 3 4
水(みず)
4かく

▼かいて　おぼえましょう

できかた 
みずの　ながれる　ようすから　できた。

▼なぞりましょう
水さいばい
水があふれる
うち水をする
すんだ水をくむ

かん字クイズ 2

ひだりの　三つの　えだの　どれかを、みぎがわに　もって　きて　かさねると　できる　かん字を　かこう。

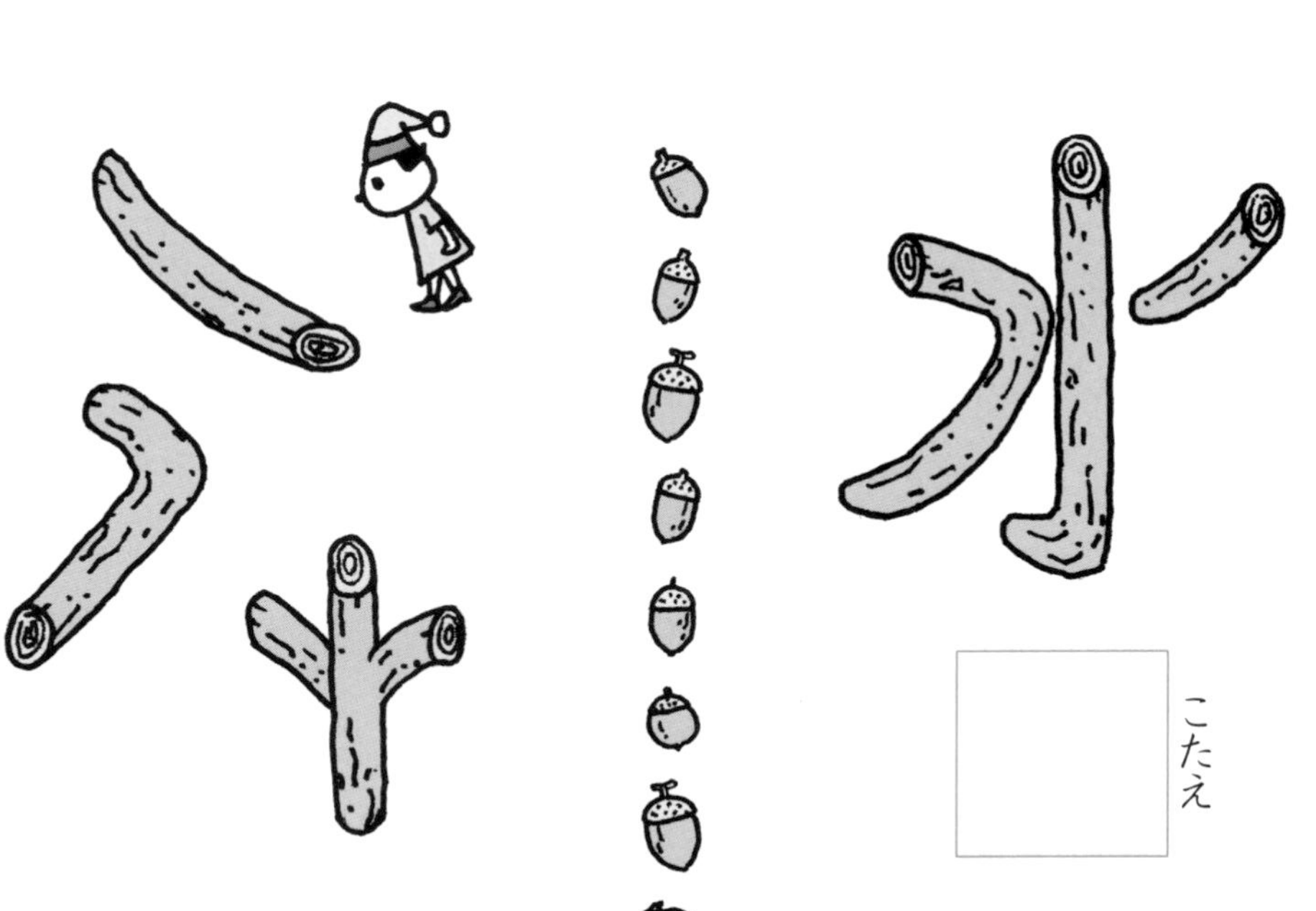

こたえ

こたえ↓12ページ

月　　日

ぴったり2 れんしゅう

しらせたいな、いきものの ひみつ
はたらく じどう車

1 かん字を よみましょう。

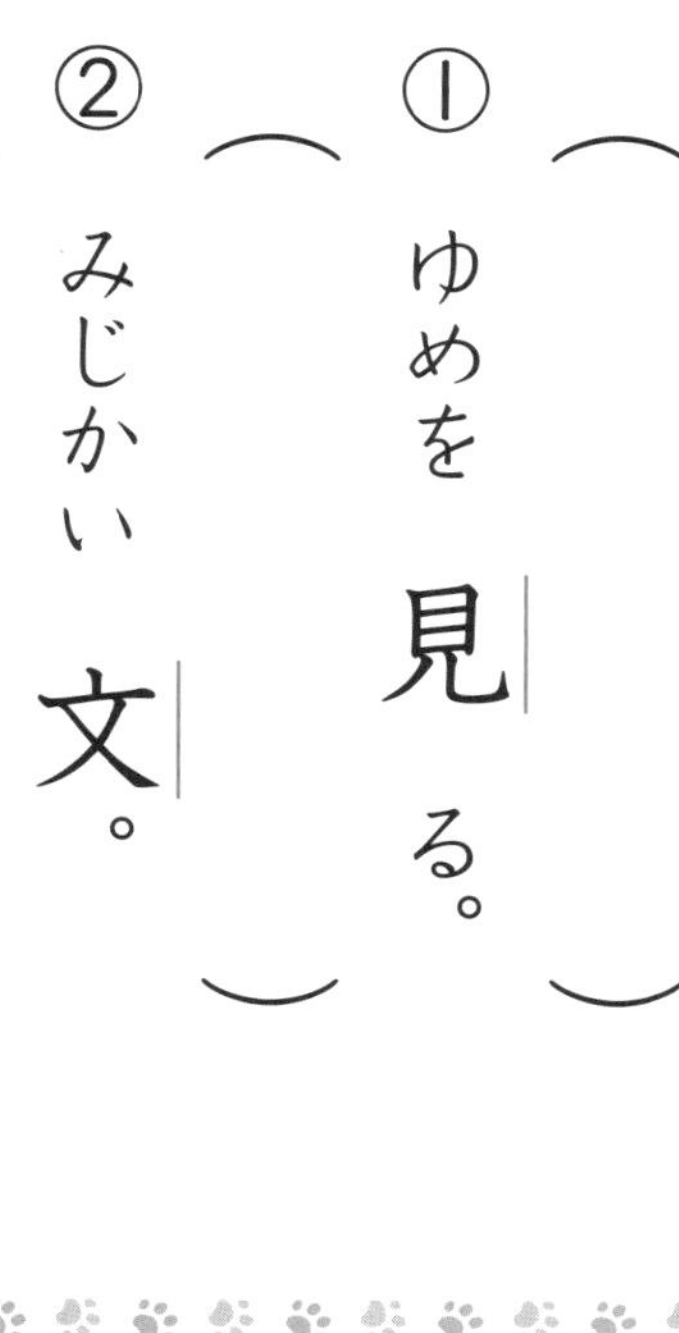

①ゆめを 見る。（　）

②みじかい 文。（　）

③大きい かばん。（　）

④水でっぽうで あそぶ。（　）

⑤文しょうを よむ。（　）

⑥大木に そだつ。（　）

2 □に かん字を かきましょう。

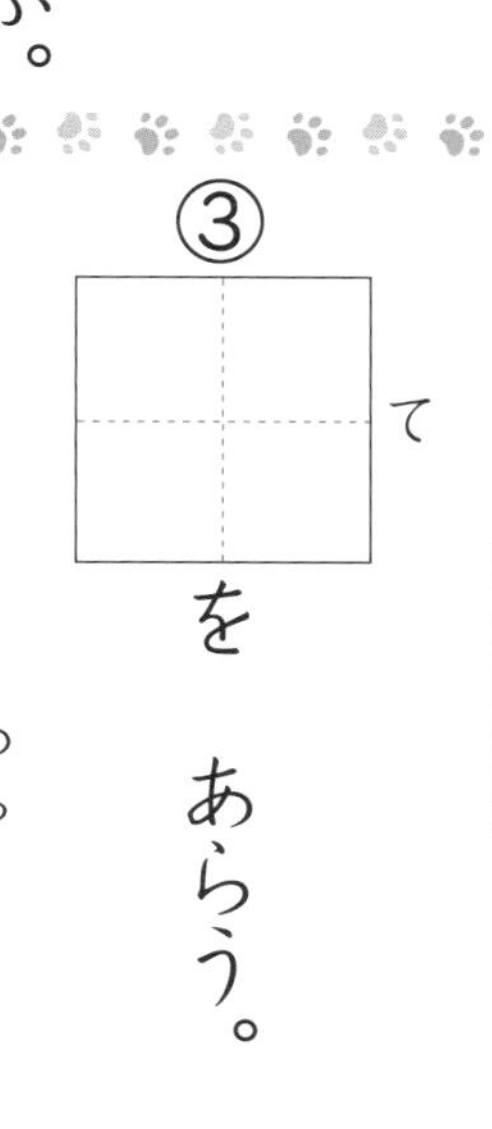

①□（しろ）い くも。

②じどう□（しゃ）に のる。

③□（て）を あらう。

④にわの □（つち）を ほる。

⑤まっ□（しろ）な ゆき。

⑥きいろい □（くるま）。

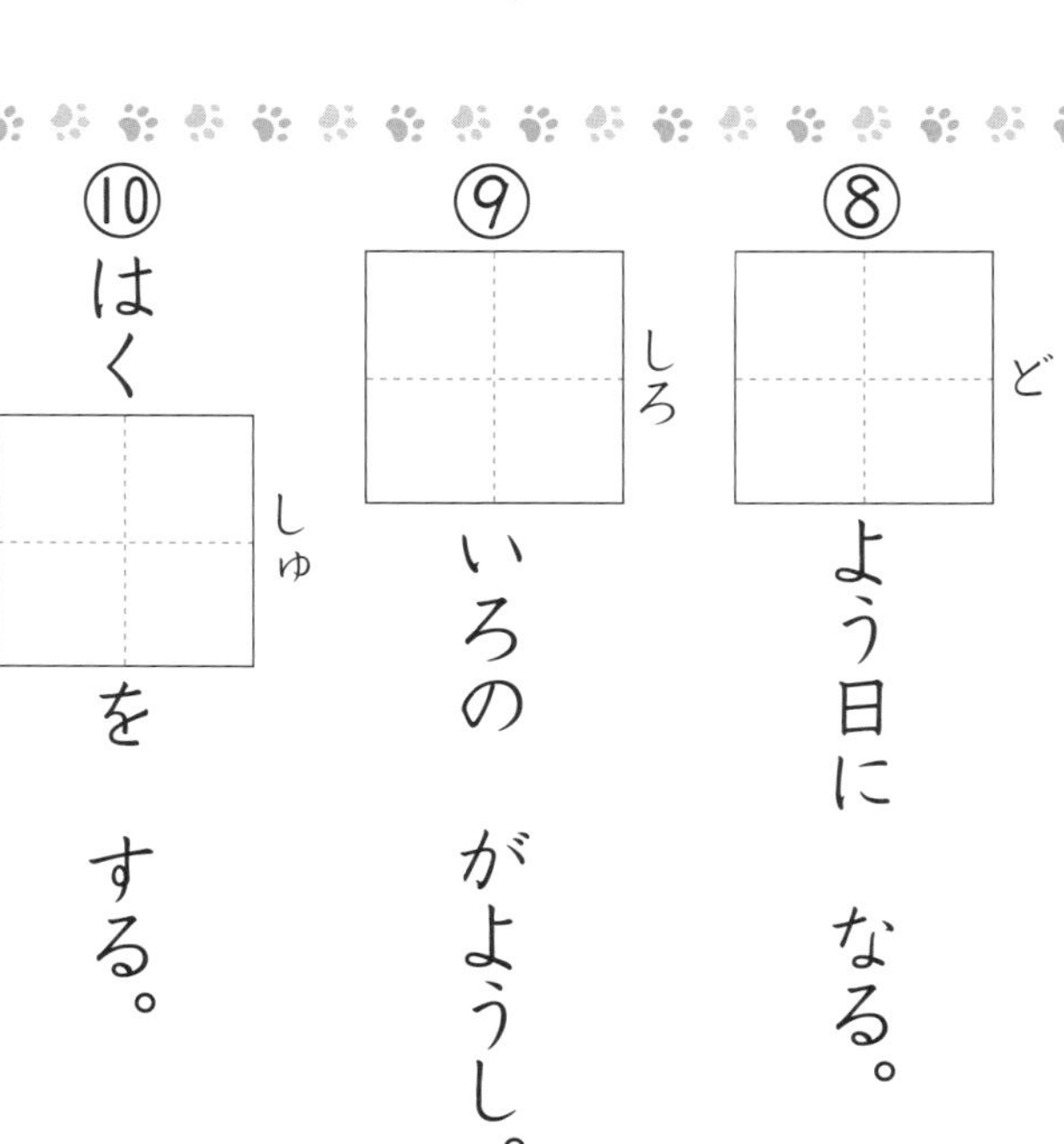

⑦□（て）あそびを する。

⑧□（ど）よう日に なる。

⑨□（しろ）いろの がようし。

⑩はく□（しゅ）を する。

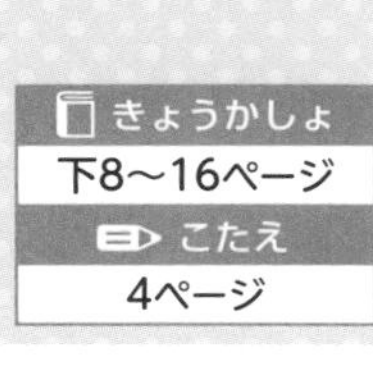

きょうかしょ 下8～16ページ

こたえ 4ページ

しらせたいな、いきもののひみつ
はたらく じどう車

（　）月（　）日

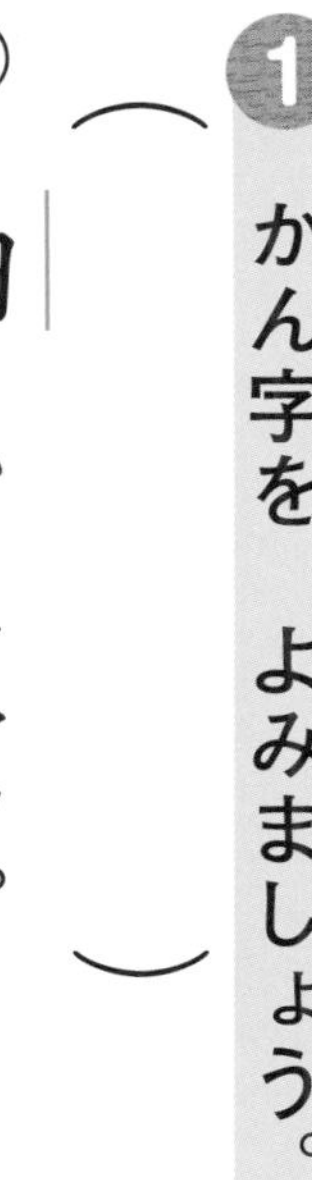

1 かん字を よみましょう。

① （　）白い シャツ。

② きゅうきゅう車。（　）

③ （　）手がみを とどける。

④ （　）土を こねる。

⑤ （　）車を とめる。

⑥ つぎの 土よう日。（　）

2 □に かん字を かきましょう。

① とおくを □（み）る。

② さく□（ぶん）を かく。

③ ぞうは □（おお）きい。

④ □（みず）を のむ。

⑤ そらを □（み）□（あ）げる。

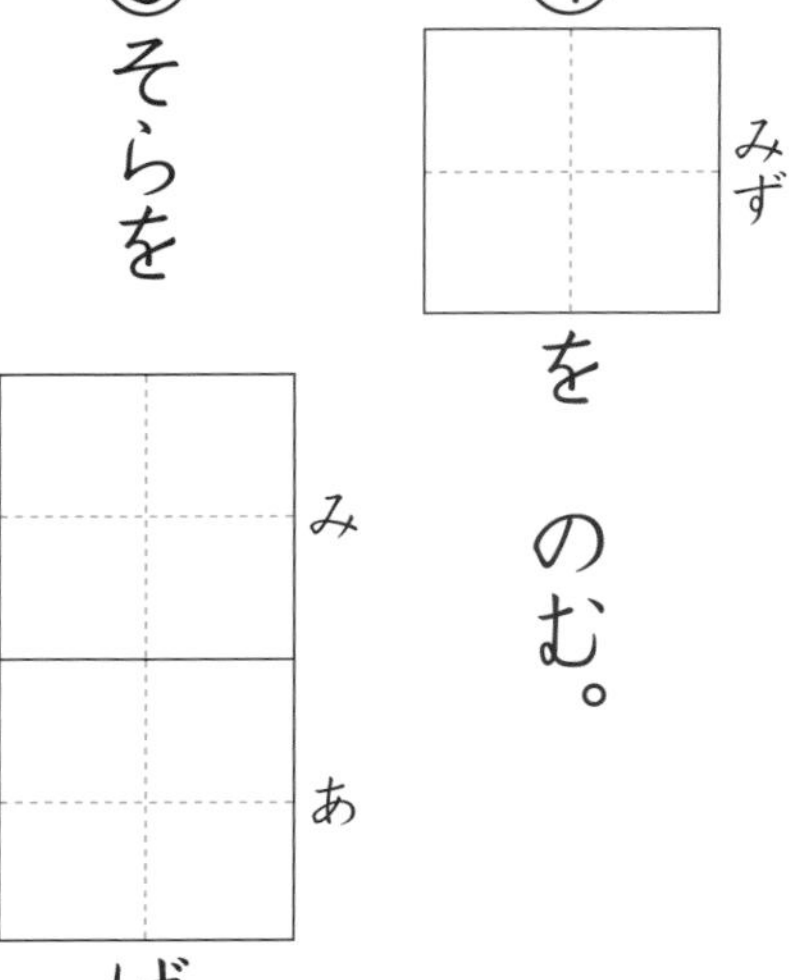

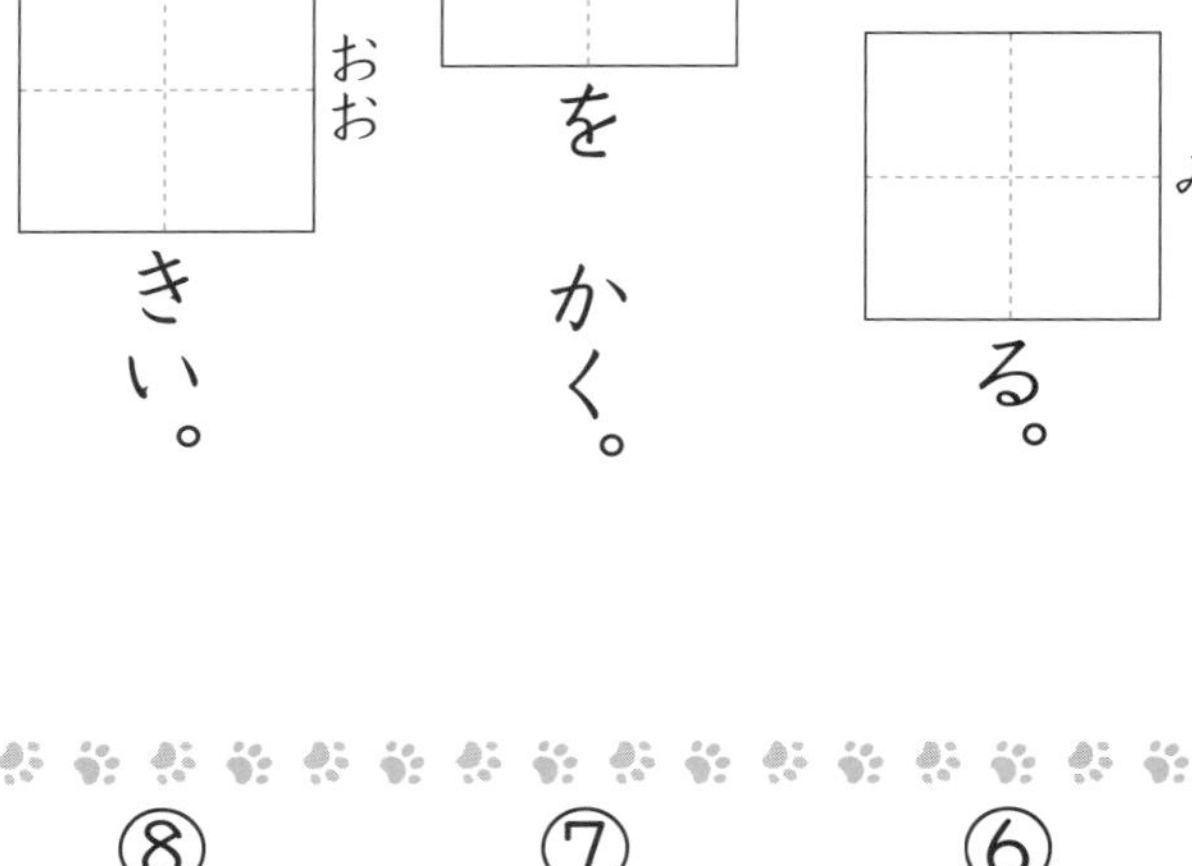

⑥ □（ぶん）しょうを よむ。

⑦ つめたい □（みず）。

⑧ こえが □（おお）きい。

⑨ きれいな □（も）□（じ）。

⑩ □（すい）よう日が くる。

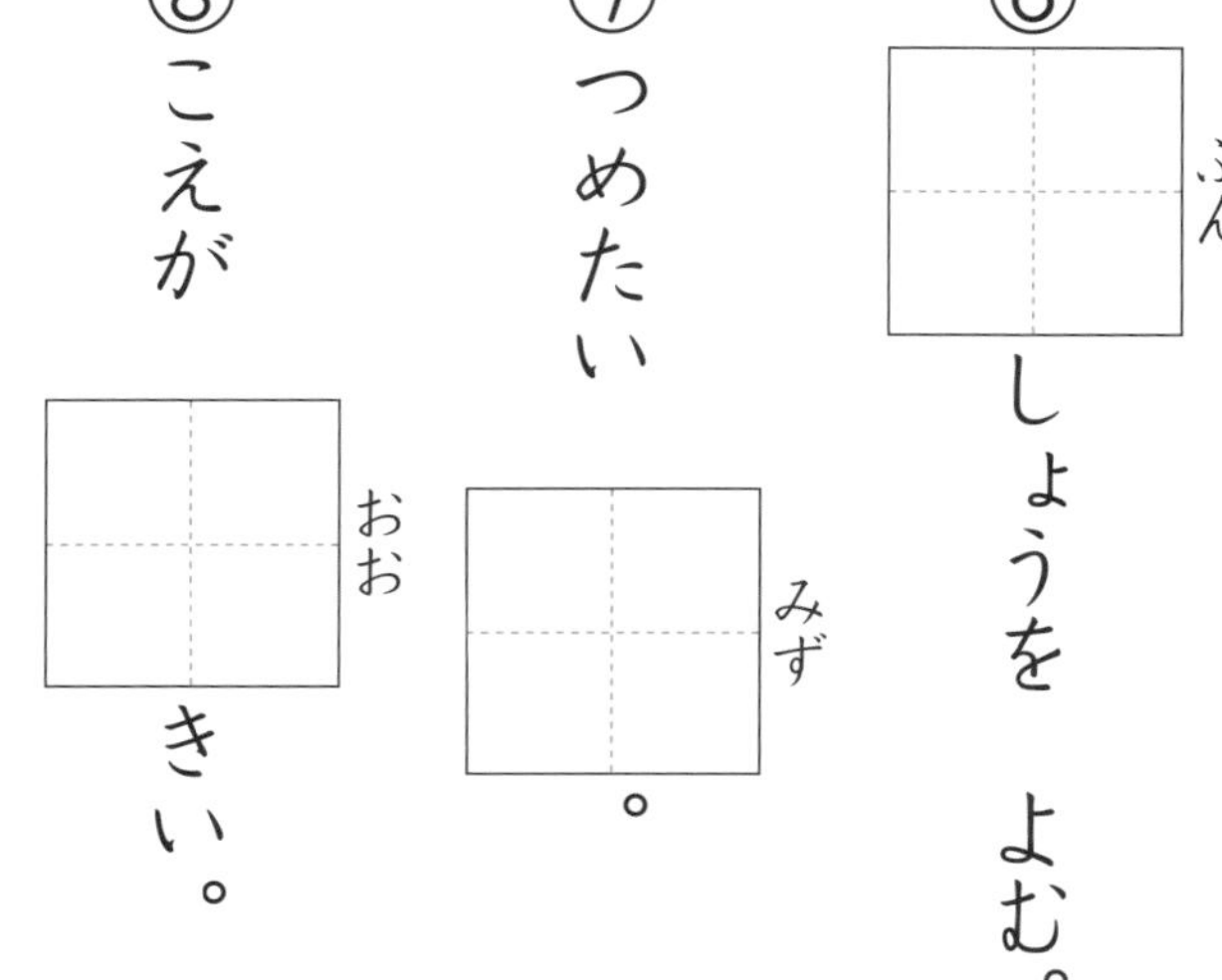

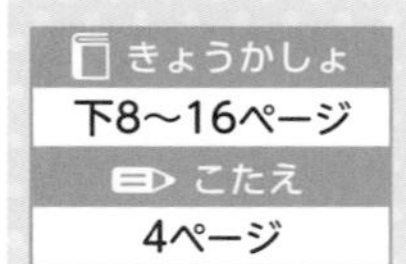

きょうかしょ
下8～16ページ
こたえ
4ページ

ぴったり1 じゅんび

「のりものカード」で しらせよう

きょうかしょ 下21〜23ページ

あたらしく がくしゅうする かん字

きょうかしょ下21ページ

名 (みじかく・はらう)

よみかた: メイ / ミョウ / な

つかいかた: しょうぎの 名人（めいじん） / 名字（みょうじ）と 名（な）まえ / 名（な）ふだを つける

かきじゅん: 1〜6

名（くち） 6かく

おぼえかた: ☆ 夕（ゆう）＋口＝名 「夕がたには 口で 名のれ」と おぼえよう。

▼かいて おぼえましょう

▼なぞりましょう

名まえをかく

よび名をつける

きょうかしょ下23ページ

出 (ながく・すこし だす)

よみかた: シュツ / でる / だす / ◆スイ

つかいかた: あさから 外出（がいしゅつ）する / たびに 出（で）る / 手（て）がみを 出（だ）す

かきじゅん: 1〜5

出（うけばこ） 5かく

はんたいの 字: 出る ⇔ 入（はい）る

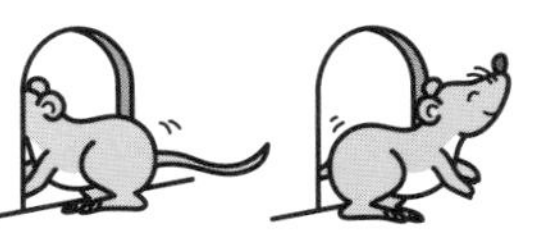

▼かいて おぼえましょう

▼なぞりましょう

出しものをする

ほんをとり出す

かん字の たしざんを やって みよう

夕＋口＝□

かどの ところで くっつくよ。

こたえは 12ページ

月 日

月　日

ぴったり じゅんび 1

なにを　して　いるのかな？

きょうかしょ 下26ページ

あたらしく　がくしゅうする　かん字

きょうかしょ下26ページ

早

ながく

よみかた

ソウ
はやい
はやまる
はやめる
◆サッ

つかいかた

早朝(そうちょう)の　さんぽ
早(はや)く　おきる
よていが　早(はや)まる

▼かきじゅん ▼かいて おぼえましょう

1 早 2 早 3 早 4 早 5 早 6 早

早(ひ)

6かく

できかた

あさはやくに　日が　のぼる　ようすから　できた。

▼なぞりましょう

早おき
いじかん

早おきは　ねむい…。

かん字クイズ 3

ひだりの　三つの　えだの　どれかを、みぎがわに　もって　きて　かさねると　できる　かん字を　かこう。

こたえ

こたえ↓12ページ

かん字の　たしざんを　やって　みよう

こたえは　12ページ

月　　日

ぴったり1 じゅんび

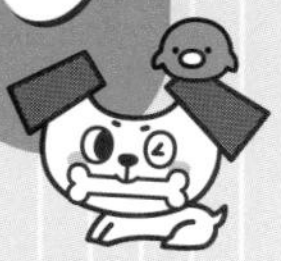

日づけと よう日

きょうかしょ 下28～30ページ

あたらしく がくしゅうする かん字

きょうかしょ下28ページ

金

つける　つき出ない　はらう　はらう

よみかた

キン
コン
かね
かな

つかいかた

金(きん)よう日(び)
お金(かね)を　ためる
金(かな)あみを　はる

できかた

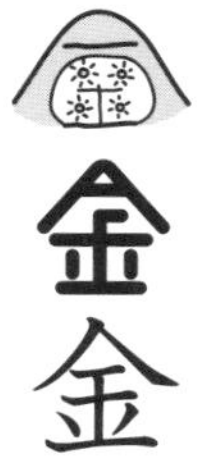

山の　土の　なかで
きんの　つぶが
ひかる　ようすから
できた。

▼かきじゅん ▼かいて おぼえましょう

1 金　2 金　3 金　4 金　5 金　6 金　7 金　8 金

金(かね)

8 かく

▼なぞりましょう

金のこな

金メダルをとる

きょうかしょ下30ページ

正

つける　ながく

よみかた

セイ
ショウ
ただしい
ただす・まさ

つかいかた

学校(がっこう)の　正門(せいもん)
正月(しょうがつ)やすみ
正(ただ)しい　こたえ

一口ちしき

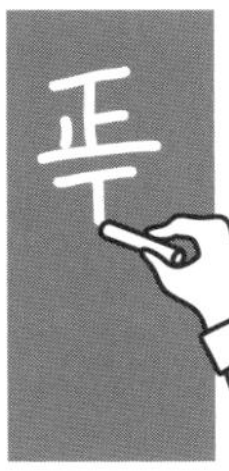

五画(かく)で　見やすい
から、かずを　かぞえ
る　ときに　つかう。

▼かきじゅん ▼かいて おぼえましょう

1 正　2 正　3 正　4 正　5 正

正(とめる)

5 かく

▼なぞりましょう

お正月

正じきにはなす

かん字の たしざんを やって みよう

へ
＋
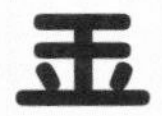
＝
□

どちらが　上に
なるのかな。

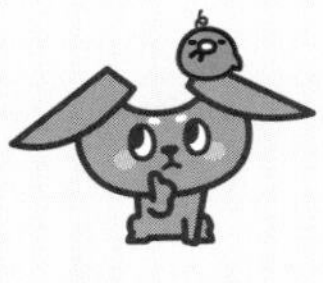

こたえは　12ページ

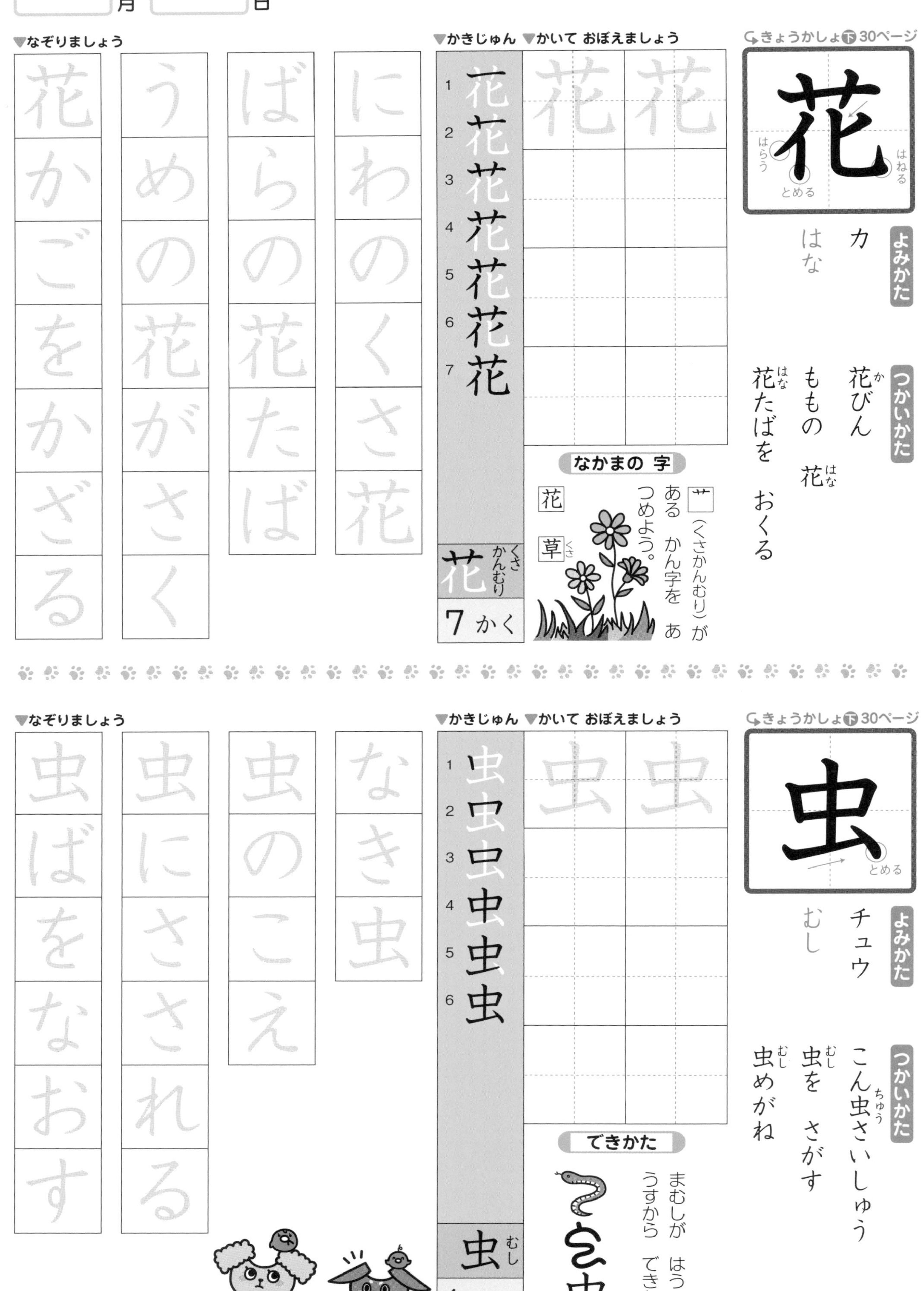

月 日

きょうかしょ下30ページ

花

はらう
はねる
とめる

よみかた
カ
はな

つかいかた
花(か)びん
もも の 花(はな)
花(はな)たばを おくる

かきじゅん
7 かく
花 くさかんむり

かいて おぼえましょう

なかまの 字
艹(くさかんむり)が ある かん字を あつめよう。
花
草(くさ)

なぞりましょう
にわの くさ花
ばらの 花たば
うめの 花が さく
花かごを かざる

きょうかしょ下30ページ

虫

とめる

よみかた
チュウ
むし

つかいかた
こん虫(ちゅう)さいしゅう
虫(むし)を さがす
虫(むし)めがね

かきじゅん
6 かく
虫(むし)

かいて おぼえましょう

できかた
まむしが はう ようすから できた。

なぞりましょう
なき虫
虫の こえ
虫に さされる
虫ばを なおす

月　日

とくべつな　よみかたを　する　ことば

ことば	つかいかた
一日（ついたち）	一月一日（いちがつついたち）の　よる
二日（ふつか）	二日（ふつか）めの　あさ
二十日（はつか）	四月二十日（しがつはつか）の　ひる

かん字が　むすびついて　とくべつな　よみかたに　なるんだね。

「一日」は、「いちにち」とも　「ついたち」とも　よむね。

かん字クイズ４

こたえ↓12ページ

かん字を　かいた　かみが　はんぶん　やぶれて　しまったよ。もとの　かん字を　かこう。

ヒント　二つに　おると　かさなる　かん字だよ。

「のりものカード」で しらせよう
なにを して いるのかな？
日づけと よう日

きょうかしょ
下21〜30ページ
こたえ
5ページ

□月 □日

1 かん字を よみましょう。

① 名（　）まえを かく。
② じかんが 早（　）い。
③ つぎの 金（　）よう日。
④ きれいな 花（　）が さく。
⑤ 二日（　）めの しょくじ。
⑥ たくさんの お金（　）。

2 □に かん字を かきましょう。

① げんきを □（だ）す。
② □□（しょうがつ）の ごちそう。
③ □（むし）かごを もつ。
④ □（ただ）しい こたえ。
⑤ □□（でぐち）を さがす。
⑥ □（むし）が にがてだ。
⑦ そとに □（で）る。
⑧ れいぎ □（ただ）しい 人。
⑨ こん □（ちゅう）さいしゅう。
⑩ □（せい）もんから はいる。

月　日

ぴったり2 れんしゅう

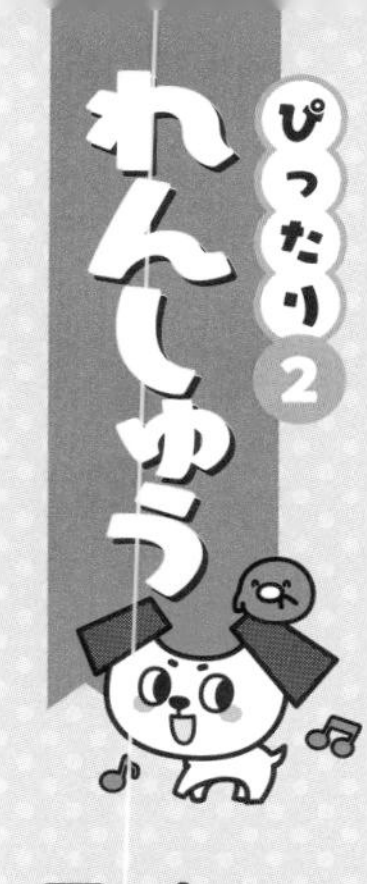

「のりものカード」で しらせよう
なにを して いるのかな？
日づけと よう日

きょうかしょ 下21〜30ページ
こたえ 5ページ

1 かん字を よみましょう。

①（　）もんだいを 出す。
②（　）お 正月に なる。
③（　）すず 虫が なく。
④（　）一月 一日を いわう。
⑤（　）二十日は やすみだ。
⑥（　）かいものに 出かける。

2 □に かん字を かきましょう。

① あだ□（な）で よぶ。
② □（はや）おきを する。
③ □□（たい きん）を ひろう。
④ □（はな）たばを もらう。
⑤ 手がみの あて□（な）。
⑥ あさ□（はや）くに 出かける。
⑦ お□（かね）を つかう。
⑧ きれいな □（はな）かご。
⑨ じぶんから □（な）のる。
⑩ がっこうの □（か）だん。

月 日

あたらしく がくしゅうする かん字

きょうかしょ下33ページ

青

ながく とめる はねる

よみかた
セイ
あお
あおい
◆ショウ

つかいかた
青天(せいてん)を 見上(みあ)げる
青空(あおぞら)が ひろがる
青(あお)い うみ

▼かきじゅん
1 青 2 青 3 青 4 青 5 青 6 青 7 青 8 青

青(あお) 8かく

▼かいて おぼえましょう
青 青

なかまの 字
☆いろの かん字
白 青 赤(あか)

▼なぞりましょう
青いうみ
かおが青くなる

きょうかしょ下33ページ

空

はねる とめる ながく

よみかた
クウ
そら
あく・あける
から

つかいかた
すんだ 空気(くうき)
空(そら)を とぶ
空(から)っぽの はこ

▼かきじゅん
1 空 2 空 3 空 4 空 5 空 6 空 7 空 8 空

空 あなかんむり 8かく

▼かいて おぼえましょう
空 空

くみに なる 字
（二年生(ねんせい)で ならうよ）
海(うみ) 空

▼なぞりましょう
空を見上げる
空にうかぶくも

かん字の たしざんを やって みよう

一＋白＝□

かずの かん字を つくろう。

こたえは 12ページ

月　日

きょうかしょ下33ページ

目

あきが おなじ

よみかた
モク
め
◆ボク
◆ま

つかいかた
目(もく)てきの ばしょ
目(め)の まえ
目(め)が さめた

かきじゅん 1〜5
かいて おぼえましょう

目(め)
5かく

できかた 
めの かたちから できた。

なぞりましょう
目ぐすり
目だまやき
はなと目と口
ひどい目に あう

きょうかしょ下34ページ

百

ながく

よみかた
ヒャク

つかいかた
五百円(ごひゃくえん)
百円(ひゃくえん)だま
百(ひゃく)てんを とる

かきじゅん 1〜6
かいて おぼえましょう

白(しろ)
6かく

なかまの 字
☆かずの かん字
一 百 十 千(せん)

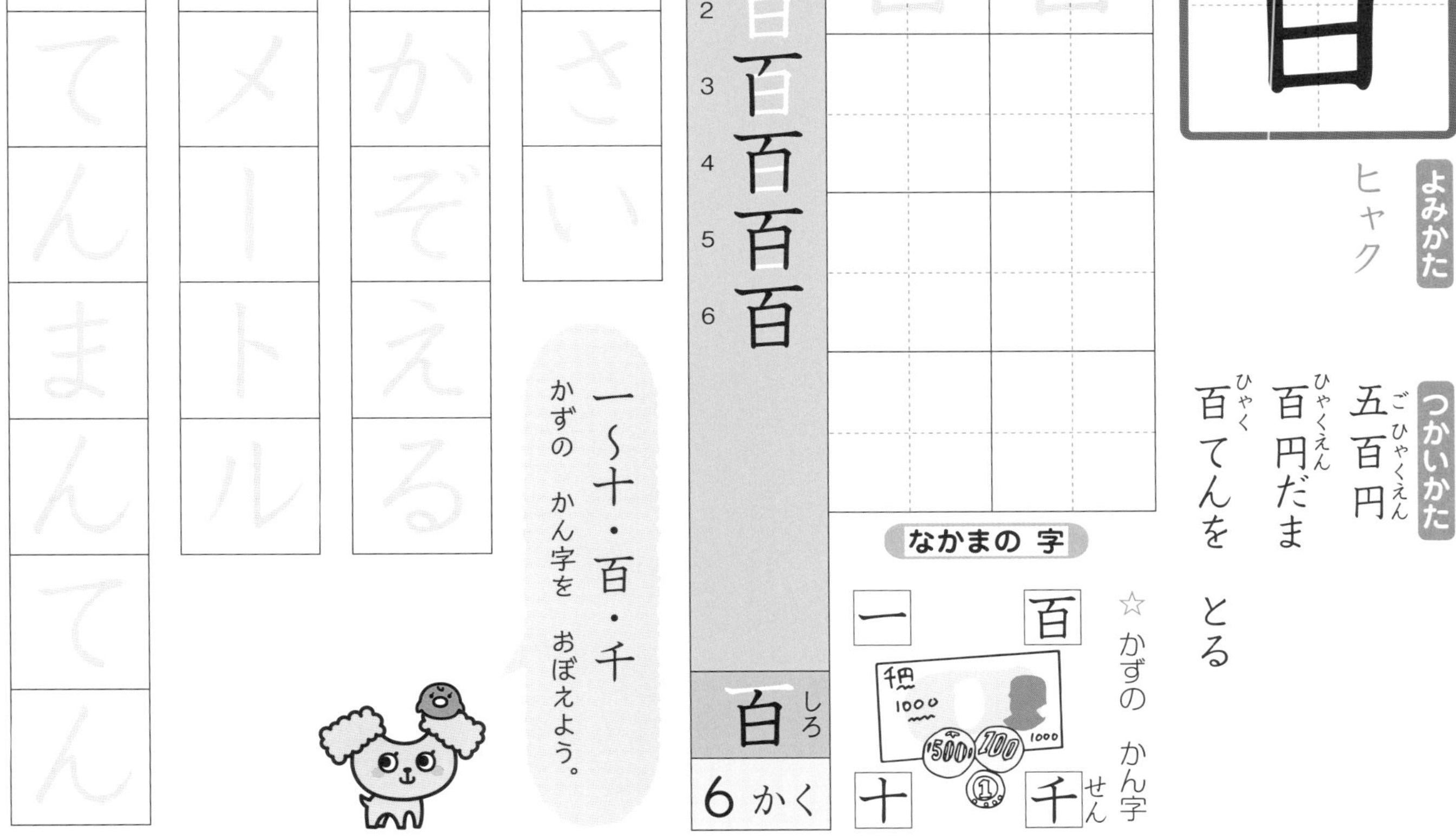

一〜十・百・千
かずの かん字を おぼえよう。

なぞりましょう
百さい
百かぞえる
百メートル
百てんまんてん

月　日

きょうかしょ下37ページ

耳

出す　ながく　おろす

よみかた
みみ
◆ジ

つかいかた
耳(みみ)を　すます
耳(みみ)もとで　ささやく
耳(みみ)かき

できかた 
みみの　かたちから　できた。

かきじゅん
1 2 3 4 5 6
耳(みみ)
6かく

かいて おぼえましょう
耳 耳

目・口・耳
かおの　ぶぶんを　あらわす　かん字。

なぞりましょう
耳が　いい
パンの　耳
ききみみずきん
耳たぶを　つまむ

きょうかしょ下37ページ

音

ながく

よみかた
オン
おと
ね
◆イン

つかいかた
音(おん)がくを　きく
音(おと)が　きこえる
ふえの　音(ね)

一口ちしき
「音(ね)」は、ほそくて　きれいな　音の　ときに　いう。
ふえの　音(ね)
虫の　音(ね)

かきじゅん
1 2 3 4 5 6 7 8 9
音(おと)
9かく

かいて おぼえましょう
音 音

なぞりましょう
音も　れ
たいこの　音
大きな　ものおと
車の　はしる　音

月 日

立

きょうかしょ下40ページ

ながく

よみかた

リツ

たつ

たてる

◆リュウ

つかいかた

どく立(りつ)する

立(た)ち上(あ)がる

ぼうを 立(た)てる

かきじゅん

1 立 2 立 3 立 4 立 5 立

立(たつ)

5かく

▼かいて おぼえましょう

立 立

できかた

人が たって いる かたちから できた。

▼なぞりましょう

立ち上がる

立っている人

ならんでいる立つ

まっすぐに立つ

年

きょうかしょ下44ページ

つける ながく

よみかた

ネン

とし

つかいかた

年月(ねんげつ)が すぎる

年下(としした)の 子(こ)

年(とし)の はじめ

かきじゅん

1 年 2 年 3 年 4 年 5 年 6 年

年(いちじゅうかん)

6かく

▼かいて おぼえましょう

年 年

なかまの 字

月 年 日

☆月日(つきひ)の かん字

▼なぞりましょう

一年がすぎた

年月日をかく

きょ年のまつ

年れいが下の子

月　日

きょうかしょ下45ページ

千

つける
まん中を　とおす

よみかた
セン
ち

つかいかた
千円(せんえん)さつ
三千年(さんぜんねん)まえ
千代紙(ちよがみ)を　おる

かきじゅん
1 2 3
千
じゅう 十
3かく

かいて おぼえましょう
千 千

かたちの にた 字
千（かん字）
チ（かたかな） 
ちがいに　ちゅうい！

なぞりましょう
千年まえ
千りのみち
五千えんさつ
千ばづるをおる

きょうかしょ下48ページ

力

はらう
はねる

よみかた
リョク
リキ
ちから

つかいかた
体力(たいりょく)を　つける
馬力(ばりき)
力(ちから)いっぱい

かきじゅん
1 2
力
ちから 力
2かく

かいて おぼえましょう
力 力

できかた 
ちからを　こめた　うでの　かたちから　できた。

×ノカ
かきじゅんに　ちゅうい！

なぞりましょう
力もち
力を出す
力をこめる
力くらべをする

月　日

うみへの　ながい　たび

1 かん字を　よみましょう。

①（　）大きな　目。（目）

②（　）百（百）　さいまで　いきる。

③（　）うつくしい　音。（音）

④（　）一年（一年）　が　すぎる。

⑤（　）千（千）　えんさつを　もらう。

⑥（　）音（音）　がくの　じゅぎょう。

2 □に　かん字を　かきましょう。

① □（あお）い　いろえんぴつ。

② 大きな　□（そら）。

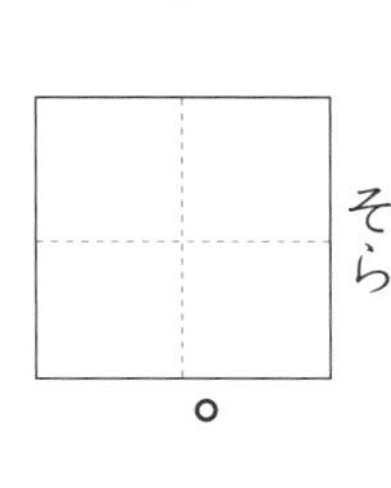

③ □（みみ）を　すます。

④ ぶたいに　□（た）つ。

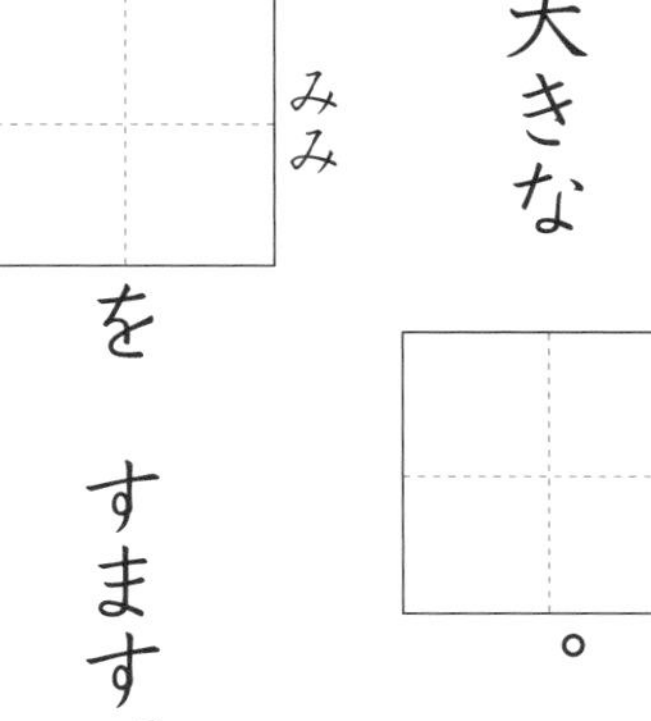

⑤ □（ちから）を　こめる。

⑥ ひろい　□□（あおぞら）。

⑦ ぼうを　□（た）てる。

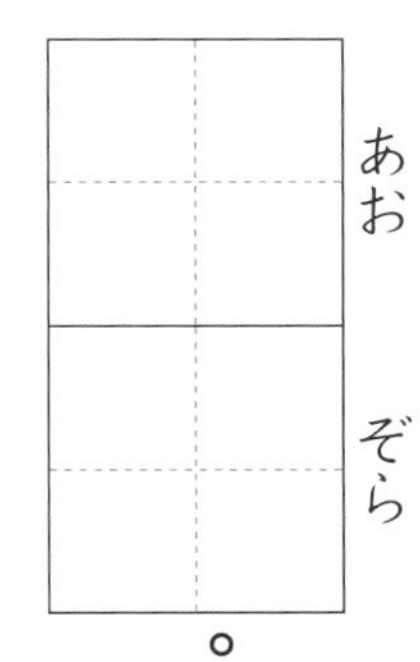

⑧ □（から）の　バケツ。

⑨ □（みみ）たぶが　かゆい。

⑩ □（ちから）もちの　おとこ。

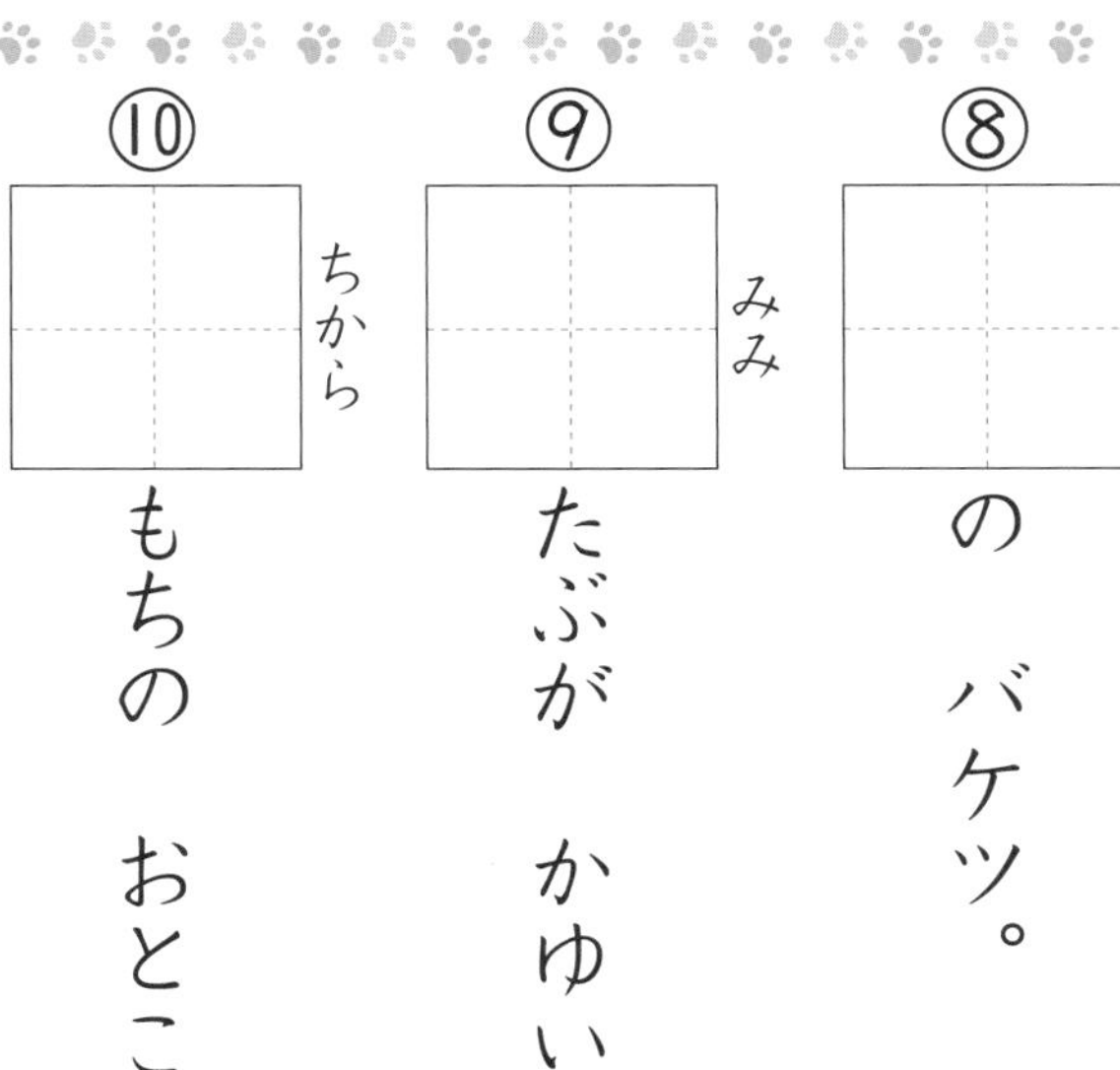

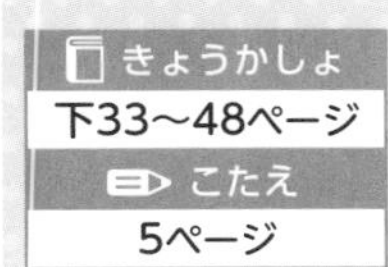
きょうかしょ
下33〜48ページ
こたえ
5ページ

□月 □日

ぴったり2 れんしゅう

うみへの ながい たび

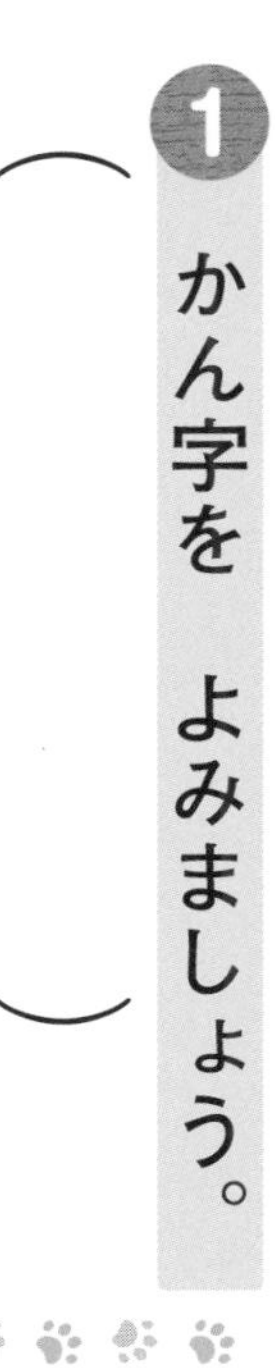

1 かん字を よみましょう。

①（　　）青い えのぐ。

②とりが（　　）空を とぶ。

③ぞうは（　　）耳が 大きい。

④そっと（　　）立ち上がる。

⑤（　　）力を たくわえる。

⑥（　　）青空が ひろがる。

2 □に かん字を かきましょう。

①うす□（め）を あける。

②□□（ご ひゃく）えんだま。

③大きな□（おと）が する。

④□□（せん ねん）まえ。

⑤□（め）じるしを つける。

⑥□□（ひゃく にん）が あつまる。

⑦ながい□□（ねん げつ）。

⑧□（せん）ばづるを おる。

⑨□（もく）ひょうを きめる。

⑩もの□（おと）が する。

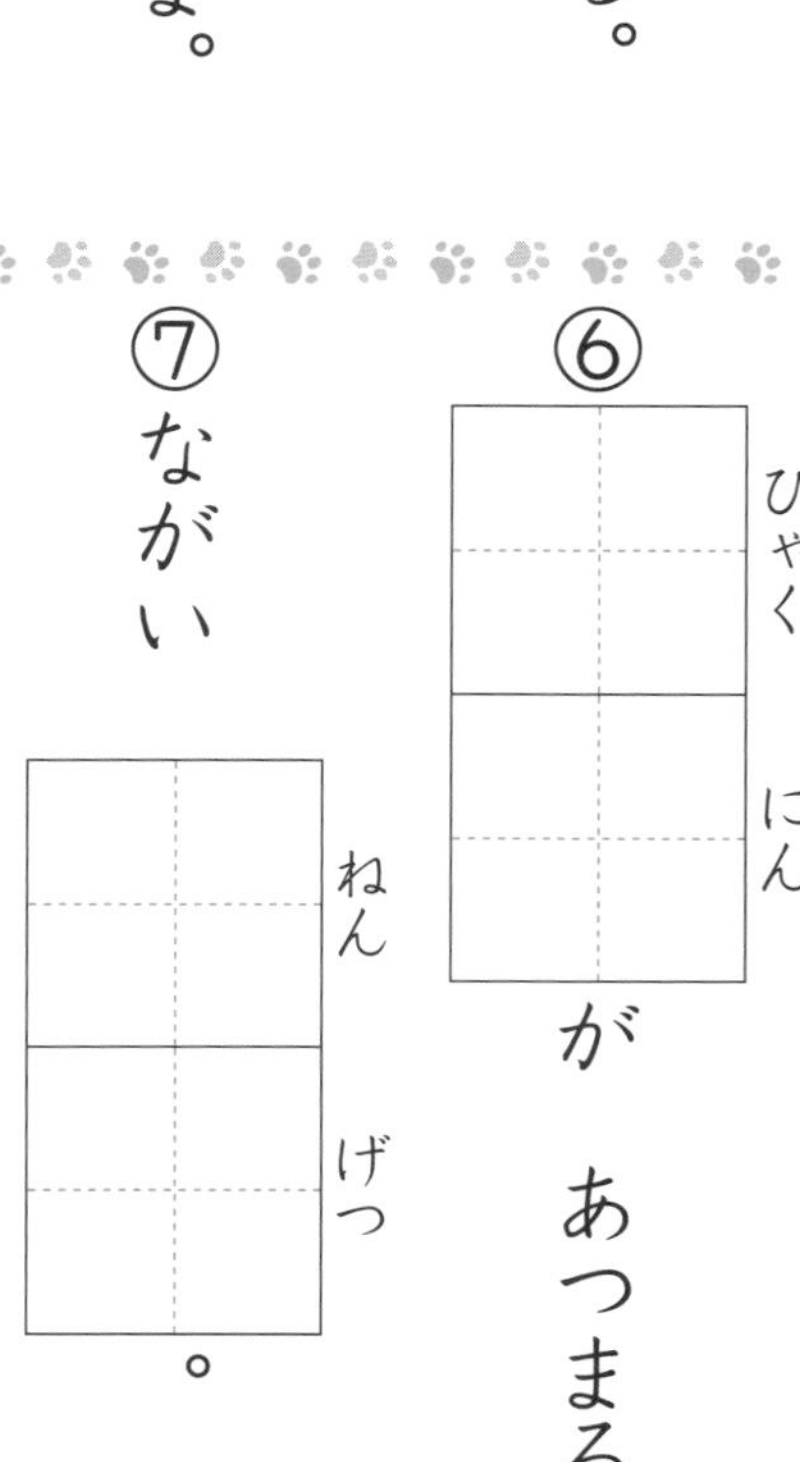

きょうかしょ 下33〜48ページ
こたえ 5ページ

ぴったり1 じゅんび

天に のぼった おけやさん

きょうかしょ 下54ページ

あたらしく がくしゅうする かん字

きょうかしょ下54ページ

天

上より みじかく　はらう

よみかた
テン
あま
◆あめ

つかいかた
天(てん)まで のぼれ
天気(てんき)が よい
天(あま)の川(がわ)

おぼえかた
☆ 一＋大＝天 
「天は 一ばん 大きいぞ」と おぼえよう。

▼かきじゅん
1 天 2 天 3 天 4 天
天(だい)
4かく

▼かいて おぼえましょう

▼なぞりましょう
天まで とどけ
天こうが かわるい

月　日

かん字クイズ 5

ぼうし(①〜③)と シャツ(㋐〜㋒)を くみあわせて、せんで むすんで かん字に しよう。

こたえ↓12ページ

かん字の たしざんを やって みよう

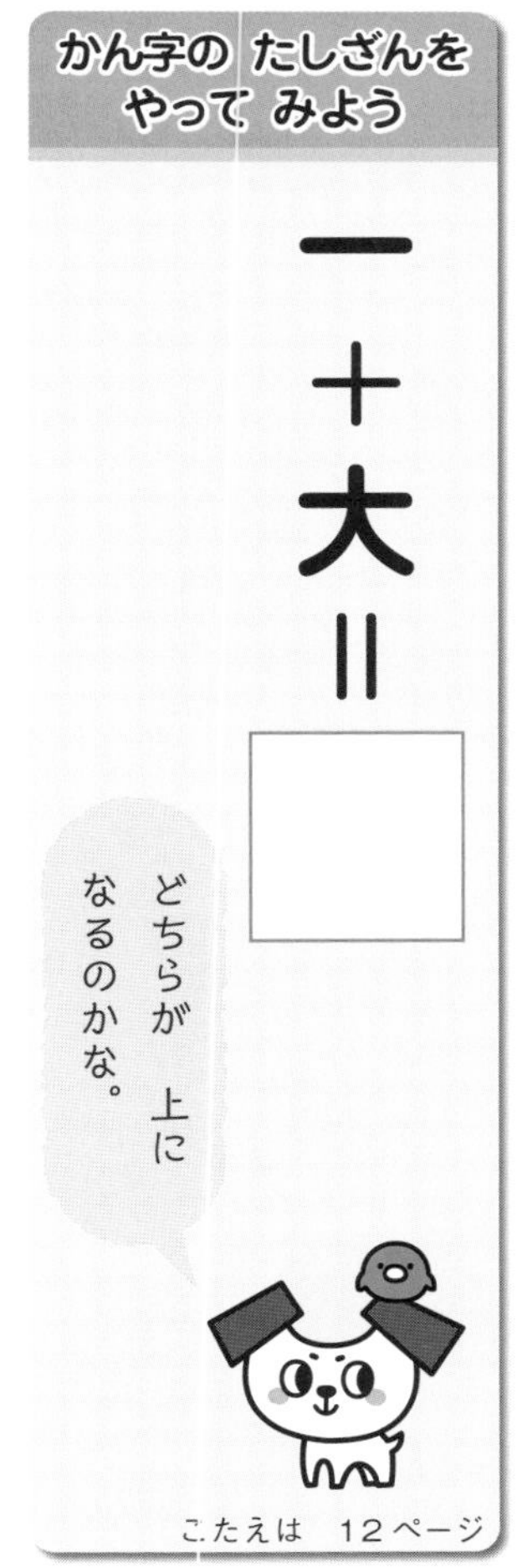

こたえは 12ページ

月　日

あたらしく がくしゅうする かん字

きょうかしょ 下56～57ページ

きょうかしょ下56ページ

中

まんなかに　まっすぐ

よみかた
チュウ
ジュウ
なか

つかいかた
中学生（ちゅうがくせい）
せかい中（じゅう）
おはなしの 中（なか）

かきじゅん 1 2 3 4
たてぼう（ぼう）
4 かく

かいて おぼえましょう
中 中

できかた
はたざおを まんなかに 立てた かたちから できた。

なぞりましょう
まん中
中をのぞく

上・中・下
ひとまとめで
おぼえよう。

きょうかしょ下57ページ

気

はらう　とめる　はねる

よみかた
キ
ケ

つかいかた
気（き）を つける
天気（てんき）が よい
さむ気（け）が する

かきじゅん 1 2 3 4 5 6
きがまえ
6 かく

かいて おぼえましょう
気 気

字の いみ
①くうき。
②きもち。
すんだ 空気（くうき）で いい 気もち。

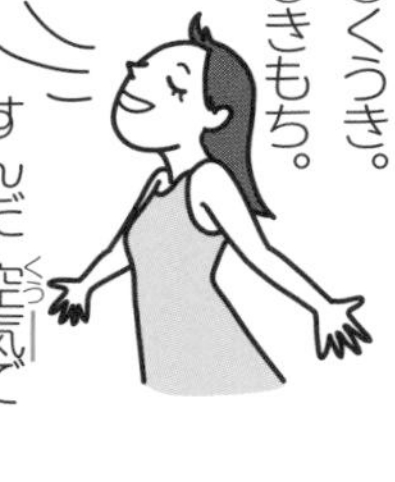

なぞりましょう
気のつよい人
かなしい気もち

かん字の たしざんを やって みよう

口＋｜＝□

□の まんなかを とおそう。

こたえは　12ページ

月　日

▼なぞりましょう

小さい　いもうと
小さな　おうち
小さめに　する
小さく　きる

▼かきじゅん ▼かいて おぼえましょう

きょうかしょ(下)57ページ

小

はらう　はねる　とめる

よみかた
ショウ
ちいさい
こ
お

つかいかた
小学生（しょうがくせい）
小さい（ちいさい） たこ
小ごえ（こごえ）・小川（おがわ）

1 小 2 小 3 小

小（しょう）
3 かく

できかた
ちいさな　てんを　三つ　ならべた　かたちから　できた。

かん字クイズ 6

かん字が　三つ　かくれて　いるよ。
見つけて　□に　かこう。

こたえ
□・□・□

木
大

こたえ→12ページ

月　　日

ぴったり2 れんしゅう

天に のぼった おけやさん
かたかな

1 かん字を よみましょう。

① （　　）えびの 天ぷら。

② （　　）小さく きる。

③ （　　）天の川の ほし。

④ （　　）小川が ながれる。

⑤ （　　）中ゆびと くすりゆび。

⑥ （　　）じぶんの 気もち。

2 □に かん字を かきましょう。

① □（ちい）さな くつ。

② □（てん）□（き）が わるい。

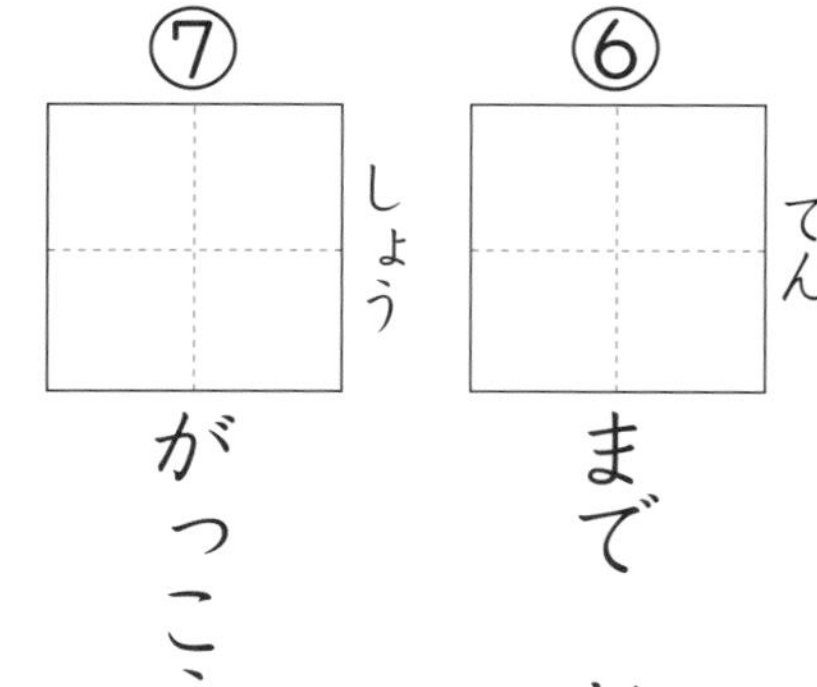

③ こえが □（ちい）さい。

④ こころの □（なか）。

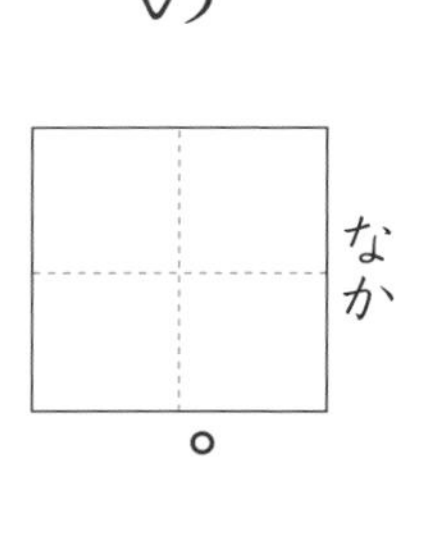

⑤ よく □（き）が つく。

⑥ □（てん）まで とどけ。

⑦ □（しょう）がっこうに かよう。

⑧ □（なか）から とび出す。

⑨ ありは □（ちい）さい。

⑩ はこの □（なか）み。

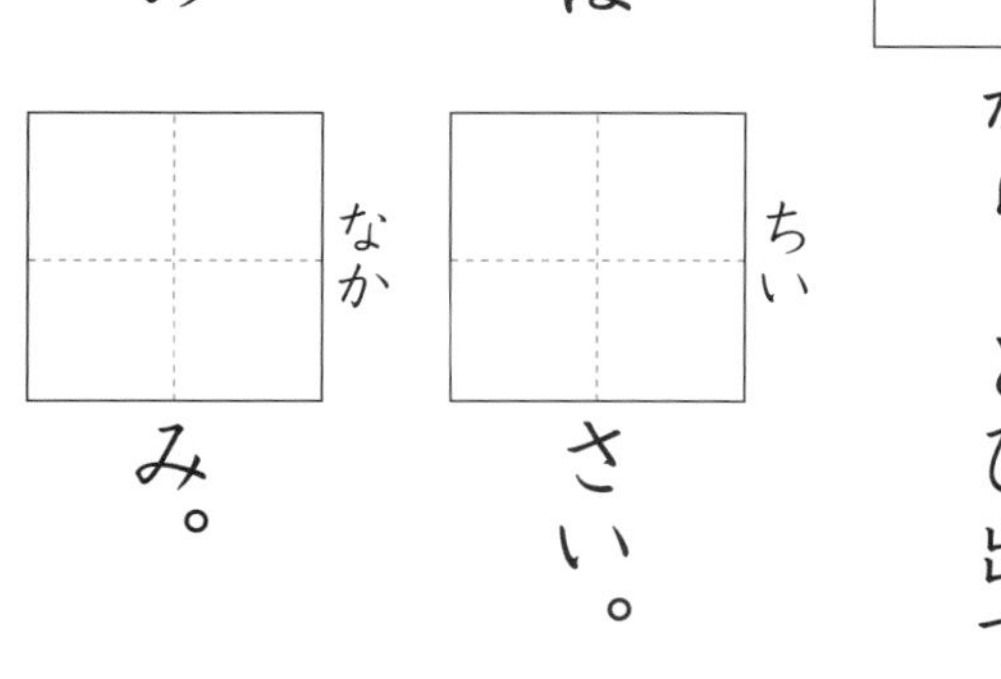

きょうかしょ 下54〜57ページ
こたえ 6ページ

月　日

ぴったり1 じゅんび

かん字の よみかた

あたらしく がくしゅうする かん字

きょうかしょ 下58～59ページ

きょうかしょ 下 58ページ

本

はらう　はらう　とめる

よみかた
ホン
もと

つかいかた
本(ほん)を よむ
本人(ほんにん)に たずねる
本(もと)を ただす

できかた 
木の ねもとに しるしを つけた かたちから できた。

▼かきじゅん
1 本 2 本 3 本 4 本 5 本

木(き)

5 かく

▼かいて おぼえましょう
本 本

▼なぞりましょう
本をよむ
二本のえんぴつ

きょうかしょ 下 59ページ

竹

はらう　とめる　はねる

よみかた
チク
たけ

つかいかた
竹林(ちくりん)
竹(たけ)の子(こ)を ほる
竹(たけ)うまで あそぶ

できかた 
たけが はえて いる かたちから できた。

▼かきじゅん
1 竹 2 竹 3 竹 4 竹 5 竹 6 竹

竹(たけ)

6 かく

▼かいて おぼえましょう
竹 竹

▼なぞりましょう
竹かごをあむ
おいしい竹の子

かん字の たしざんを やって みよう

一
＋
木
＝
□

一は 小さく はいるよ。

こたえは 12ページ

月　日

きょうかしょ下59ページ

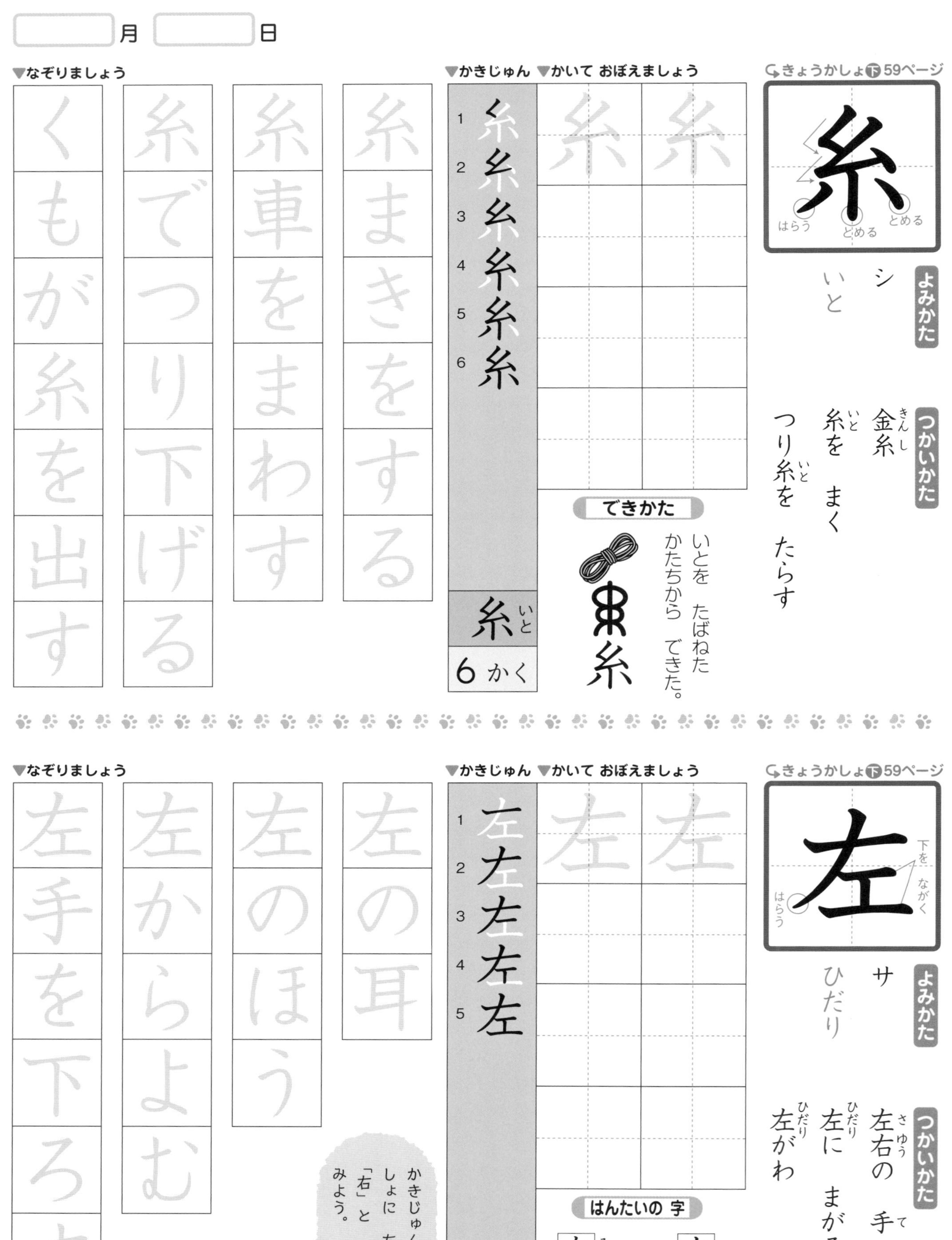

月　日

右

きょうかしょ下59ページ

ながく　はらう

よみかた

ウ
ユウ
みぎ

つかいかた

右（う）せつ
左右（さゆう）を　見（み）る
右（みぎ）がわ

かたちの　にた　字

石（いし）　右

ちがいに　ちゅうい！

▼かきじゅん

1 2 3 4 5

右（くち）

5 かく

▼かいて　おぼえましょう

右　右

○ノ右　×一右　かきじゅんの　さいしょに　ちゅうい！

▼なぞりましょう

右きき　右のほう　右手を上げる　右がわつうこうう

生

きょうかしょ下59ページ

つける　ながく

よみかた

セイ・ショウ
いきる・いかす
いける・うまれる
うむ・はえる
はやす・なま
◆おう◆き

つかいかた

生（せい）かつ・一生（いっしょう）
生（う）まれたばかり
あかるく　生（い）きる

できかた

草木（くさ）の　めが　はえ　て　のびる　ようす　から　できた。

生

▼かきじゅん

1 2 3 4 5

生（うまれる）

5 かく

▼かいて　おぼえましょう

生　生

▼なぞりましょう

生まれた日　子が生まれる　はる生まれの人　生まれこきょう

　　月　　日

きょうかしょ下59ページ

先

ながく　はらう　はねる

よみかた
セン
さき

つかいかた
学校(がっこう)の　先生(せんせい)
手先(てさき)が　きよう
目(め)と　はなの　先(さき)

かきじゅん　かいて　おぼえましょう

1 先 2 先 3 先 4 先 5 先 6 先

先 ひとあし　にんにょう

6かく

はんたいの 字

先(さき)　後(あと)（二年生で　ならうよ）

なぞりましょう

先生にきく
先ちゃく三名
先とうをあるく
先月のできごと

かん字クイズ 7

左の　三つの　えだの　どれかを、右がわに　もって　きて　かさねると　できる　かん字を　かこう。

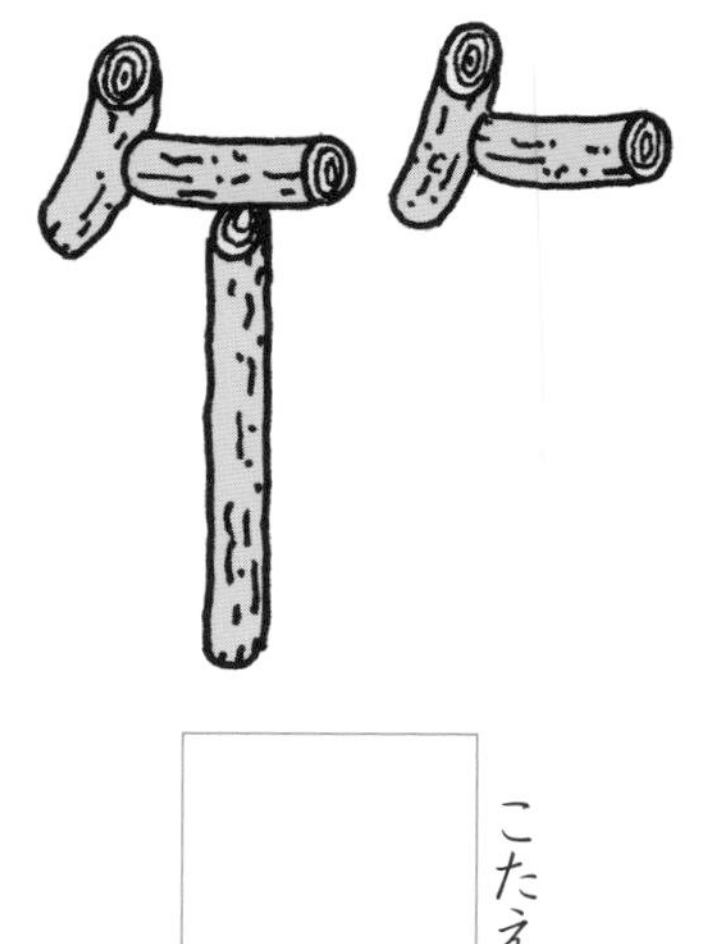

こたえ

こたえ↓12ページ

　　月　　日

ぴったり2 れんしゅう

かん字の　よみかた

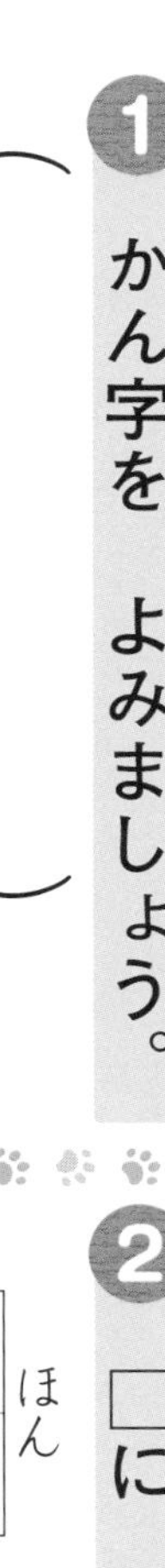

1 かん字を　よみましょう。

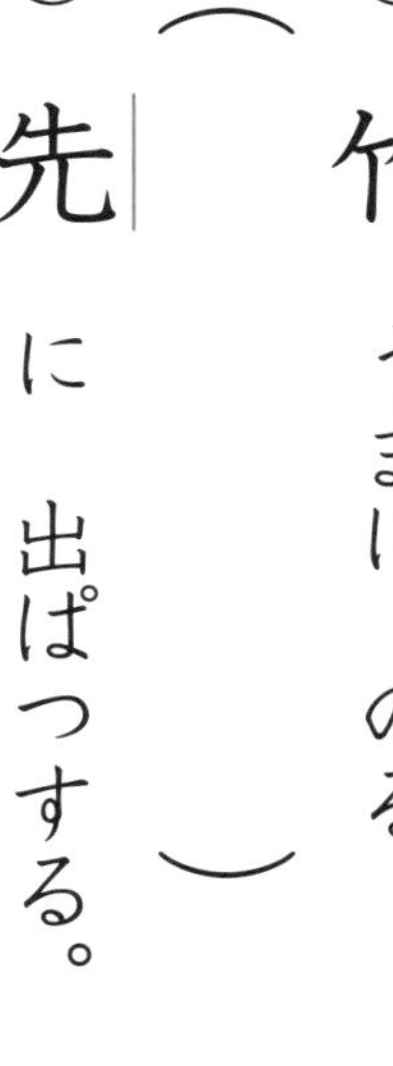

①（　　　）先生に　たずねる。

②（　　　）竹うまに　のる。

③（　　　）先に　出ぱつする。

④（　　　）子ねこが　生まれる。

⑤（　　　）竹とんぼを　とばす。

⑥（　　　）ひっしで　生きる。

2 □に　かん字を　かきましょう。

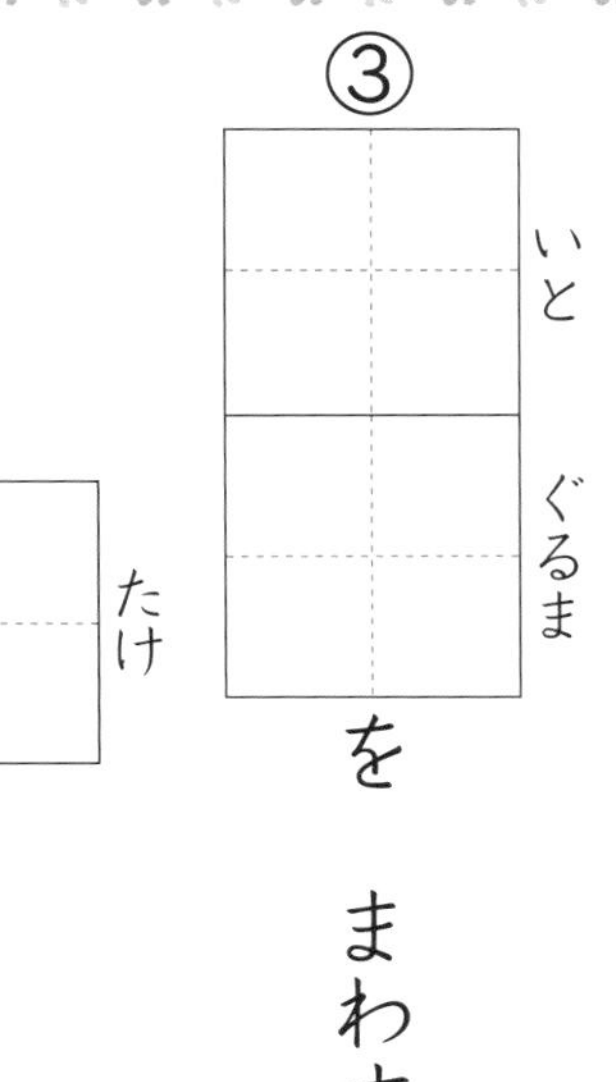

① □（ほん）だなに　ならべる。

② □（ひだり）に　まがる。

③ □□（いと　ぐるま）を　まわす。

④ 大きな　□（たけ）の子。

⑤ はりと　□（いと）。

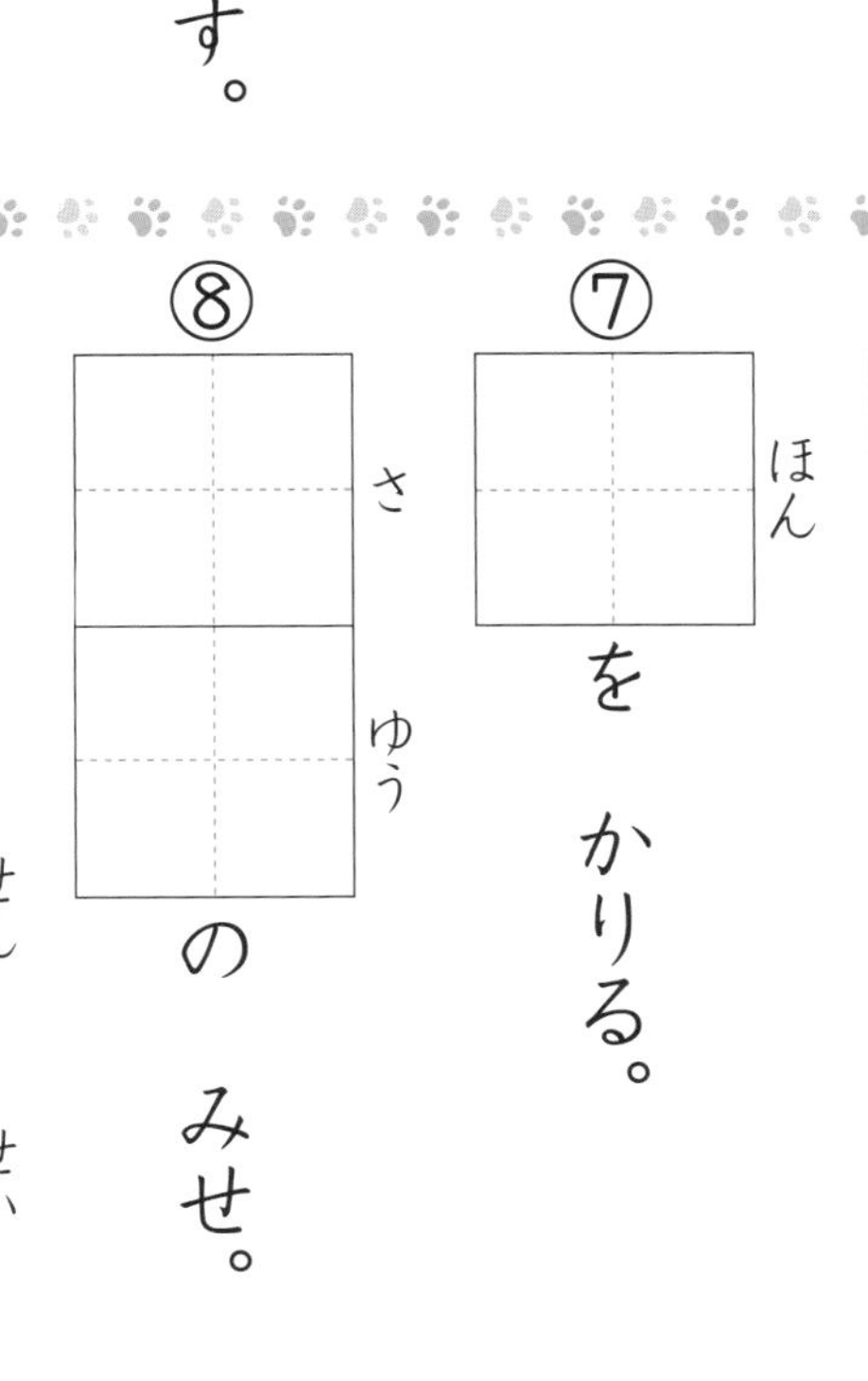

⑥ □□（みぎ　て）を　上げる。

⑦ □（ほん）を　かりる。

⑧ □□（さ　ゆう）の　みせ。

⑨ やさしい　□□（せん　せい）。

⑩ □（いと）まきの　しごと。

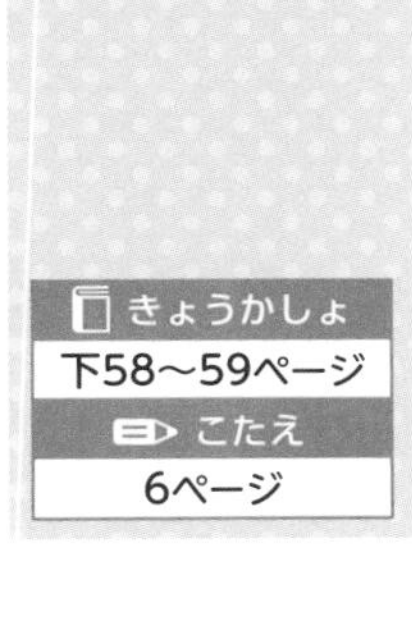

きょうかしょ　下58～59ページ
こたえ　6ページ

月　日

ぴったり1 じゅんび

こころが　あたたかく　なる　手がみ

きょうかしょ　下61ページ

あたらしく　がくしゅうする　かん字

きょうかしょ下61ページ

休

はらう　はらう　とめる

よみかた

キュウ
やすむ
やすまる
やすめる

つかいかた

休(きゅう)ようを　とる
ふゆ休(やす)み
からだを　休(やす)める

▼かきじゅん　▼かいて おぼえましょう

1 休　2 休　3 休　4 休　5 休　6 休

休　にんべん

6 かく

できかた

人が　木の　そばで　やすむ　ようすから　できた。

▼なぞりましょう

休む　ひまもない

ゆっくりと休む

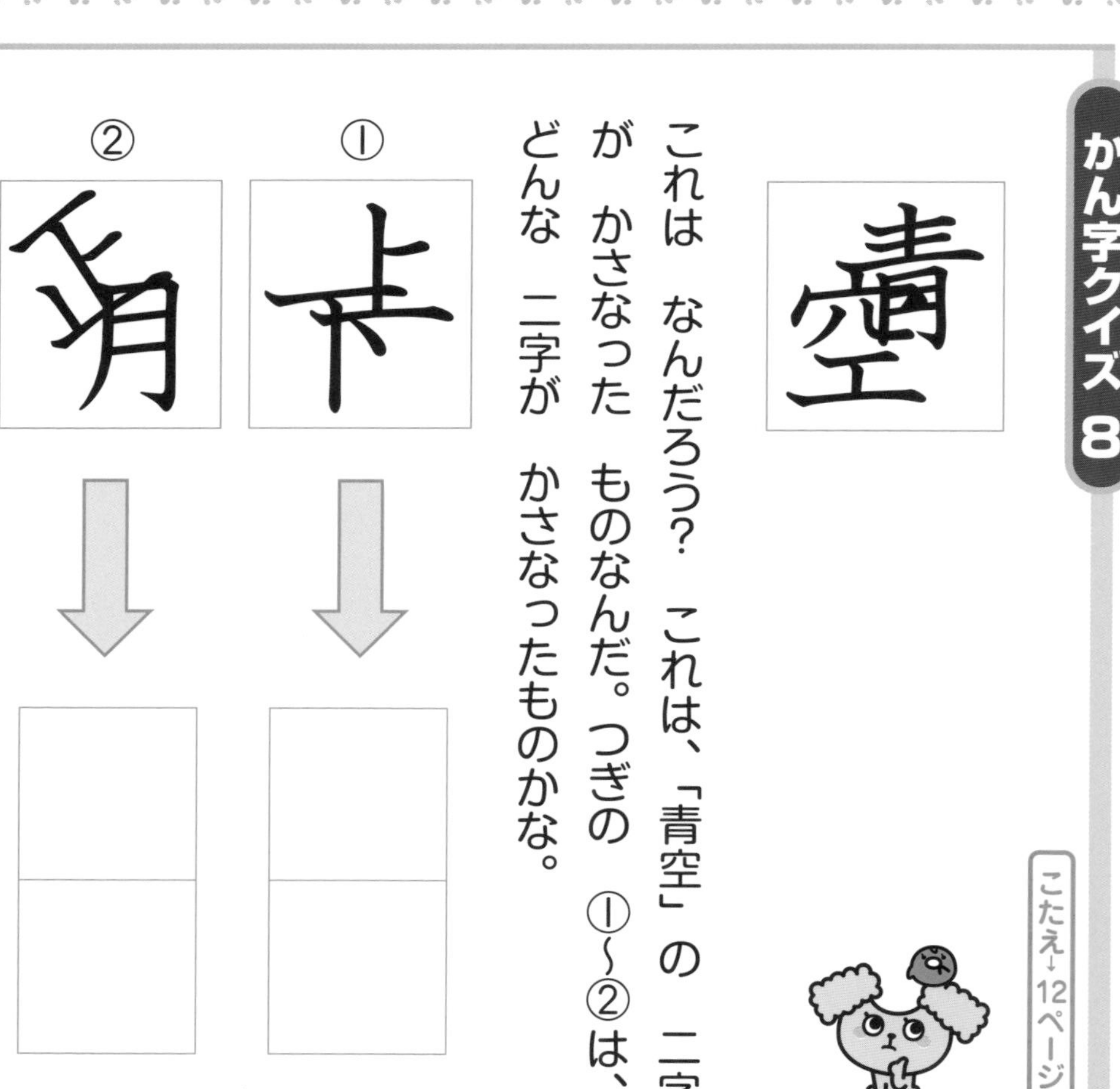

かん字クイズ 8

これは　なんだろう？　これは、「青空」の　二字が　かさなった　ものなんだ。つぎの　①～②は、どんな　二字が　かさなったものかな。

①　②

こたえ↓12ページ

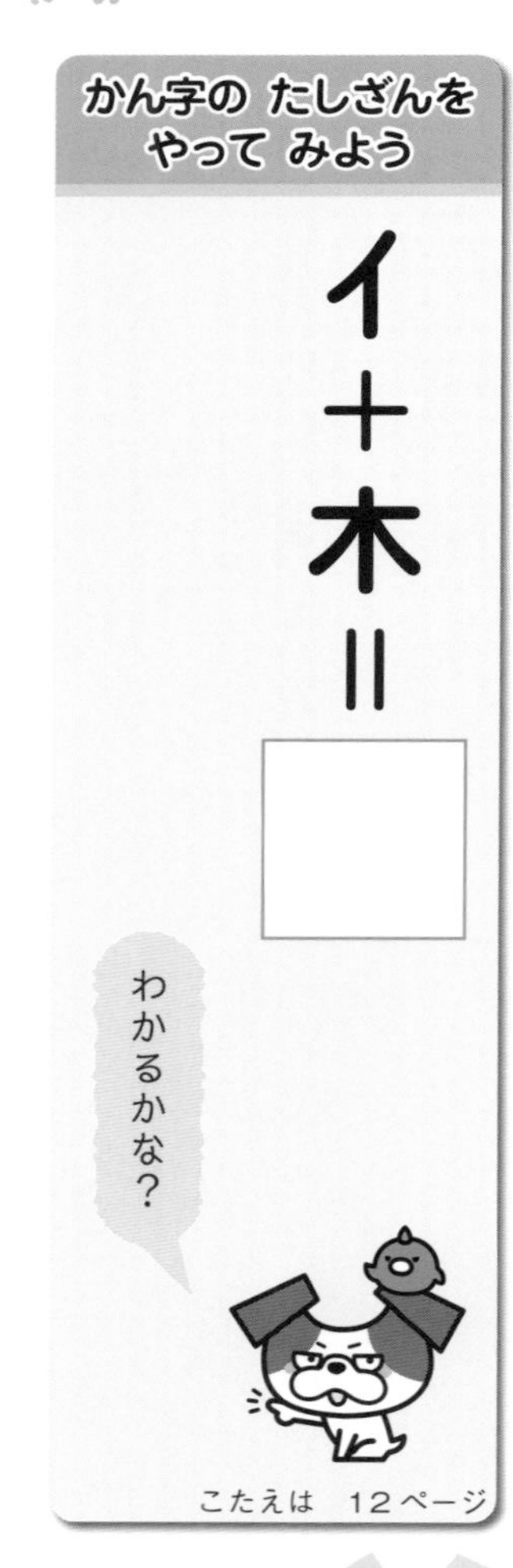

かん字の　たしざんを　やって　みよう

亻＋木＝□

こたえは　12ページ

月　日

ぴったり1 じゅんび

スイミー

あたらしく がくしゅうする かん字

きょうかしょ 下64〜80ページ

きょうかしょ下64ページ

赤

ながく　とめる　はらう　はらう　はねる

よみかた
セキ
あか・あかい
あからむ
あからめる
◆シャク

つかいかた
赤十字（せきじゅうじ）
赤（あか）ちゃんが　わらう
かおが　赤（あか）らむ

かきじゅん　かいて おぼえましょう

1 赤 2 赤 3 赤 4 赤 5 赤 6 赤 7 赤

赤（あか）　7かく

できかた
「大」と「火」を くみあわせ、もえあがった 火の あかい いろを あらわした。

なぞりましょう
赤い くつ
かおを 赤らめる

きょうかしょ下71ページ

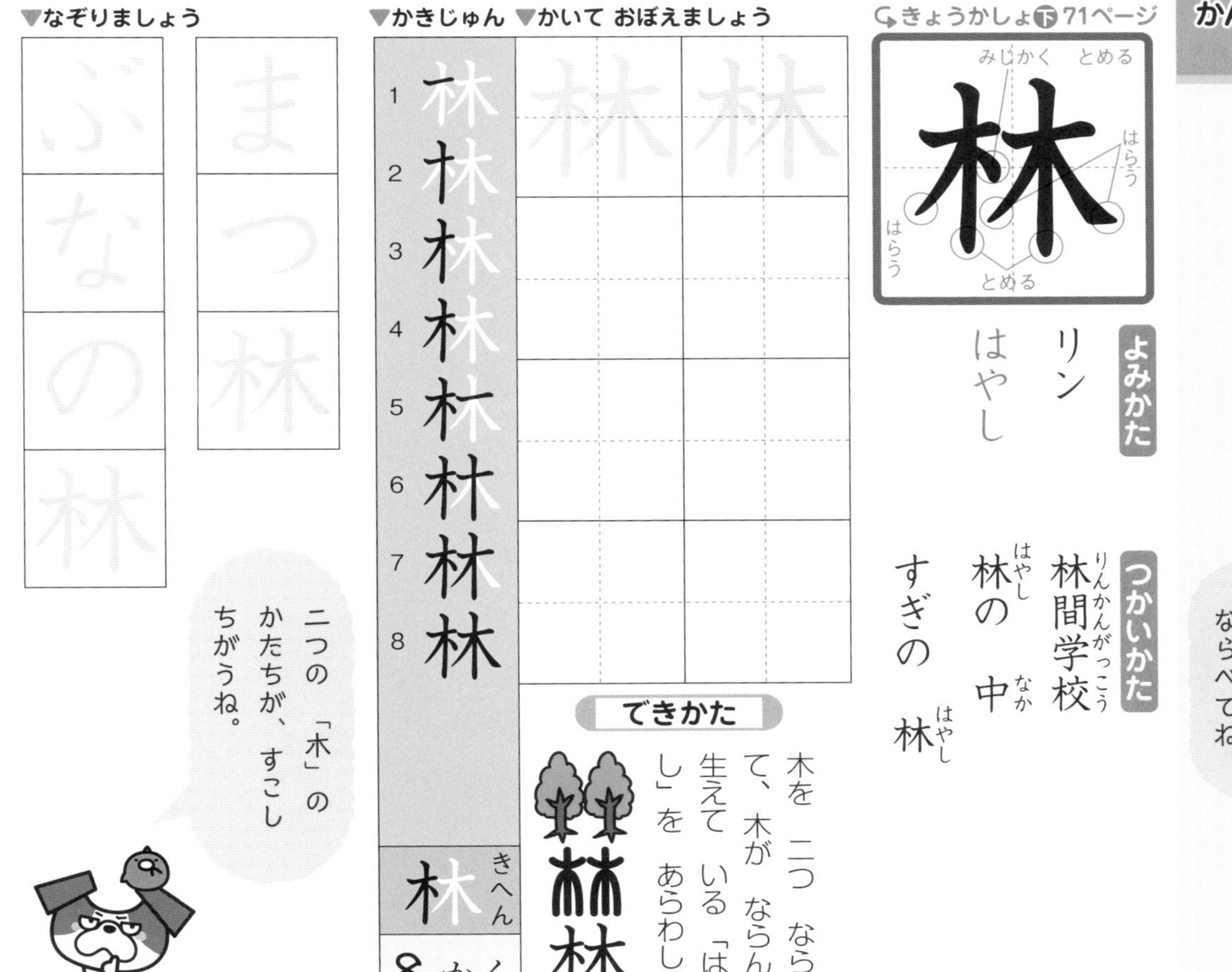

林

みじかく　とめる　はらう　はらう　とめる

よみかた
リン
はやし

つかいかた
林間学校（りんかんがっこう）
林（はやし）の 中（なか）
すぎの 林（はやし）

かきじゅん　かいて おぼえましょう

1 林 2 林 3 林 4 林 5 林 6 林 7 林 8 林

林（きへん）　8かく

できかた
木を 二つ ならべて、木が ならんで 生えて いる「はやし」を あらわした。

なぞりましょう
まつ林
ぶなの林

二つの「木」の かたちが、すこし ちがうね。

かん字の たしざんを やって みよう

木＋木＝□

よこに ならべてね。

こたえは 12ページ

月　日

きょうかしょ下80ページ

夕

みじかく
はらう

よみかた

ゆう
◆セキ

つかいかた

夕日（ゆうひ）が　きれい
夕立（ゆうだち）が　ふる
夕（ゆう）がおの　花（はな）

▼かきじゅん ▼かいて おぼえましょう

1 2 3

夕（ゆうべ）　た

3かく

できかた

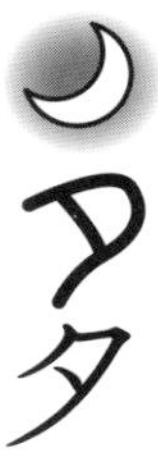

三日月の　かたちから　できた。
三日月は　ゆうがたに　見えるからだよ。

▼なぞりましょう

赤い夕やけ
きれいな夕日
夕ぐれがちかい
夕空を見上げる

きょうかしょ下80ページ

雨

むきに　ちゅうい
とめる
はねる

よみかた

ウ
あめ
あま

つかいかた

風雨（ふうう）が　つよまる
雨（あめ）が　ふる
雨（あま）ぐつを　はく

▼かきじゅん ▼かいて おぼえましょう

1 2 3 4 5 6 7 8

雨（あめ）

8かく

できかた

空の　くもから　あめが　ふる　ようすから　できた。

▼なぞりましょう

雨がふる
雨もよう
大雨になる
くもりのち雨

⺀⺀は、雨つぶなんだね。

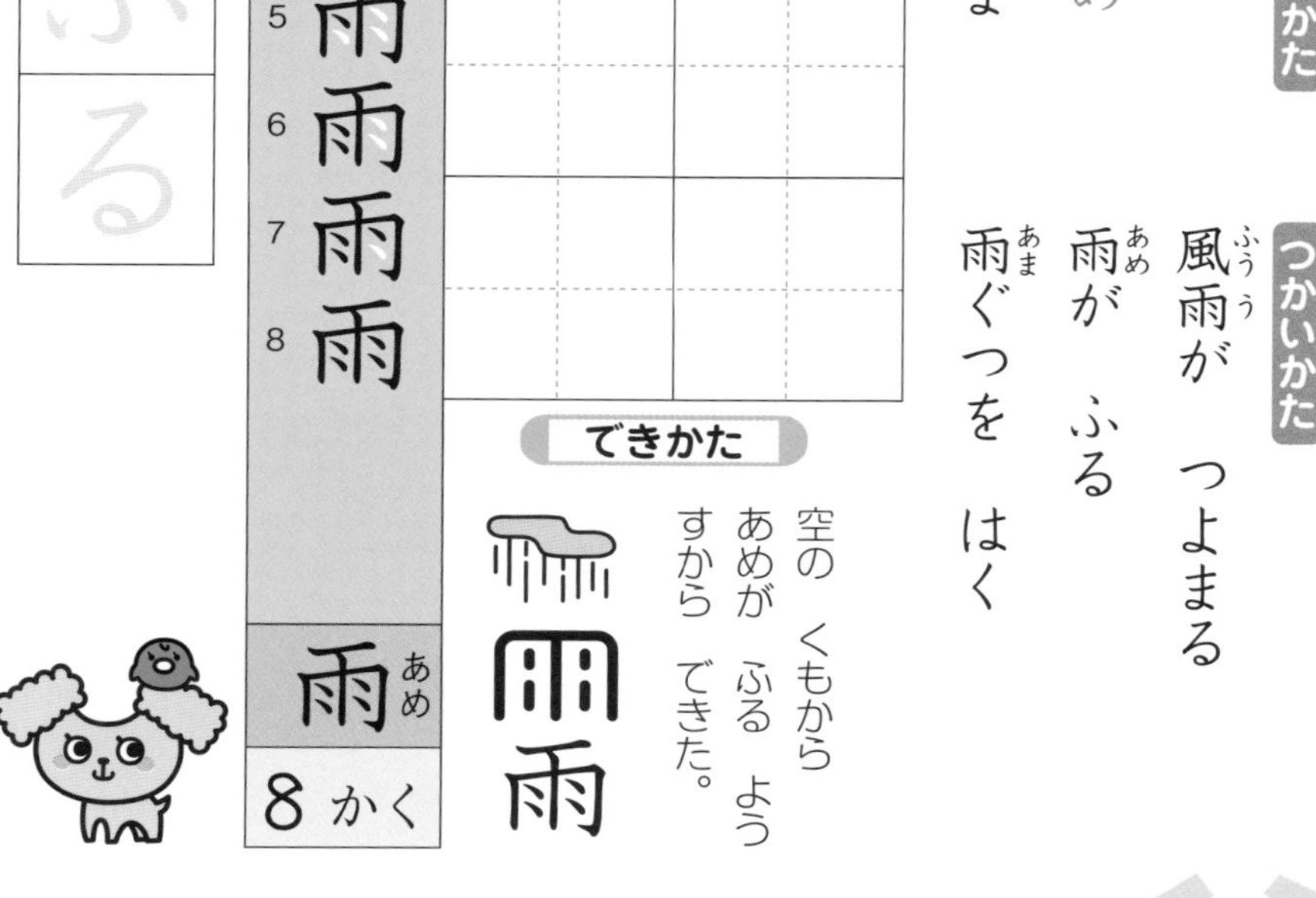

□月 □日

ぴったり2 れんしゅう

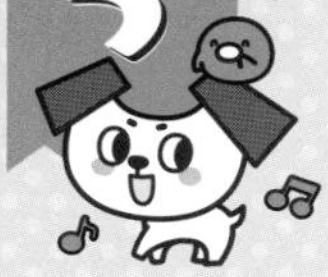

こころが あたたかく なる 手がみ
スイミー

1 かん字を よみましょう。

① かわいい 赤（　　）ちゃん。

② 林（　　）の 中。

③ 夕（　　）やけを ながめる。

④ きゅうに 雨（　　）が ふる。

⑤ 木かげで 休（　　）む。

⑥ 赤（　　）えんぴつで かく。

2 □に かん字を かきましょう。

① □（やす）みじかん。

② □（あか）い もみじ。

③ □（ゆう）がたに なる。

④ すぎの □（はやし）。

⑤ □（あめ）のち はれ。

⑥ □（きゅう）□（じつ）の よてい。

⑦ □（あか）ぼうを かぶる。

⑧ □（はやし）の 木を きる。

⑨ □（ゆう）□（ぞら）を 見上げる。

⑩ □（あめ）の 日が つづく。

きょうかしょ 下61～80ページ
こたえ 6ページ

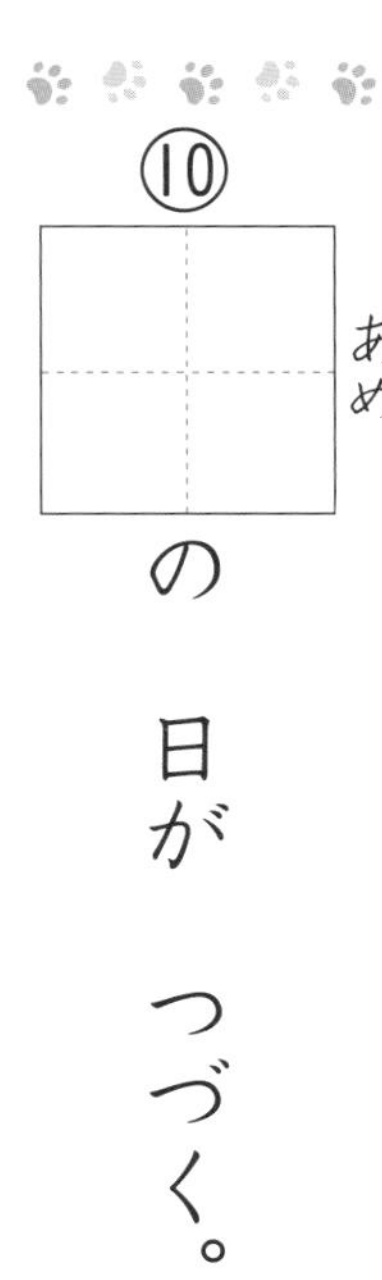

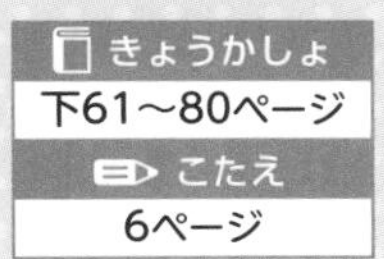

ふゆの チャレンジテスト①

きょうかしょ 上98〜下80ページ
こたえ 7ページ

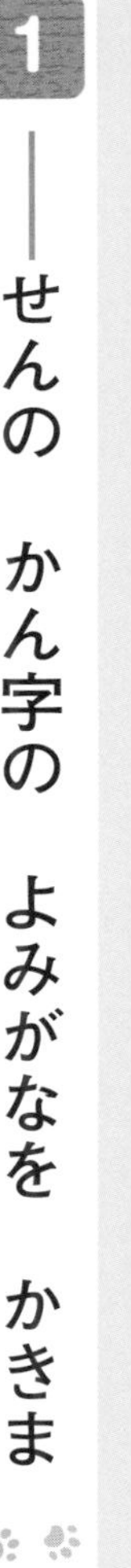

1 ——せんの かん字の よみがなを かきましょう。 一つ2てん（20てん）

① （　　）赤い じどう（　　）車。

② （　　）手を つないだ （　　）子どもたち。

③ （　　）正しい （　　）文を かく。

④ いえの （　　）中から そとへ （　　）出る。

⑤ （　　）本を （　　）百ページ よむ。

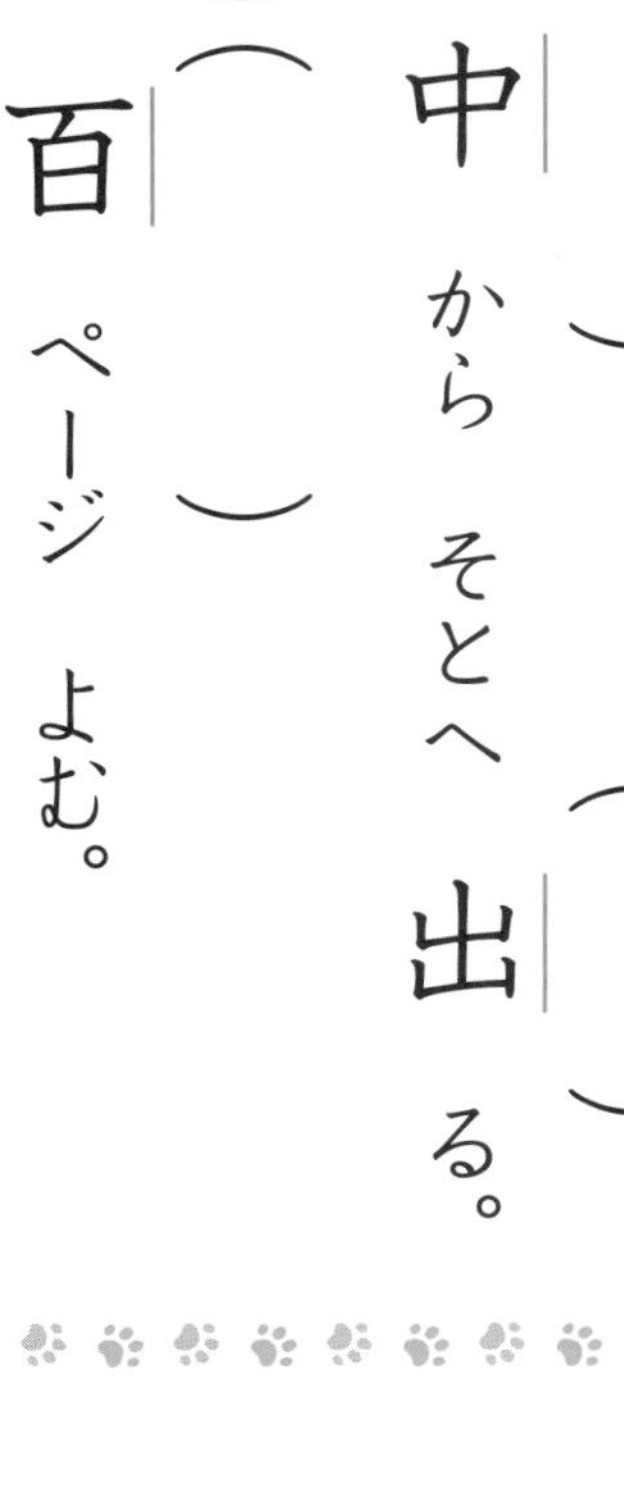

2 つぎの かたちから できた かん字を かきましょう。 一つ4てん（20てん）

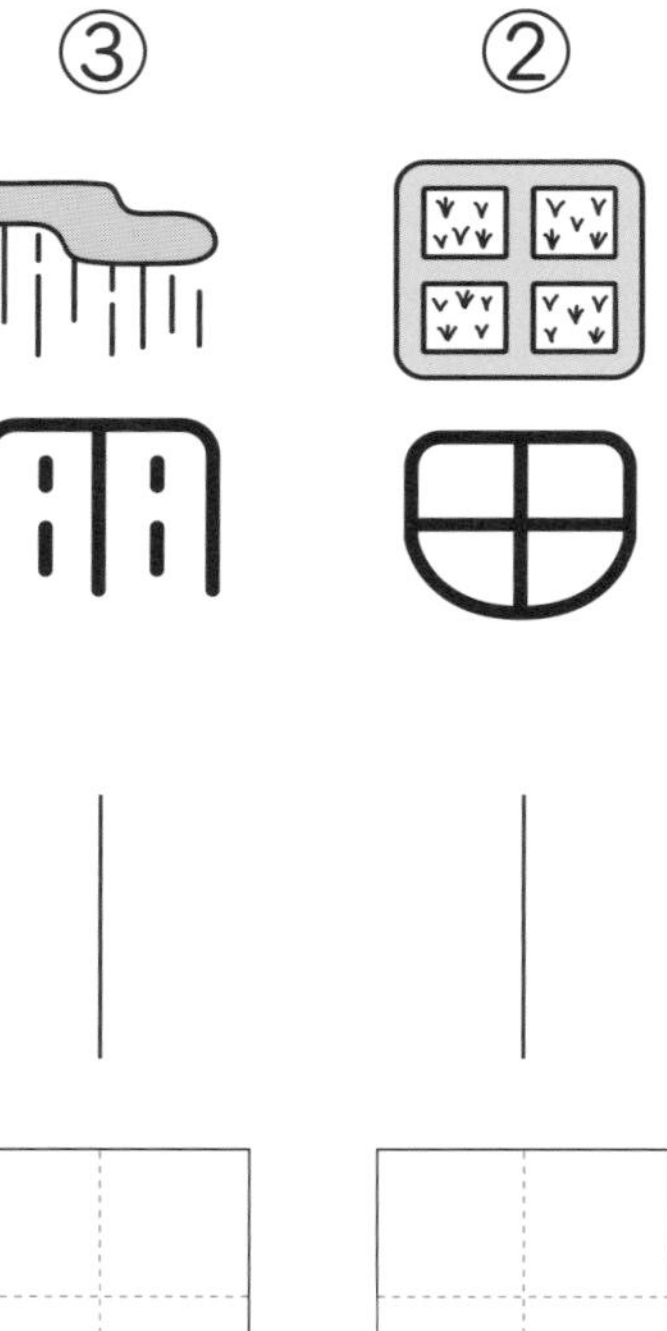

①

②

③

④

⑤

□月 □日

3 じゅんばんに よう日を あらわす かん字を かきましょう。 一つ4てん（24てん）

☆ 日 よう日

① □ よう日

② □ よう日

③ □ よう日

④ □ よう日

⑤ □ よう日

⑥ □ よう日

4 つぎの □に かん字を かきましょう。 一つ3てん（36てん）

① □（しろ）い □（いと）で ぬう。

② □（むし）が □（さん）びき いる。

③ □（め）と □（みみ）で たしかめる。

④ □（き）の かげで □（やす）む。

⑤ □（ちい）さく □（くち）を あける。

⑥ □（せん）えんで □（たけ）の子を かう。

ふゆの チャレンジテスト②

きょうかしょ 上98〜下80ページ

こたえ 7ページ

1 ――せんの かんじの よみがなを かきましょう。 一つ2てん（20てん）

① 雨（　　）で 川（　　）の みずが ふえる。

② 二（　　）まいの かんばんが 立（　　）つ。

③ 正月（　　）の お年玉（だま）の お金（　　）。

④ よぞらの 月（　　）と 天（　　）の川。

⑤ 一年中（　　）、花（　　）が さく。

2 うえと はんたいの いみの ことばを かんじで かきましょう。 一つ4てん（20てん）

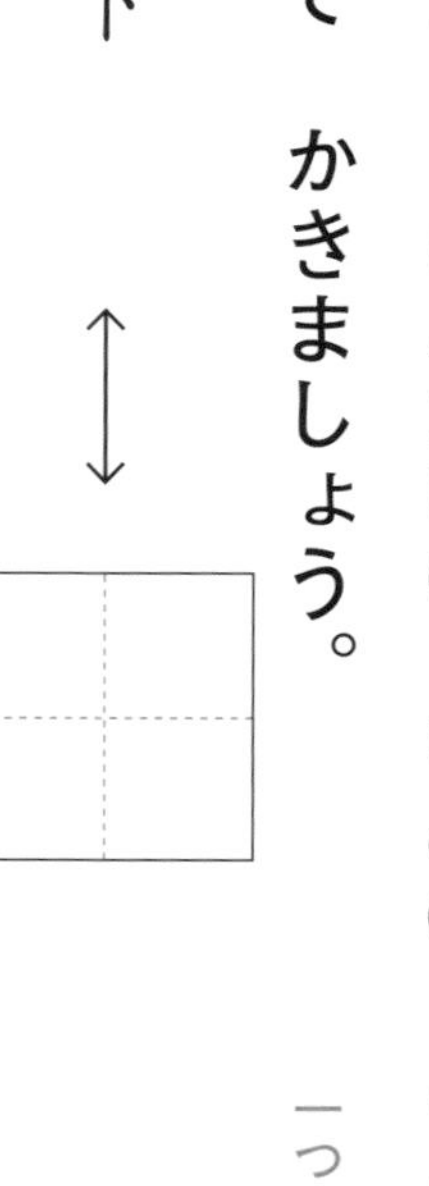

① 下 ⟷ □

② 小さい ⟷ □きい

③ おそい ⟷ □い

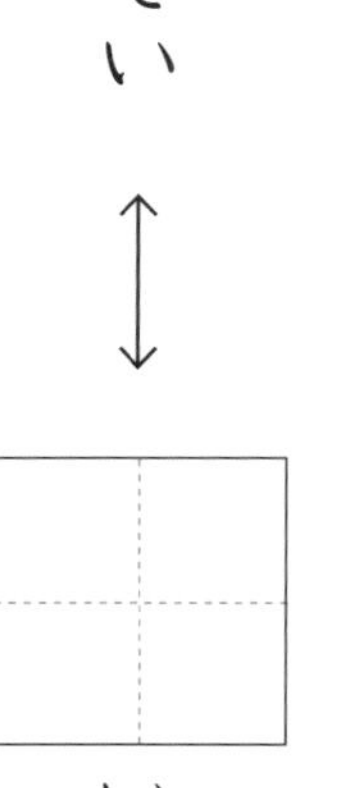

④ 右 ⟷ □

⑤ おや ⟷ □

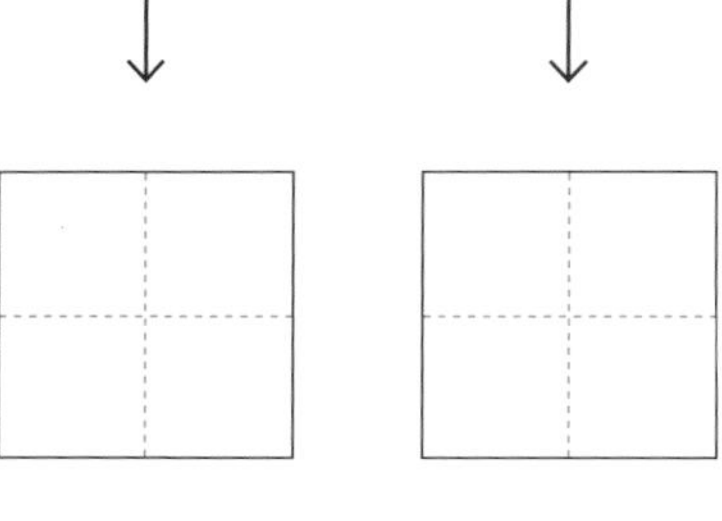

月　日

3 つぎの　日づけを　よみましょう。

一つ4てん（24てん）

①　五月五日（　　）

②　六月六日（　　）

③　七月七日（　　）

④　八月八日（　　）

⑤　九月九日（　　）

⑥　十月十日（　　）

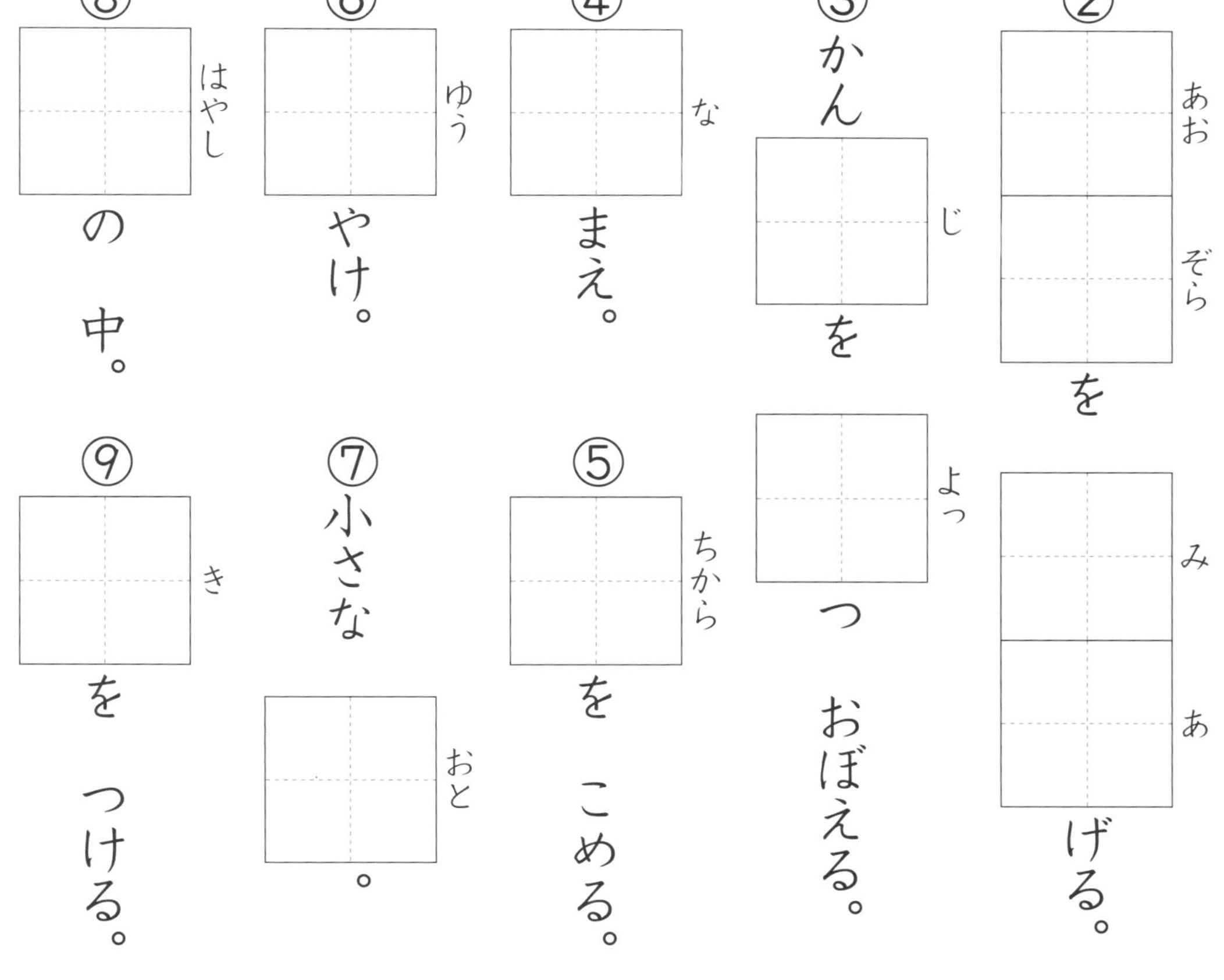

4 つぎの　□に　かんじを　かきましょう。

一つ3てん（36てん）

①　□□（せんせい）に　□（ほん）を　かりる。

②　□□（あおぞら）を　□□（みあ）げる。

③　かん□（じ）を　□（よっ）つ　おぼえる。

④　□（な）まえ。

⑤　□（ちから）を　こめる。

⑥　□（ゆう）やけ。

⑦　小さな　□（おと）。

⑧　□（はやし）の　中。

⑨　□（き）を　つける。

月　日

ぴったり1 じゅんび

文を つくろう
かわる よみかた
ことばで つたえよう

きょうかしょ 下102〜111ページ

あたらしく がくしゅうする かん字

きょうかしょ下102ページ

男

出す はらう はねる

よみかた
ダン
ナン
おとこ

つかいかた
男子（だんし）バレー
長男（ちょうなん）・次男（じなん）
男（おとこ）もの シャツ

おぼえかた
☆田＋力＝男
「田んぼで 力を 出す 男」と おぼえよう。

かきじゅん 1〜7
男（た） 7かく

▼かいて おぼえましょう
男 男

▼なぞりましょう
男もののふく
せのたかい男

きょうかしょ下103ページ

女

すこし 出す はらう とめる

よみかた
ジョ
おんな
◆ニョ ◆ニョウ
◆め

つかいかた
女子（じょし）サッカー
長女（ちょうじょ）・次女（じじょ）
女（おんな）の子（こ）

できかた
すわって いる おんなの 人の かたちから できた。

かきじゅん 1〜3
女（おんな） 3かく

▼かいて おぼえましょう
女 女

▼なぞりましょう
女と男
小さな女の子

かん字の たしざんを やって みよう

田＋力
＝□

どちらが 上に なるのかな。

こたえは 12ページ

月　日

きょうかしょ下105ページ

円

つき出ない　とめる　はねる

よみかた
エン
まるい

つかいかた
円（えん）を　かく
円形（えんけい）の　まど
円（まる）い　かたち

かきじゅん
1 円
2 円
3 円
4 円

どうがまえ　けいがまえ
4かく

かいて おぼえましょう

字の いみ
①まるい。
②お金の　たんい。 
円い　百円だま

「円」「ドル」「元（げん）」…。くにに　よって　お金が　ちがう。

なぞりましょう
円とドル
千円さつ
円けいのビル
五百円しはらう

きょうかしょ下105ページ

学

むきに　ちゅうい　はねる　とめる　はねる

よみかた
ガク
まなぶ

つかいかた
小学生（しょうがくせい）
かん字（じ）を　学（まな）ぶ
ねっしんに　学（まな）ぶ

かきじゅん
1 学
2 学
3 学
4 学
5 学
6 学
7 学
8 学

こ
8かく

かいて おぼえましょう

できかた
子どもが　まなぶ　から、したに　子がある。

なぞりましょう
中学生
学きゅうかい
にゅう学しき
こくご学しゅう

□月 □日

きょうかしょ㊦105ページ

校

とめる　はらう　とめる　はらう

よみかた

コウ

つかいかた

学校（がっこう）へ　いく

校長先生（こうちょうせんせい）

校歌（こうか）を　うたう

かきじゅん　**かいて おぼえましょう**

1 校　2 校　3 校　4 校　5 校　6 校　7 校　8 校　9 校　10 校

校　きへん

10かく

なかまの 字

木（きへん）が　ある　かん字を　あつめよう。

校　林　村（むら）

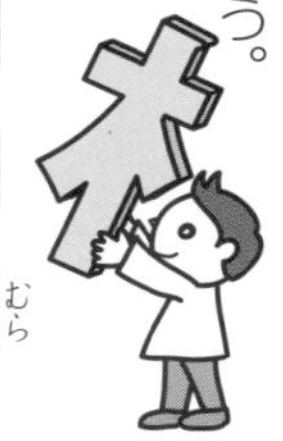

学校へ　いく　→　「とう校」

学校から　かえる→　「下校」

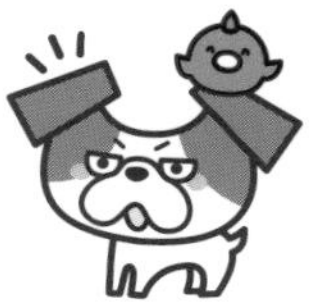

なぞりましょう

てん校

とう校日

学校の校しゃ

校ていであそぶ

きょうかしょ㊦105ページ

草

ながく　とめる

よみかた

ソウ

くさ

つかいかた

ひろい　草原（そうげん）（くさはら）

草花（くさばな）を　そだてる

草（くさ）を　かる

かきじゅん　**かいて おぼえましょう**

1 草　2 草　3 草　4 草　5 草　6 草　7 草　8 草　9 草

草　くさかんむり

9かく

できかた

艹の　ぶぶんは　くさの　かたちから　できた。

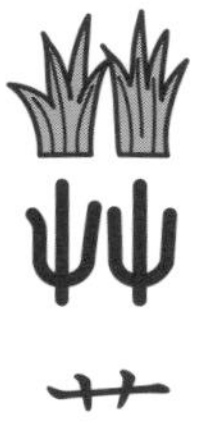

なぞりましょう

草がぼうぼう

ほし草をつくる

草の上にすわる

ためいけの水草

月　日

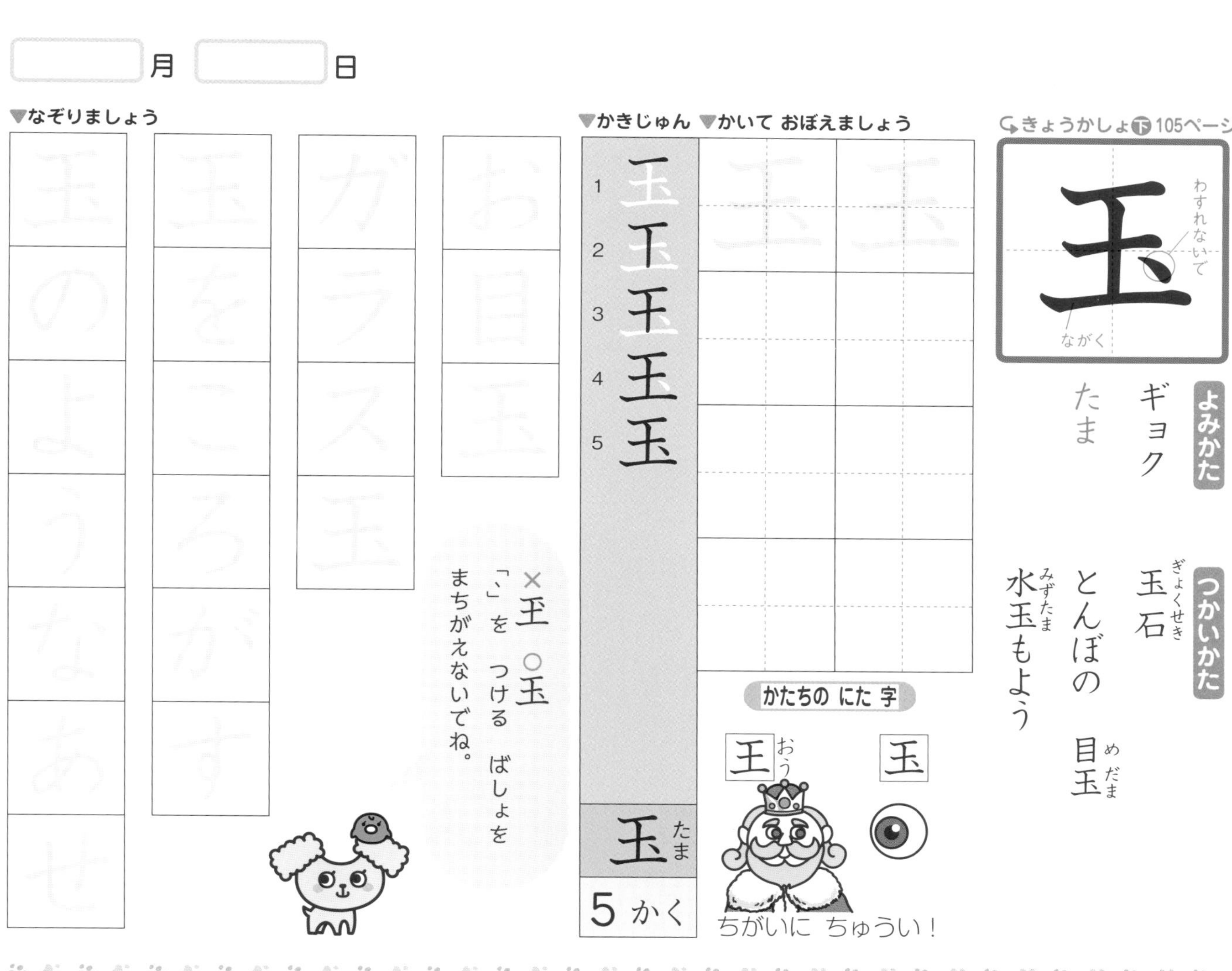

きょうかしょ下105ページ

玉

わすれないで

ながく

よみかた

ギョク

たま

つかいかた

玉石（ぎょくせき）

とんぼの　目玉（めだま）

水玉（みずたま）もよう

かきじゅん　かいて　おぼえましょう

1 2 3 4 5

玉（たま）

5 かく

かたちの にた 字

王（おう）　玉

ちがいに ちゅうい！

×王　○玉

「、」を　つける　ばしょを

まちがえないでね。

なぞりましょう

お目玉

ガラス玉

玉をころがす

玉のようなあせ

きょうかしょ下105ページ

村

みじかく　とめる

とめる　はねる

よみかた

ソン

むら

つかいかた

山村（さんそん）の　くらし

しずかな　村（むら）

村人（むらびと）たち

かきじゅん　かいて　おぼえましょう

1 2 3 4 5 6 7

村（きへん）

7 かく

かたちの にた 字

林　村

ちがいに ちゅうい！

村・町（まち）

くみに　して

おぼえよう。

なぞりましょう

村おこし

村まつり

山おくの村

村をながれる川

月　日

▼なぞりましょう

目に　ごみが　入る

人が　出入りする

森の　中に　入る

田に　水が　入った

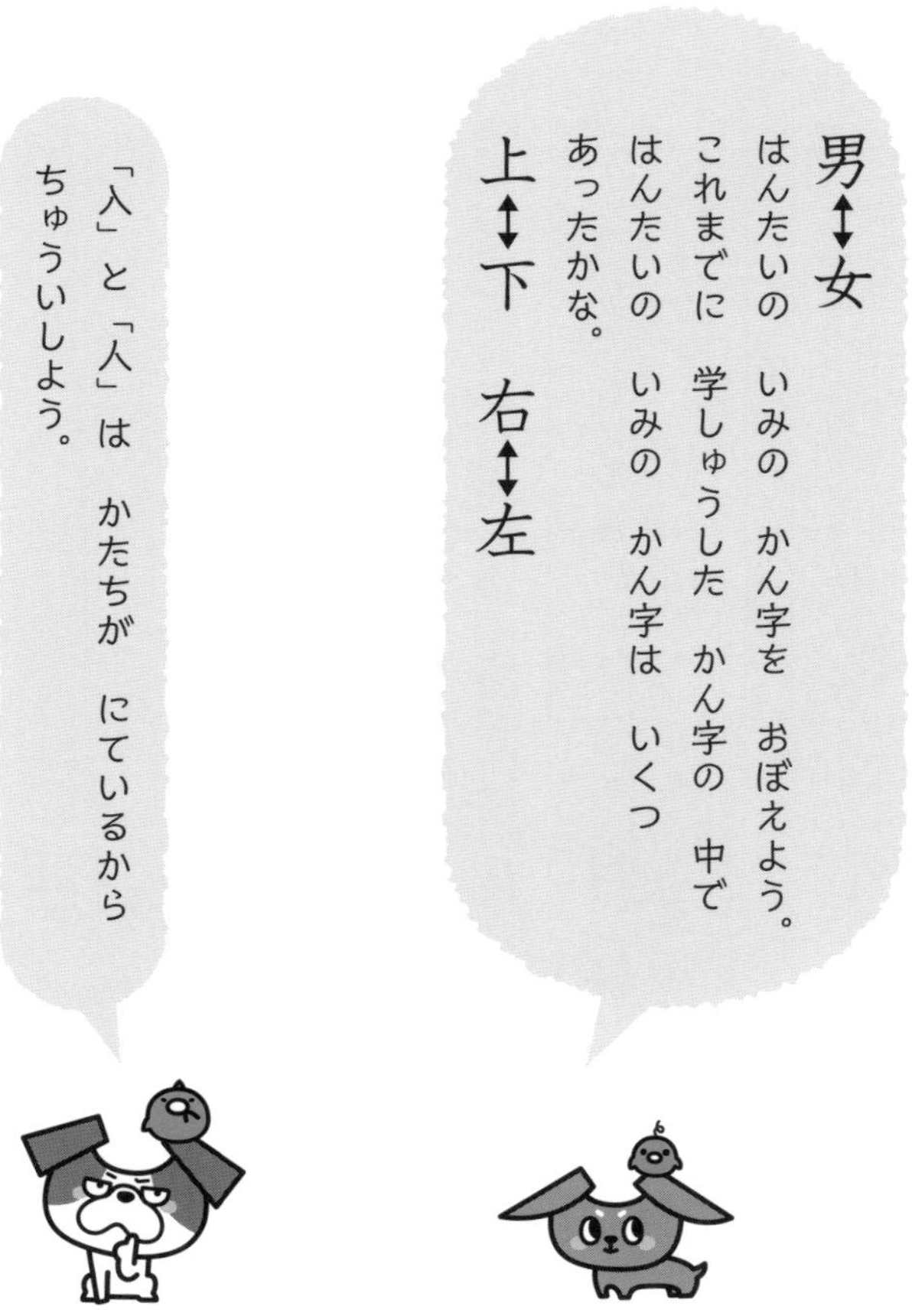

▼かきじゅん ▼かいて おぼえましょう

1 入 2 入

入(いる)

2 かく

きょうかしょ下 111ページ

入

つける　はらう　はらう

よみかた

ニュウ

いる　いれる

はいる

つかいかた

入学式(にゅうがくしき)

はこに　入れる(い)

へやに　入る(はい)

できかた

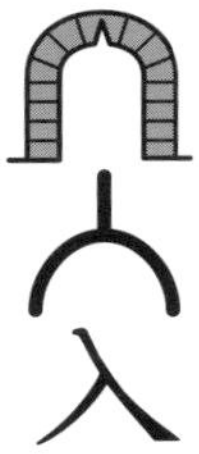

いえの　いりぐちの　かたちから　できた。

男↕女

はんたいの　いみの　かん字を　おぼえよう。これまでに　学しゅうした　かん字の　中で　はんたいの　いみの　かん字は　いくつ　あったかな。

上↕下　右↕左

「入」と「人」は　かたちが　にているから　ちゅういしよう。

月　日

かん字クイズ９

①　女の子の　さいふの　中に、ぜんぶで　いくら　あるのかな？かん字で　かこう。

①

②　かん字が　五つ、じょうずに　かくれて　いるよ。がんばって　ぜんぶ　見つけよう。

こたえ

②

こたえ↓12ページ

文を つくろう かわる よみかた ことばで つたえよう

（　）月（　）日

きょうかしょ 下102～111ページ
こたえ 8ページ

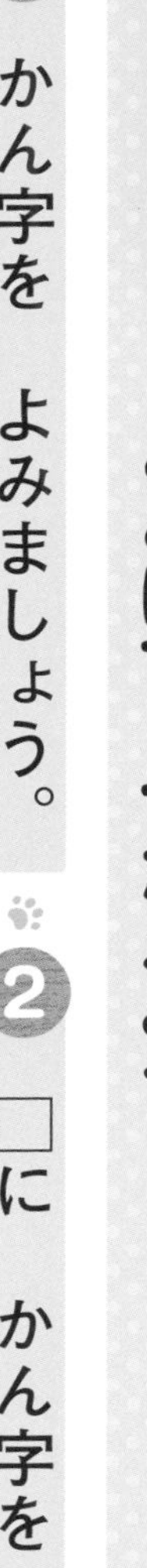

1 かん字を よみましょう。

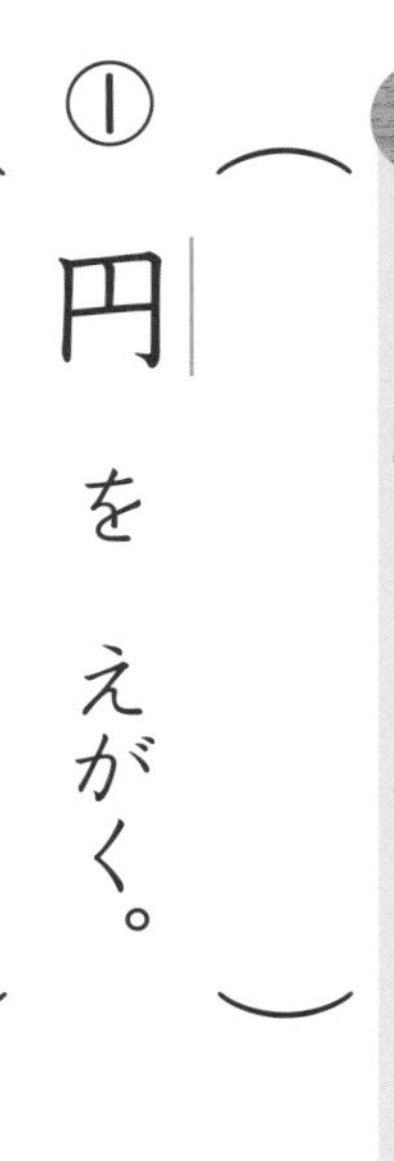

① 円（　）を えがく。

② こくごの 学（　）しゅう。

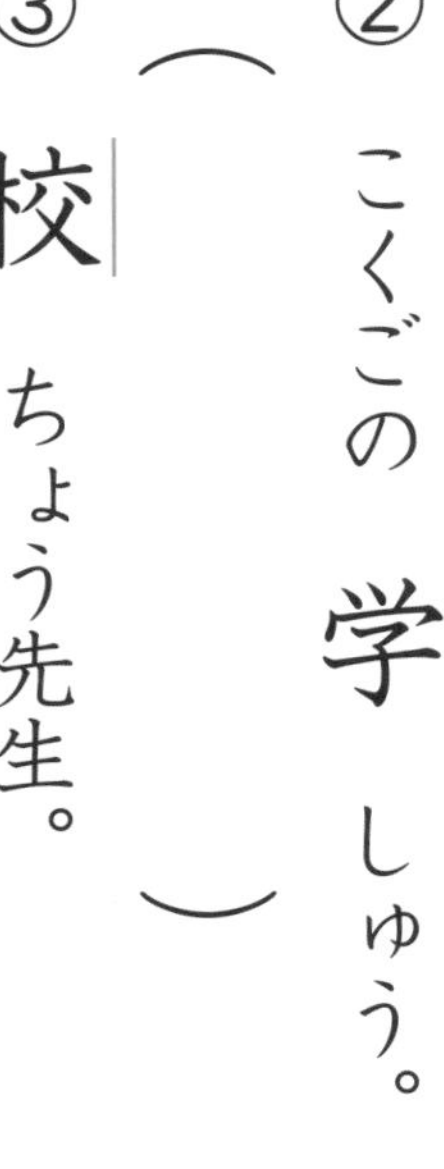

③ 校（　）ちょう先生。

④ 玉（　）を ころがす。

⑤ なかまに 入（　）る。

⑥ 学校（　）に かよう。

2 □に かん字を かきましょう。

① せの たかい □（おとこ）。

② □（おんな） ものの ふく。

③ □□□（ひゃく えん だま）。

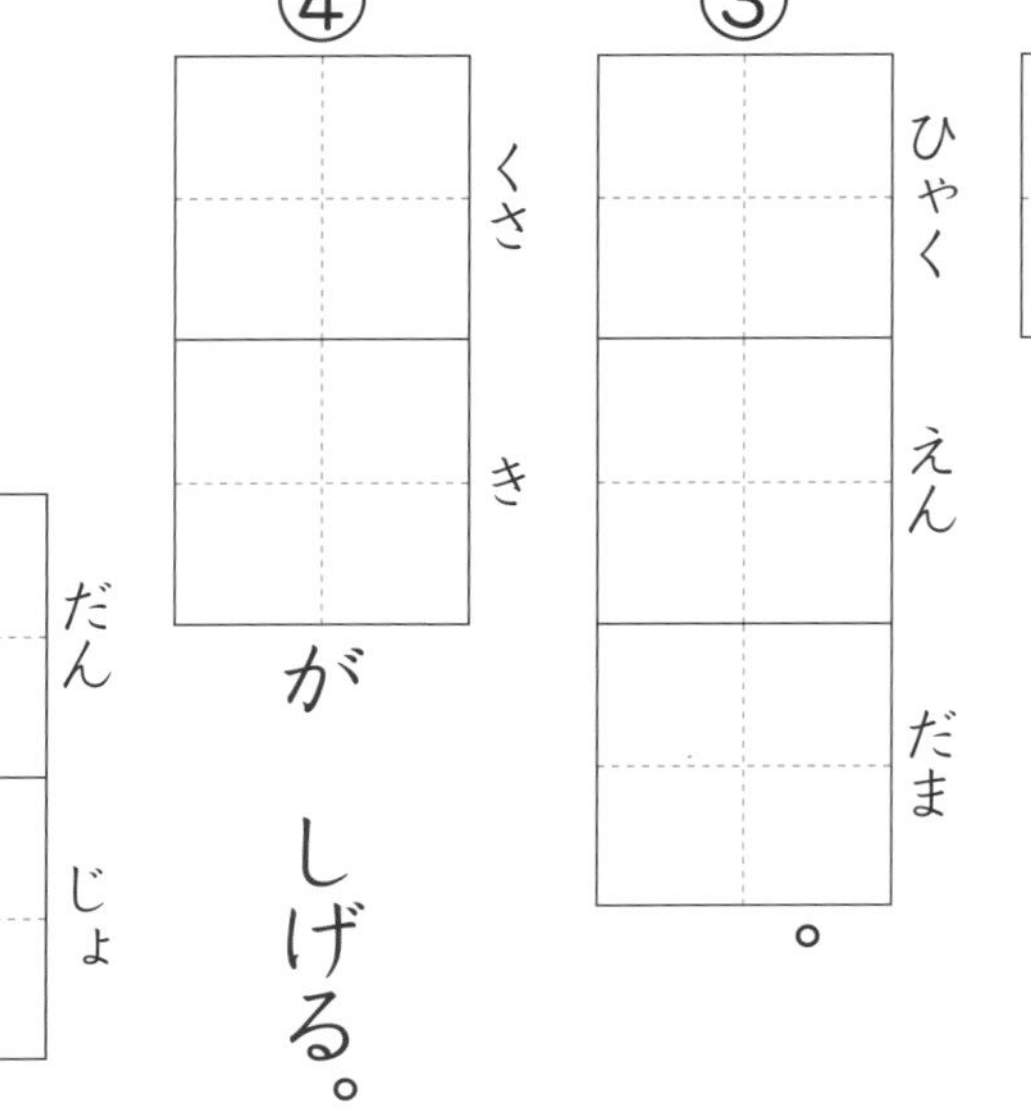

④ □□（くさ き）が しげる。

⑤ 一年生の □□（だん じょ）。

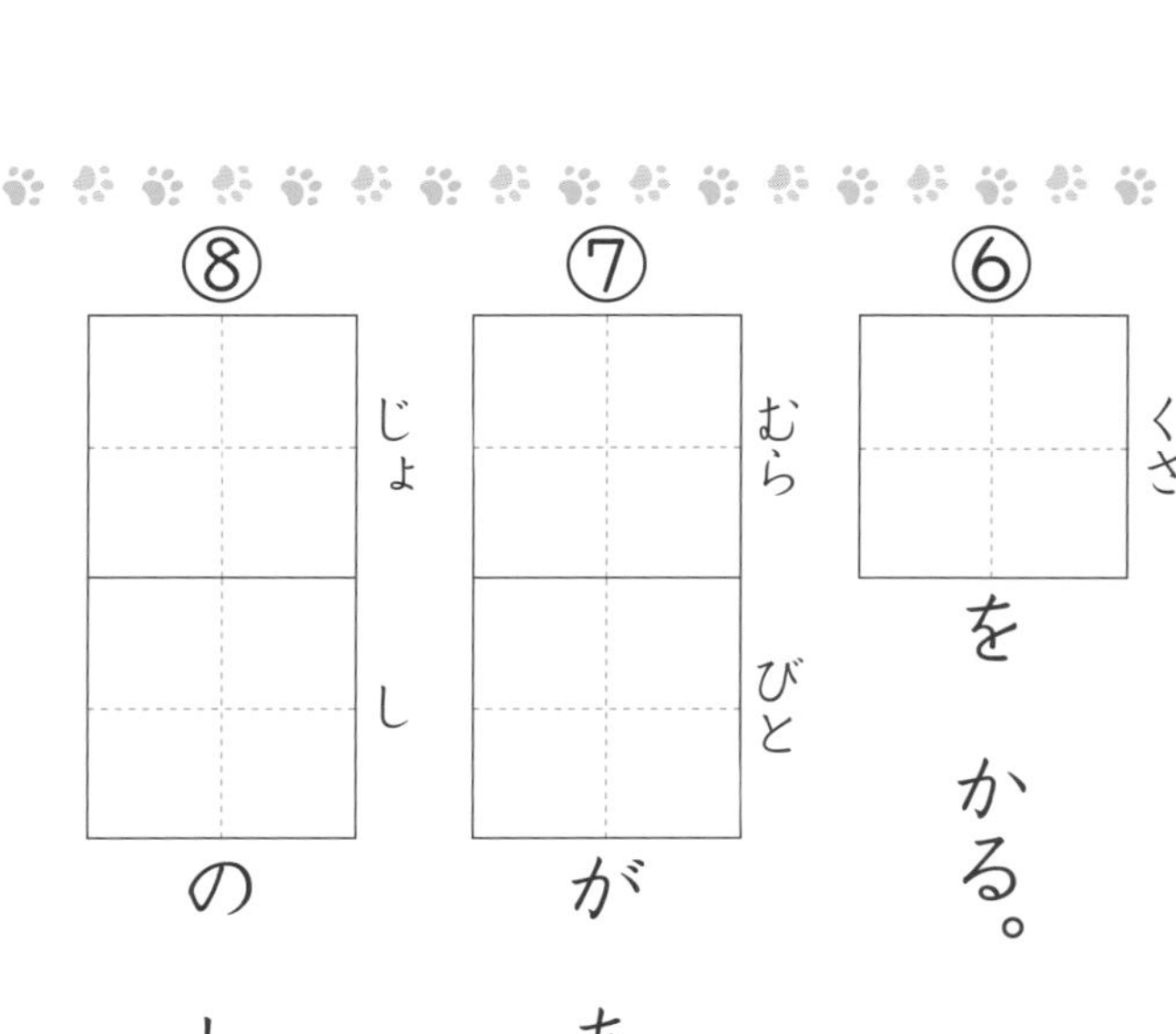

⑥ □（くさ）を かる。

⑦ □□（むら びと）が あつまる。

⑧ □□（じょ し）の しあい。

⑨ わがやの ちょう □（なん）。

⑩ 小さな □（むら）。

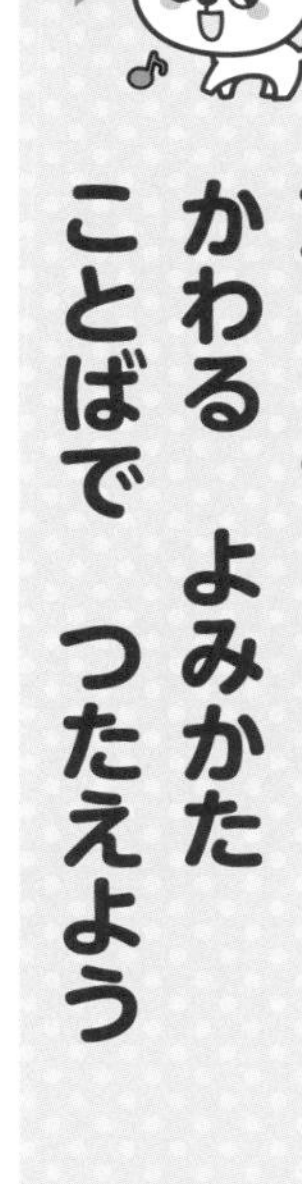

文を　つくろう　かわる　よみかた　ことばで　つたえよう

月　　日

きょうかしょ　下102〜111ページ
こたえ　8ページ

1 かん字を　よみましょう。

①（　　）男ものの　くつ。
②（　　）女の　先生。
③（　　）草むしりを　する。
④（　　）山の　中の　村。
⑤（　　）男子の　チーム。
⑥（　　）しんせつな　村人。

2 □に　かん字を　かきましょう。

① □□（にゅうがく）しき。
② □（こう）ていで　あそぶ。
③ □□（みずたま）もよう。
④ へやに　□（はい）る。
⑤ 大きな　□□（がっこう）。

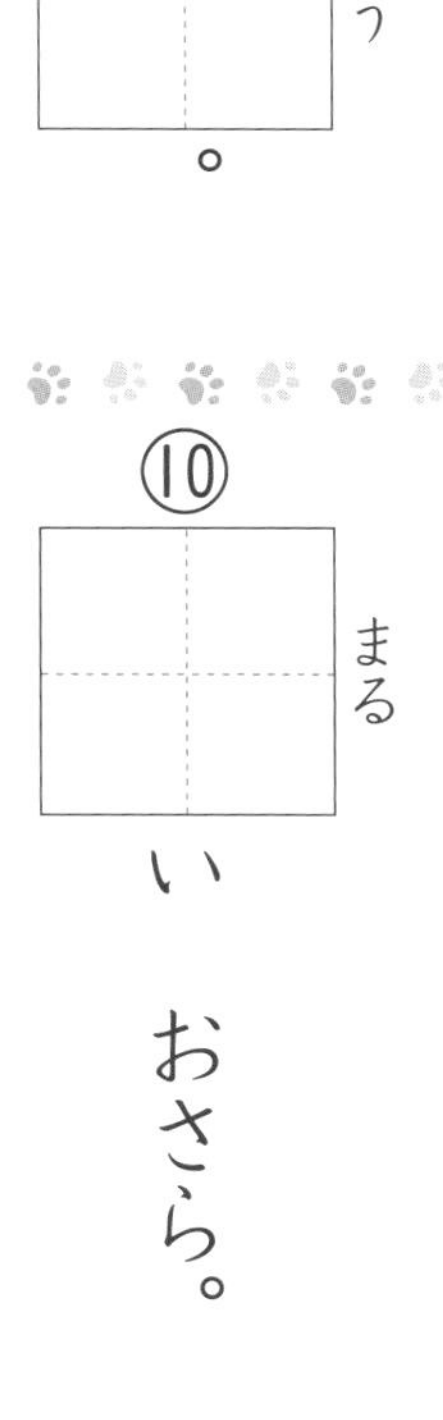

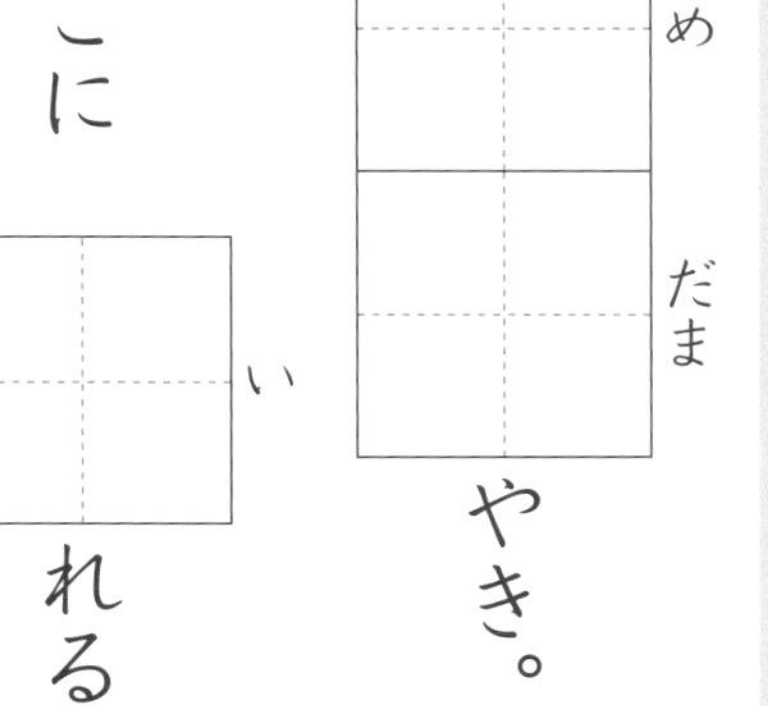

⑥ □□（めだま）やき。
⑦ はこに　□（い）れる。
⑧ □（えん）ばんなげ。
⑨ かん字を　□（まな）ぶ。
⑩ □（まる）い　おさら。

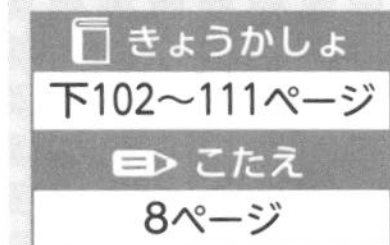

月　日

ぴったり1 じゅんび

にて いる かん字 お手がみ

きょうかしょ 下118〜138ページ

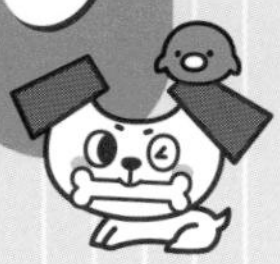

あたらしく がくしゅうする かん字

きょうかしょ下118ページ

石（つき出ない／はらう）

よみかた
セキ
シャク
いし
◆コク

つかいかた
岩石（がんせき）が ころがる
じ石（しゃく）
たかい 石（いし）がき

かきじゅん　かいて おぼえましょう
1 石 2 石 3 石 4 石 5 石

石（いし）
5 かく

できかた

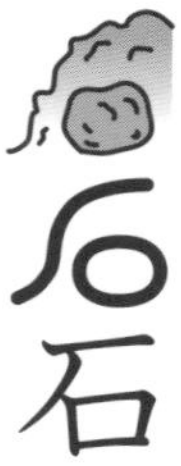

がけ下に ころがって いる いしの かたちから できた。

なぞりましょう

石に つまずく

川の 中の 石ころ

かん字の たしざんを やって みよう

土＋一＝□

どちらが 上に なるのかな。

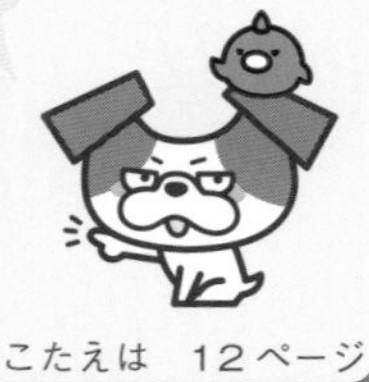

こたえは 12ページ

きょうかしょ下119ページ

犬（わすれずに／はらう）

よみかた
ケン
いぬ

つかいかた
けいさつ犬（けん）
犬（いぬ）を かう
かわいい 犬（いぬ）

かきじゅん　かいて おぼえましょう
1 犬 2 犬 3 犬 4 犬

犬（いぬ）
4 かく

できかた

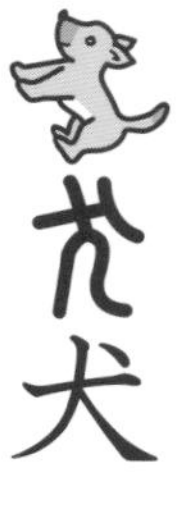

いぬの かたちから できた。

なぞりましょう

犬の さんぽ

白い 犬を かう

月　日

きょうかしょ下119ページ

王

ながく

よみかた
オウ

つかいかた
はだかの　王さま（おう）
王子と（おうじ）　王女（おうじょ）
ホームラン王（おう）

かきじゅん
1 王
2 王
3 王
4 王

王（おう）
4かく

かいて おぼえましょう

よみがな 
○王さま（おう）
×王さま（おお）

王→玉
「丶」を つけたら 「玉」だ。

なぞりましょう
王さま
えんま大王
百じゅうの王
王かんを かぶる

きょうかしょ下119ページ

町

はねる

よみかた
チョウ
まち

つかいかた
町内の（ちょうない）　人たち（ひと）
にぎやかな　町（まち）
町かどの（まち）　ポスト

かきじゅん
1 町
2 町
3 町
4 町
5 町
6 町
7 町

町（たへん）
7かく

かいて おぼえましょう

くみに なる 字
村　町

なぞりましょう
おしゃれな町
ふるさとの町
町はずれのいえ
町まで出かける

月　日

森

きょうかしょ下119ページ

森（はらう・みじかく・とめる）

よみかた

シン
もり

つかいかた

ふかい　森林（しんりん）
大（おお）きな　森（もり）
森（もり）の　どうぶつ

かきじゅん

1 2 3 4 5 6 7 8 9 10 11 12

森（き）

12かく

かいて おぼえましょう

森　森

できかた

木を　三つ　あつめて、木が　たくさん　ある「もり」を　あらわした。

なぞりましょう

森のおく
ふかい森
森の中のいえ
森にすむけもの

貝

きょうかしょ下119ページ

貝（はらう・とめる）

よみかた

かい

つかいかた

貝（かい）を　たべる
貝（かい）がらを　ひろう
まき貝（がい）

かきじゅん

1 2 3 4 5 6 7

貝（かい・こがい）

7かく

かいて おぼえましょう

貝　貝

できかた

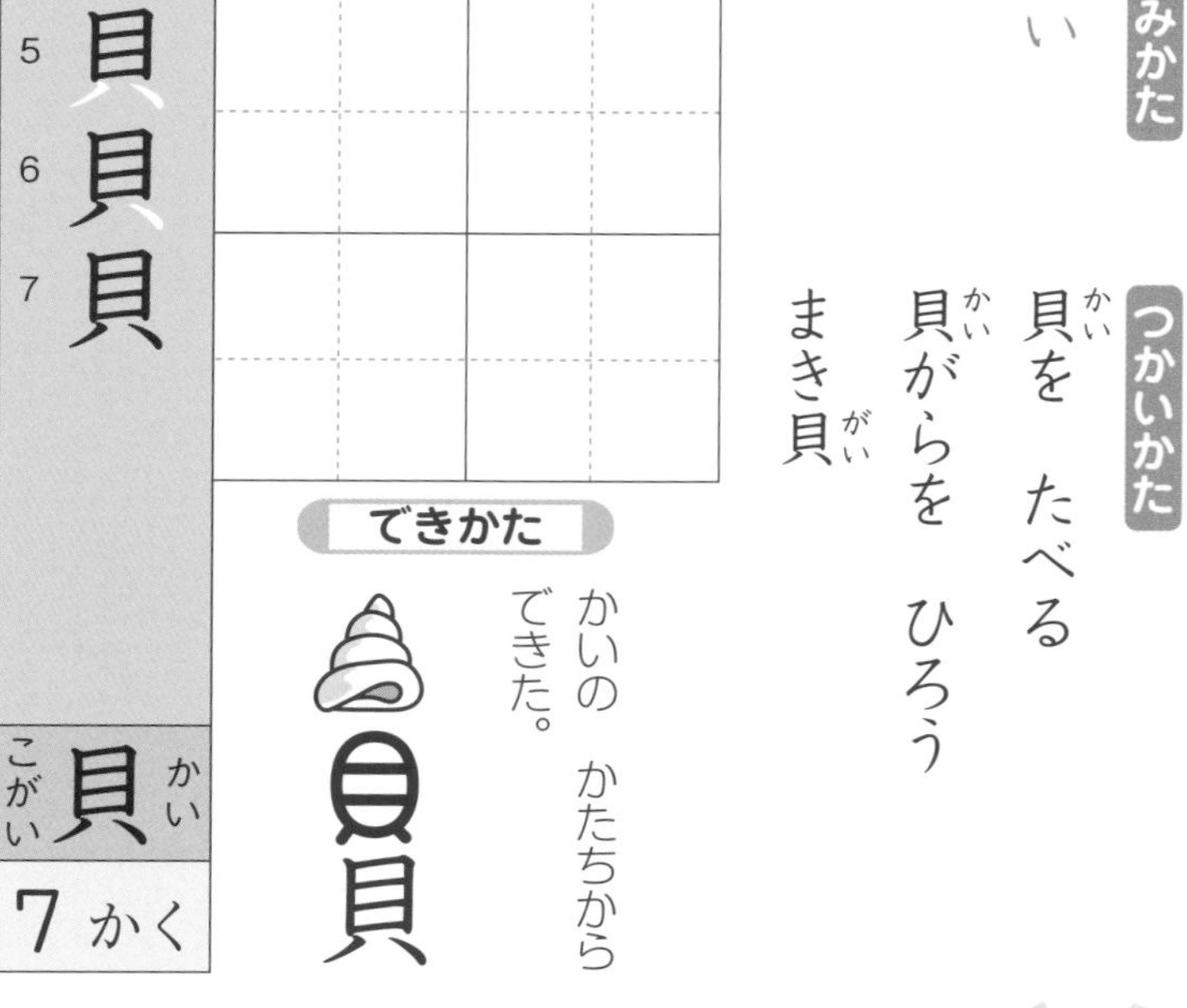

かいの　かたちから　できた。

なぞりましょう

貝ばしら
二まい貝
貝を見つける
ほら貝をふく

月　日

きょうかしょ下119ページ

足

つける　はらう

よみかた
ソク
あし
たりる・たる
たす

つかいかた
遠足（えんそく）に　いく
右足（みぎあし）と　左足（ひだりあし）
お金（かね）が　足（た）りない

かきじゅん
1 足 2 足 3 足 4 足 5 足 6 足 7 足

足（あし）　7かく

かいて おぼえましょう

できかた
あしの　かたちから　できた。

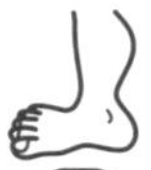

手・足　くみに　して　おぼえよう。

なぞりましょう
足ぶみ
りょう足
足がしびれた
右足をふみ出す

とくべつな よみかたを する ことば

ことば	つかいかた
一人（ひとり）	一人（ひとり）の子（こ）ども
二人（ふたり）	二人（ふたり）であそぶ

これで　一年生の　かん字は　ぜんぶ　学しゅうしたね。

よく　がんばりました。わすれて　いる　かん字が　ないか、しっかり　見なおして　おきましょう。

かん字クイズ10

〈れい〉の 四つの えから、「水」と いう かん字が おもいうかぶね。
①・②の くみの えからは、どんな かん字が うかんで くるかな？

〈れい〉

①

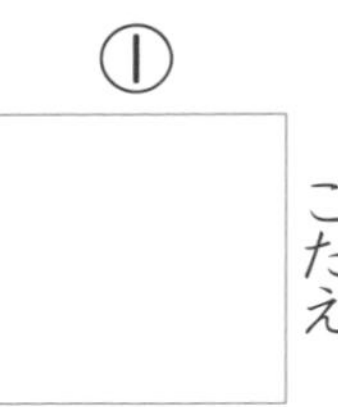

②

①　こたえ

②　こたえ

こたえ↓12ページ

月　日

かん字クイズ11

つぎの　えの　□に　あてはまる　ことばを　下から　えらんで、かん字に　なおして　かきましょう。

やま　かわ　むし　まち　むら　き　はやし　いぬ　た　そら

こたえ↓12ページ

ぴったり2 れんしゅう

にて いる かん字 お手がみ

□月 □日

1 かん字を よみましょう。

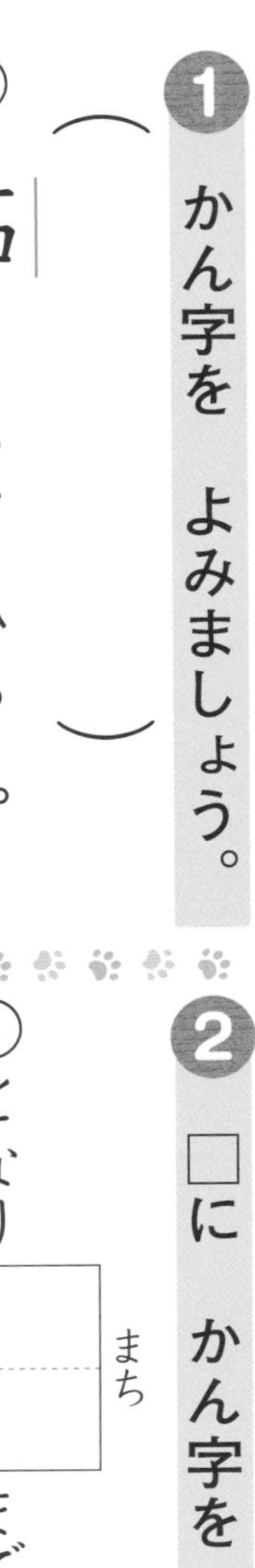

① （　　）石ころを ひろう。

② （　　）犬を かって いる。

③ いばった （　　）王さま。

④ （　　）二人で たすけあう。

⑤ （　　）小石に つまずく。

⑥ かわいい （　　）子犬。

2 □に かん字を かきましょう。

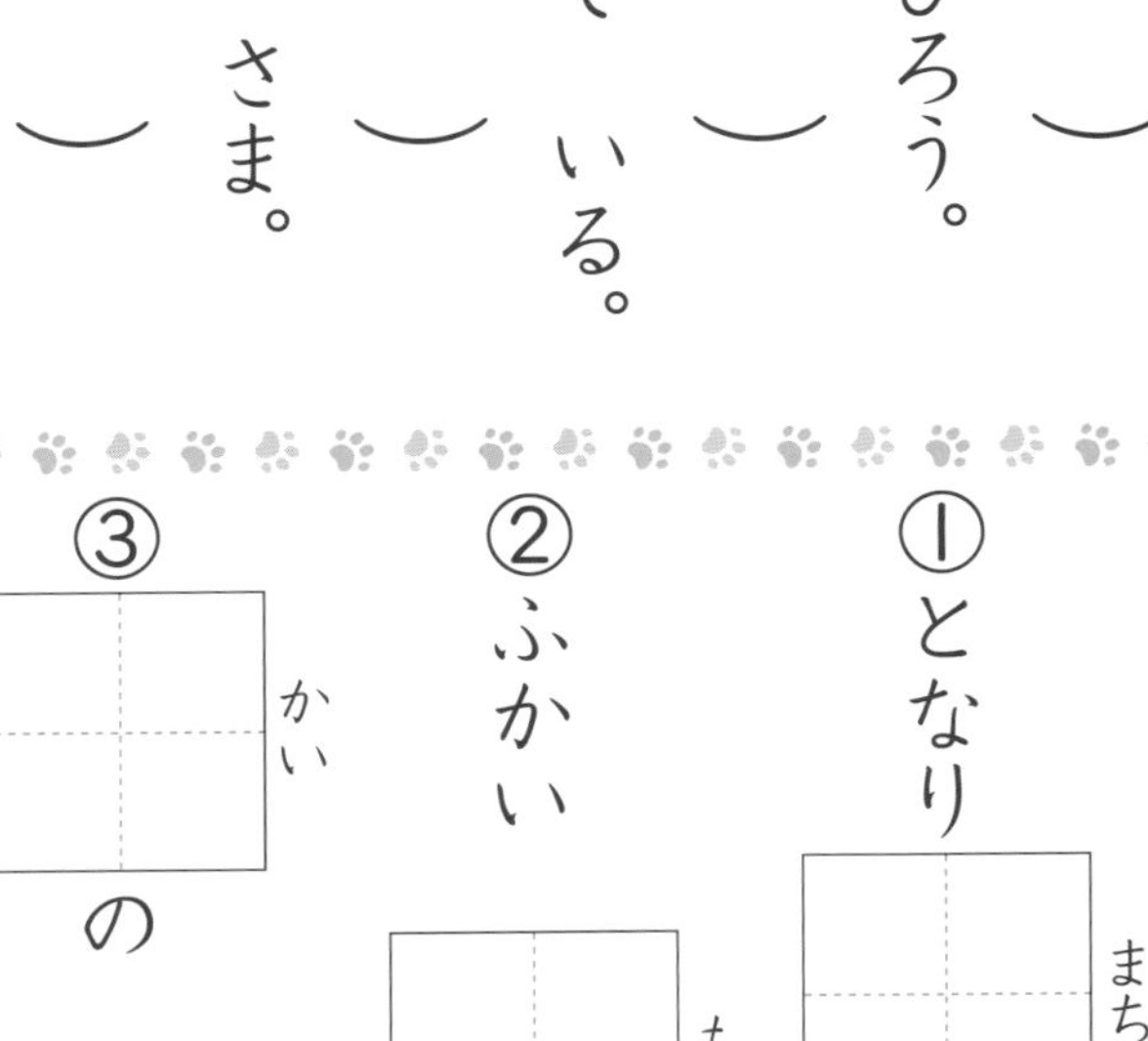

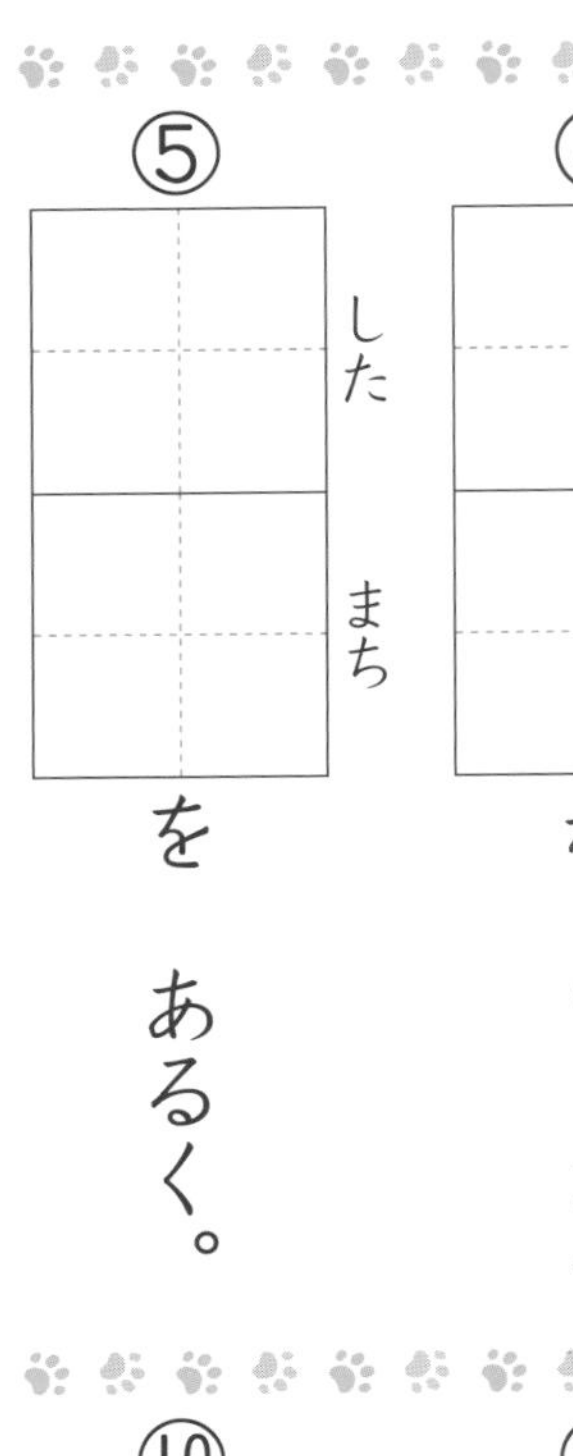

① となり □（まち） まで いく。

② ふかい □（もり） の おく。

③ □（かい） の みそしる。

④ □（あし）□（おと） が きこえる。

⑤ □（した）□（まち） を あるく。

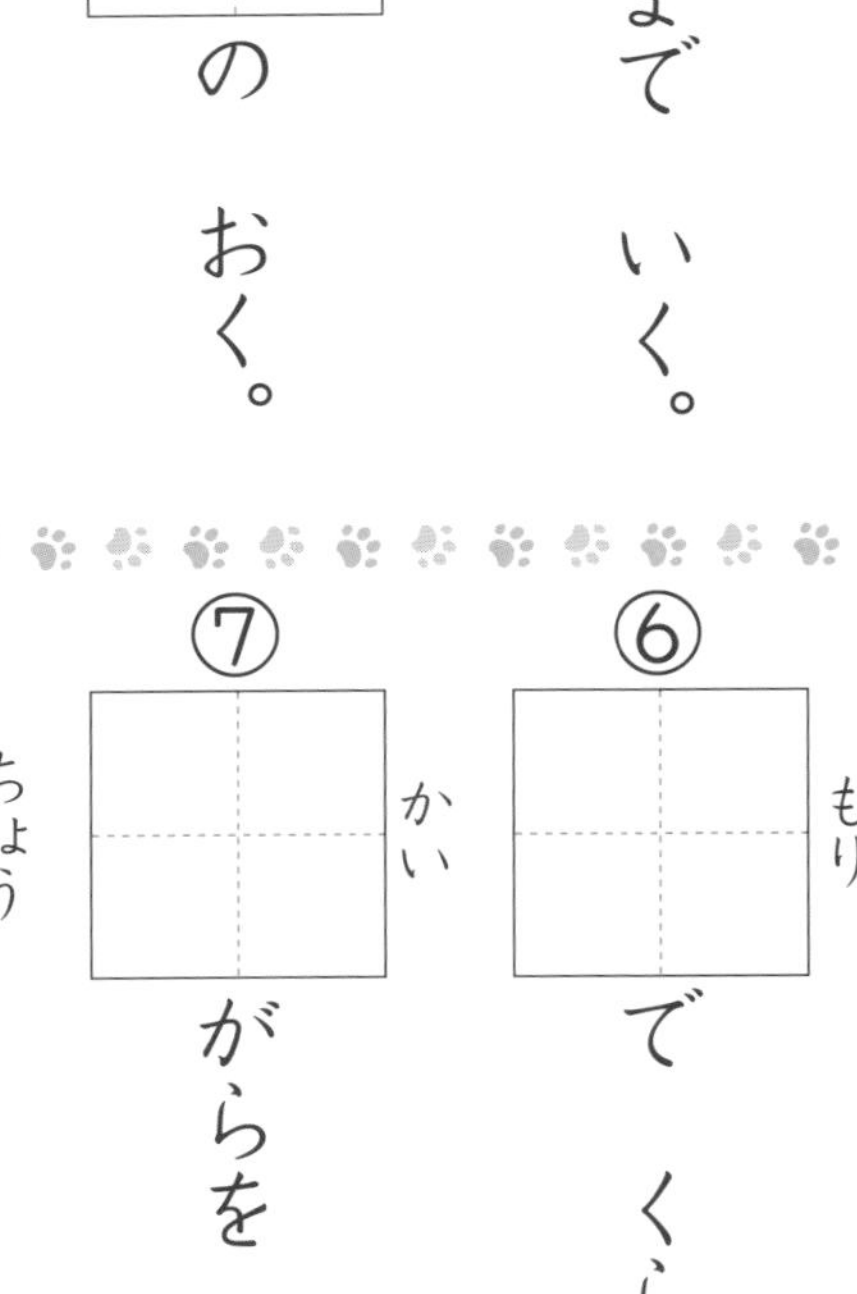

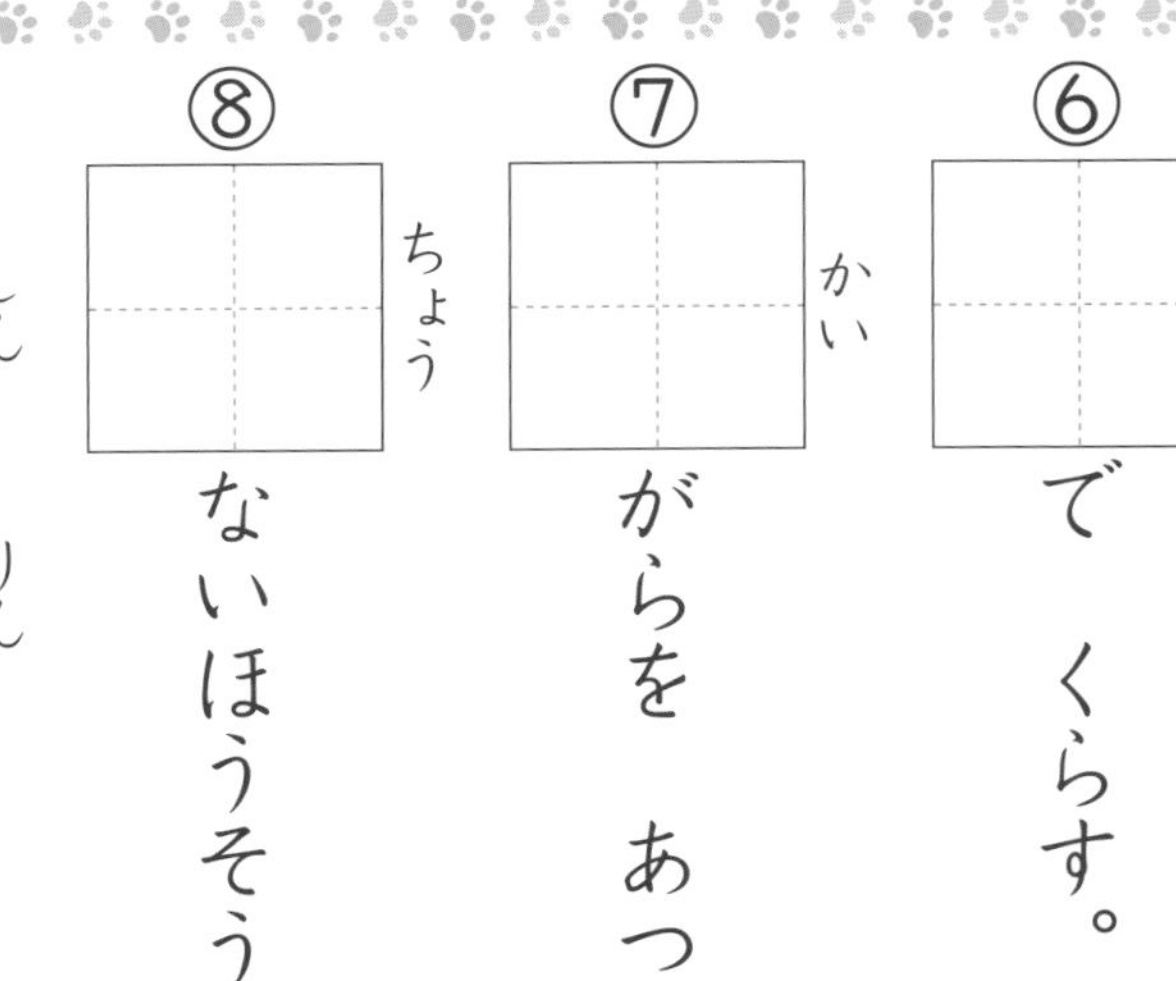

⑥ □（もり） で くらす。

⑦ □（かい） がらを あつめる。

⑧ □（ちょう） ないほうそう。

⑨ □（しん）□（りん） の 木。

⑩ えん □（そく） の 日。

きょうかしょ 下118～138ページ
こたえ 8ページ

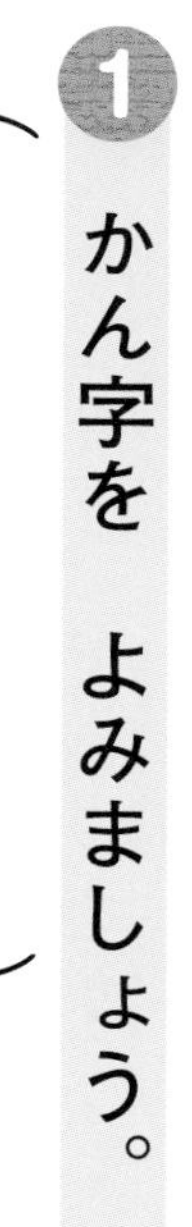

にて いる かん字
お手がみ

きょうかしょ 下118〜138ページ
こたえ 8ページ

月　日

1 かん字を よみましょう。

①（　）町へ いく。
②（　）ふかい 森の 中。
③（　）うみの 貝がら。
④（　）足を ふんばる。
⑤（　）町かどに 立つ。
⑥（　）林と 森。

2 □に かん字を かきましょう。

① おもい □(いし)。
② かわいい □(いぬ)。
③ 百じゅうの □(おう)。
④ □(いし)で できた はし。
⑤ □□(こいぬ)が 生まれる。
⑥ □(おう)さまの めいれい。
⑦ じ□(しゃく)に くっつく。
⑧ 白い □□□(にほんけん)。
⑨ □□(じょおう)バチ。
⑩ 二と 三を □(た)す。

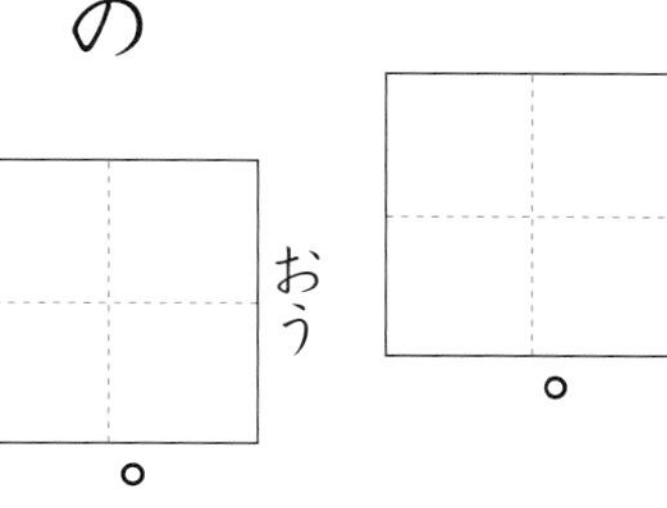
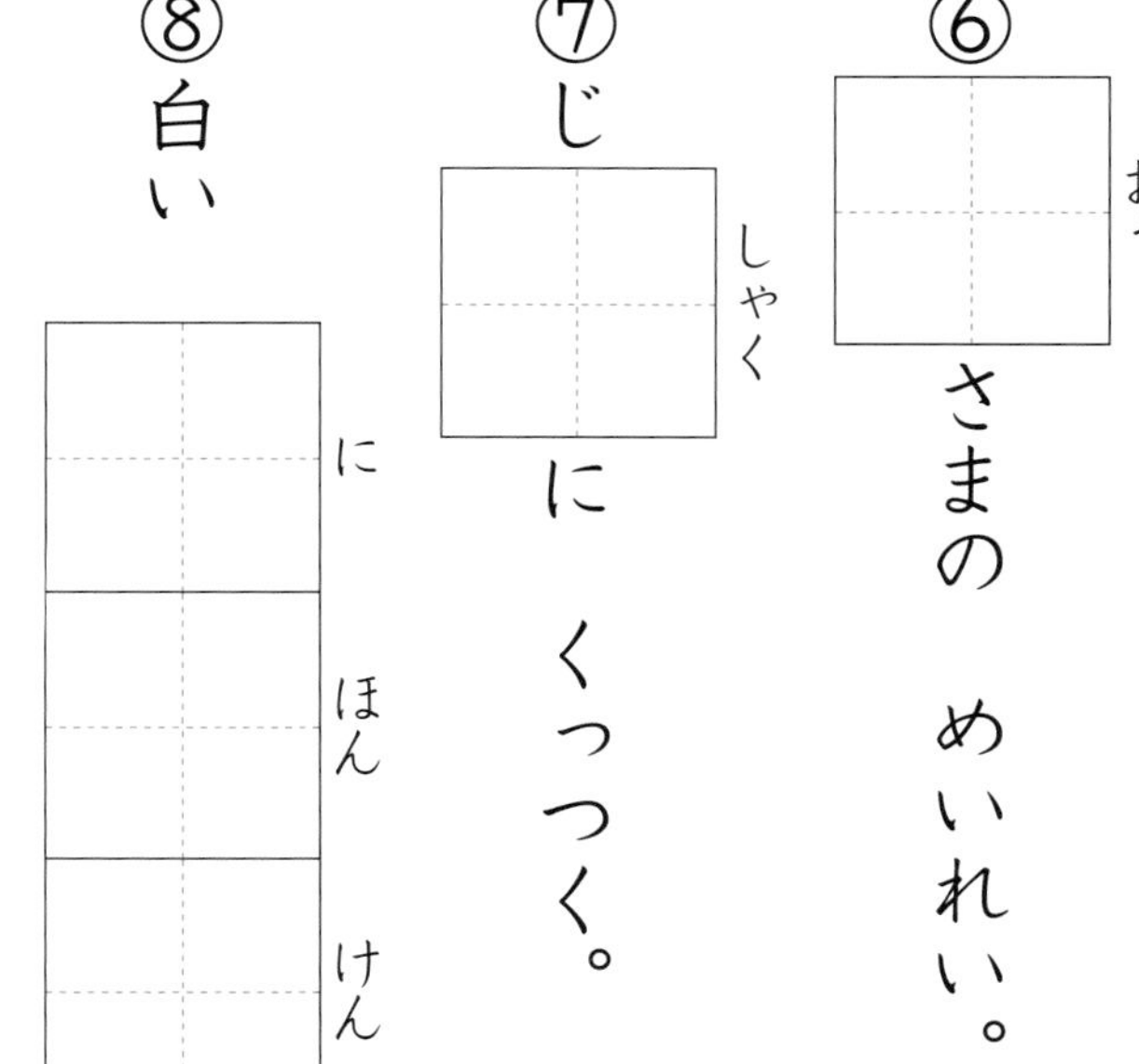

はるの　チャレンジテスト①

1 つぎの ―― の かん字は まちがって います。正しい かん字に なおしましょう。

一つ4てん(20てん)

① かわいい 大を かう。

② うみで 目がらを ひろう。

③ にわの 早かりを する。

④ まい日 小字校に いく。

⑤ 水王もようの かさ。

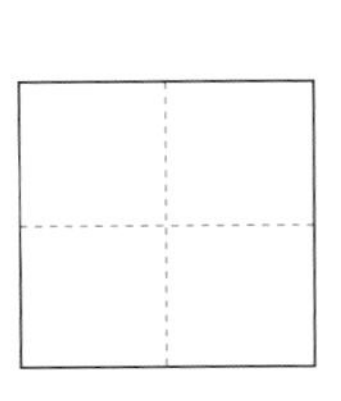

2 つぎの かん字には なかまはずれが あります。その かん字を ○で かこみましょう。

一つ4てん(20てん)

① 手 足 中 耳

② 白 赤 青 右

③ 竹 草 花 雨

④ 円 千 百 二

⑤ 山 川 森 車

月　日

3 つぎの ――の ことばを、正しい おくりがなで かきましょう。

一つ5てん(20てん)

① 一年生の かん字を まなぶ。（　　）

② かばんの 中に にもつを いれる。（　　）

③ 本を かう お金が たりない。（　　）

④ まるい おさらに ごちそうを もる。（　　）

おくりがなに よって よみかたが かわる かん字に ちゅういしましょう。

4 つぎの □に かん字を かきましょう。

一つ5てん(40てん)

① □□(だんし)と □□(じょし)。

② □(こう)ていで □(むし)を つかまえる。

③ □(ちい)さな □(いし)を ひろう。

④ □(むら)と □(まち)を いきいきする。

はるの　チャレンジテスト②

1 ——せんの　かん字の　よみがなを　かきましょう。

一つ2てん（20てん）

① （　　）千円 さつで　お（　　）金を　はらう。

② （　　）先に　かいだんを（　　）下りる。

③ （　　）林を　ぬけて（　　）森に　入る。

④ （　　）小さな（　　）文字を　かく。

⑤ （　　）雨の　ふる（　　）音。

2 つぎの　かん字の　正しい　かきじゅんに　○を　つけましょう。

一つ4てん（20てん）

① 生
あ（　）丿 𠂉 牛 牛 生
い（　）丿 𠂉 仁 仨 生

② 左
あ（　）一 ナ 左 左 左
い（　）丿 ナ 左 左 左

③ 右
あ（　）一 ナ 右 右 右
い（　）丿 ナ 右 右 右

④ 糸
あ（　）く 幺 幺 糸 糸 糸
い（　）く 幺 幺 糸 糸 糸

⑤ 耳
あ（　）一 丁 Π Ħ 耳 耳
い（　）一 丁 F F 耳 耳
う（　）一 丁 F F 耳 耳

じかん30ぷん
／100
ごうかく80てん

きょうかしょ　下102〜119ページ

こたえ　9ページ

月　日

3 かたちに 気を つけて、□に かん字を かきましょう。 一つ4てん(24てん)

①
あ さくら□(がい)。
い ほしを□(み)る。

②
あ□(いぬ)の さんぽ。
い□(おお)きい たてもの。

③
あ 百じゅうの□(おう)。
い 七いろに ひかる□(たま)。

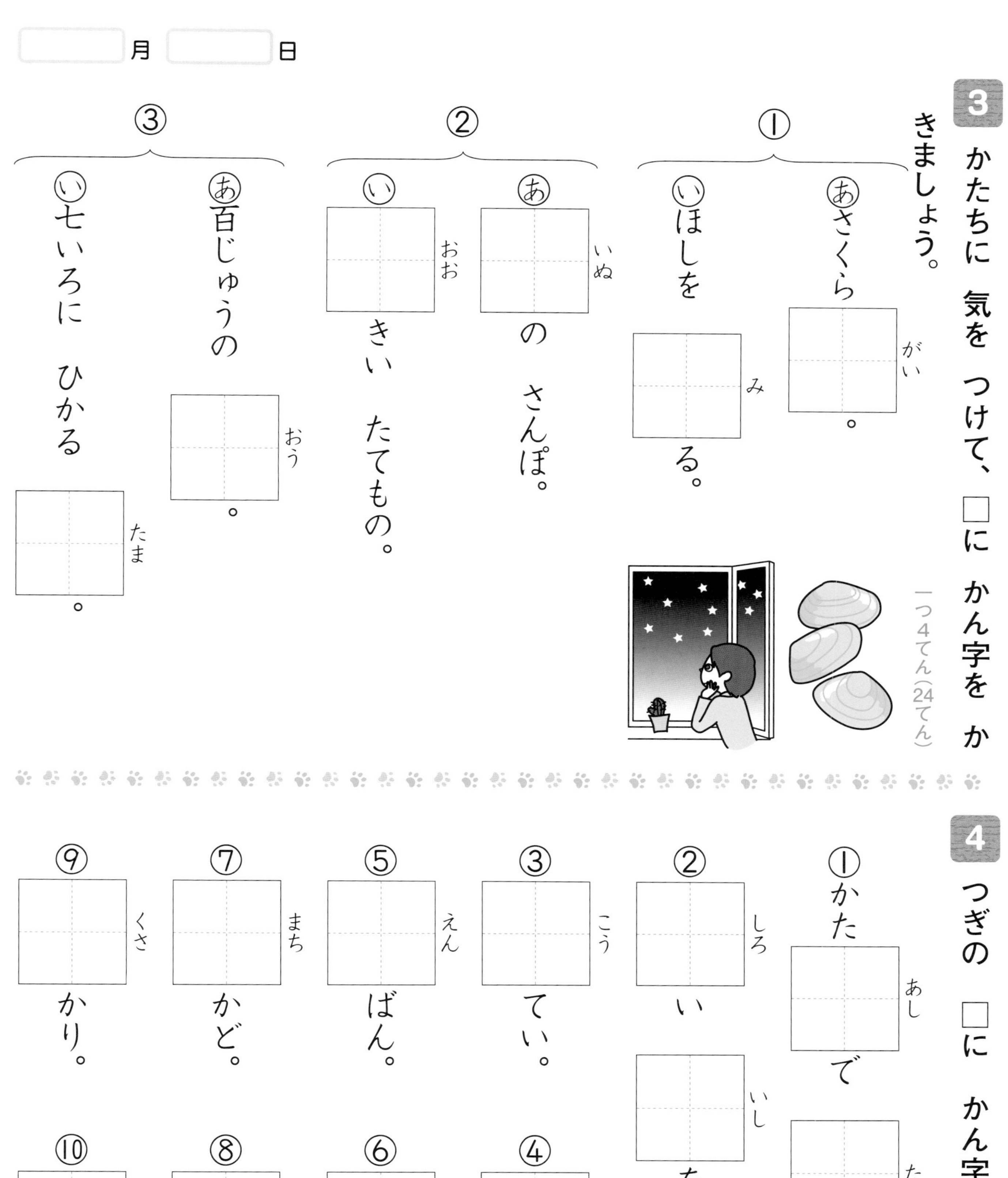

4 つぎの □に かん字を かきましょう。 一つ3てん(36てん)

① かた□(あし)で□(た)つ。
② □(しろ)い□(いし)を ひろう。
③ □(こう)てい。
④ □□(にゅうがく)しき。
⑤ □(えん)ばん。
⑥ □(おとこ)の人。
⑦ □(まち)かど。
⑧ □□(じょし)。
⑨ □(くさ)かり。
⑩ □(そん)ちょう。

よみかたさくいん

❖一年生で　ならう　かん字の　よみを　ぜんぶ　のせて　います。
❖かたかなは　音よみ、ひらがなは　くんよみです。
❖＊の　よみは　小学校では　ならわない　よみかたです。
❖すう字は　この　本で　出て　くる　ページです。

あ

よみ	字	ページ
あお	青	42
あおい	青	42
あか	赤	59
あかい	赤	59
あからむ	赤	59
あからめる	赤	59
あがる	上	16
あく	空	42
あける	空	42
あげる	上	16
＊あざ	字	16
あし	足	77
あま	天	49
あま	雨	60
＊あめ	天	49
あめ	雨	60

い

よみ	字	ページ
いかす	生	55
いきる	生	55
いける	生	55
いし	石	74
イチ	一	12
イツ	一	12
いつ	五	22
いつつ	五	22
いと	糸	54
いぬ	犬	74
いる	入	70
いれる	入	70
＊イン	音	44

う

よみ	字	ページ
ウ	雨	60
ウ	右	55
うえ	上	16
うまれる	生	55
うむ	生	55
うわ	上	16

え

よみ	字	ページ
エン	円	67

お

よみ	字	ページ
お	小	51
＊おう	生	55
オウ	王	75
おお	大	31
おおいに	大	31
おおきい	大	31
おと	音	44
おとこ	男	66
おりる	下	17
おろす	下	17
オン	音	44
おんな	女	66

か

よみ	字	ページ
カ	下	17
カ	火	11
カ	花	38
か	日	10
かい	貝	76
ガク	学	67
ガツ	月	11
かな	金	37
かね	金	37
かみ	上	16
から	空	42
かわ	川	18

き

よみ	字	ページ
キ	気	50
き	木	12
＊き	生	55
キュウ	九	24
キュウ	休	58
ギョク	玉	69
キン	金	37

く

よみ	字	ページ
ク	九	24
ク	口	19
クウ	空	42
くさ	草	68
くださる	下	17
くだす	下	17
くだる	下	17
くち	口	19
くるま	車	30

け

よみ	字	ページ
ケ	気	50
ゲ	下	17
ゲツ	月	11
ケン	見	28
ケン	犬	74

こ

よみ	字	ページ
こ	木	12
こ	小	51
こ	子	18
ゴ	五	22
コウ	校	68
コウ	口	19
＊コク	石	74
ここの	九	24
ここのつ	九	24
コン	金	37

さ

よみ	字	ページ
サ	左	54
さがる	下	17
さき	先	56
さげる	下	17
＊サッ	早	36
サン	三	13
サン	山	10

し

よみ	字	ページ
シ	四	22
シ	子	18
シ	糸	54
ジ	字	16
＊ジ	耳	44
した	下	17
シチ	七	23
ジッ〈ジュッ〉	十	25
ジツ	日	10
しも	下	17
シャ	車	30
＊シャク	赤	59
シャク	石	74
シュ	手	30
ジュウ	十	25
ジュウ	中	50
シュツ	出	35
ジョ	女	66
ショウ	小	51
＊ショウ	青	42
ショウ	正	37
＊ショウ	上	16
ショウ	生	55

- ジョウ　上　16
- しら　白　29
- しろ　白　29
- しろい　白　29
- シン　森　76
- ジン　人　17

す

- ス　子　18
- スイ　水　32
- *スイ　出　35

せ

- セイ　青　42
- セイ　正　37
- セイ　生　55
- *セキ　夕　60
- セキ　赤　59
- セキ　石　74
- *セン　川　18
- セン　千　46
- セン　先　56

そ

- ソウ　草　68
- ソウ　早　36
- ソク　足　77
- そら　空　42
- ソン　村　69

た

- *た　手　30
- た　田　19
- タイ　大　31
- ダイ　大　31
- たけ　竹　53
- たす　足　77
- だす　出　35
- ただしい　正　37
- ただす　正　37
- たつ　立　45
- たてる　立　45
- たま　玉　69
- たりる　足　77
- たる　足　77
- ダン　男　66

ち

- ち　千　46
- ちいさい　小　51
- ちから　力　46
- チク　竹　53
- チュウ　虫　38
- チュウ　中　50
- チョウ　町　75

つ

- つき　月　11
- つち　土　31

て

- て　手　30
- でる　出　35
- テン　天　49
- デン　田　19

と

- ト　土　31
- と　十　25
- ド　土　31
- とお　十　25
- とし　年　45

な

- な　名　35
- なか　中　50
- なな　七　23
- ななつ　七　23
- なの　七　23
- なま　生　55
- ナン　男　66

に

- ニ　二　13
- ニチ　日　10
- ニュウ　入　70
- *ニョ　女　66
- *ニョウ　女　66
- ニン　人　17

ね

- ね　音　44
- ネン　年　45

の

- *のぼす　上　16
- *のぼせる　上　16
- のぼる　上　16

は

- はいる　入　70
- はえる　生　55
- ハク　白　29
- ハチ　八　24
- はな　花　38
- はやい　早　36
- はやし　林　59
- はやす　生　55
- はやまる　早　36
- はやめる　早　36

ひ

- ひ　日　10
- ひ　火　11
- ひだり　左　54
- ひと　一　12
- ひと　人　17
- ひとつ　一　12
- ヒャク　百　43
- *ビャク　白　29

ふ

- ふた　二　13
- ふたつ　二　13
- *ふみ　文　28
- ブン　文　28

ほ

- *ほ　火　11
- ボク　木　12
- *ボク　目　43
- ホン　本　53

ま

- *ま　目　43
- まさ　正　37
- まち　町　75
- まなぶ　学　67
- まるい　円　67

み

- み　三　13
- みえる　見　28
- みぎ　右　55
- みず　水　32
- みせる　見　28
- みつ　三　13
- みっつ　三　13
- みみ　耳　44
- ミョウ　名　35
- みる　見　28

む

- む　六　23
- むい　六　23
- むし　虫　38
- むつ　六　23
- むっつ　六　23
- むら　村　69

読み	漢字	ページ
＊め	女	66
め	目	43
メイ	名	35

読み	漢字	ページ
モク	木	12
モク	目	43
＊もと	下	17
もと	本	53
もり	森	76
モン	文	28

読み	漢字	ページ
や	八	24
やす**まる**	休	58
やす**む**	休	58
やす**める**	休	58
や**つ**	八	24
やっ**つ**	八	24
やま	山	10

読み	漢字	ページ
ユウ	右	55
ゆう	夕	60

読み	漢字	ページ
よ	四	22
よう	八	24
よ**つ**	四	22
よっ**つ**	四	22
よん	四	22

読み	漢字	ページ
リキ	力	46
リツ	立	45
＊リュウ	立	45
リョク	力	46
リン	林	59

読み	漢字	ページ
ロク	六	23

1年 かん字のまとめ

学力しんだんテスト①

なまえ

がつ　にち

じかん 30ぷん

ごうかく80てん

／100

こたえ10ページ

1 ——せんの　かん字の　よみがなを　かきましょう。　一つ1てん（20てん）

① 五（　）年生の　たんにんは　男（　）の　先生だ。

② ビルの　上（　）から　ひろい　空（　）を　ながめる。

③ 耳（　）の　ような　かたちを　した　石（　）。

④ 山（　）の　きれいな　水（　）を　のんだ。

2 つぎの　□に　かん字を　かきましょう。　一つ1てん（20てん）

① □（もり）で　□（おう）さまに　出あう。

② 一月□□（ようか）は　□（あめ）だった。

③ □（ちから）づよく　□（た）ち　あがる。

④ □□（がっこう）に　□（はや）く　いく。

おお　いぬ

（切り取り線）

4 かん字の　二とおりの　よみかたを　かきましょう。　一つ2てん(20てん)

① 女
　あ 女の子。（　　）
　い 一年の　女子。（　　）

② 土
　あ ねん土ざいく。（　　）
　い 土ぼこり。（　　）

③ 足
　あ えん足。（　　）
　い 足を　のばす。（　　）

④ 金
　あ お金もち。（　　）
　い 金こに　しまう。（　　）

⑤ 正
　あ 正じきな　人。（　　）
　い 正しい　こたえ。（　　）

（切り取り線）

6 ——せんの　まちがった　かん字を　ただしい　字で　かきましょう。　一つ2てん(12てん)

① 石手を　あげる。

② にわの　上を　ほる。

③ 青い　うみを　貝る。

④ 町で　入と　あう。

⑤ かん学を　かく。

⑥ 大ぷらを　たべる。

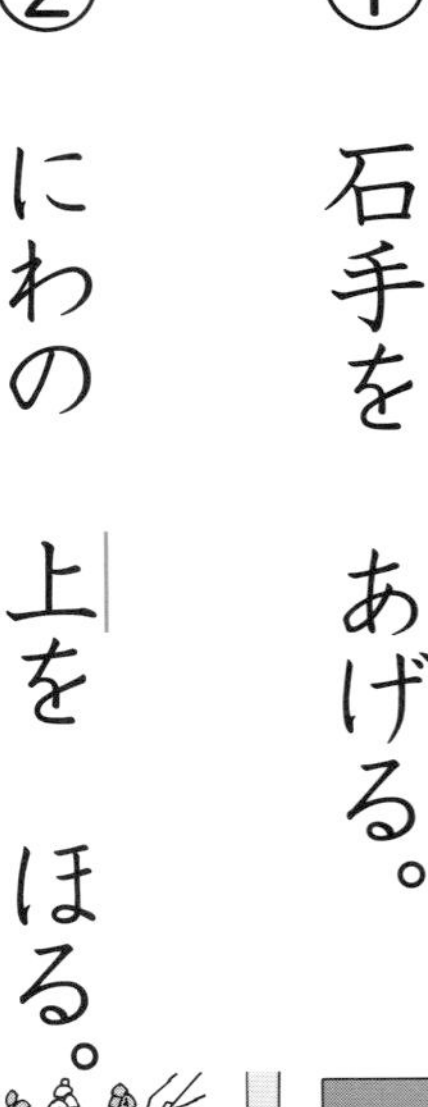

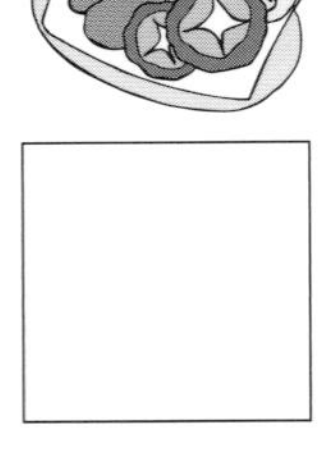

3 えの　ものの　かずを、かん字を　つかって　かきましょう。
一つ2てん(8てん)

〈れい〉 三びき

①

②

③

④

5 あとの □ から　なかまの　かん字を　えらんで、□の　かずだけ　かきましょう。
一つ2てん(20てん)

① いろを　あらわす　かん字。

② かずを　あらわす　かん字。

③ しょくぶつを　あらわす　かん字。

千	小	竹	赤	九	木
白	百	円	花	青	草

(切り取り線)

⑤ この本（　）は、ぜんぶで百（　）ページ　ある。

⑥ 村（　）で　すこしの　あいだ　休（　）む。

⑦ 名（　）まえも　しらない　子（　）。

⑧ 竹（　）やぶに　めずらしい　虫（　）が　いた。

⑨ 町（　）に　ついて　くわしい　文（　）を　かく。

⑩ 左手（　）に　きれいな　花（　）を　もつ。

（切り取り線）

⑤ □（お）きな　□（こえ）が　ほえる。

⑥ □（た）んぼの　ちかくの　□（かわ）。

⑦ □（かい）が　□（くち）を　あける。

⑧ □（くるま）に　□（き）を　つける。

⑨ □（した）から　□（おと）が　きこえる。

⑩ □（いと）に　□（たま）を　とおす。

➡うらにも　もんだいが　あります。

1年 かん字のまとめ

学力しんだんテスト②

なまえ

がつ にち

じかん 30ぷん

ごうかく80てん

／100

こたえ 11ページ

1 ――せんの かんじの よみがなを かきましょう。 一つ1てん(20てん)

①（　）学校が ない あさも（　）早く おきる。

②（　）犬を つれて ちかくの（　）森に いく。

③（　）王さまの マントは（　）赤い。

④ なんの（　）音だったのか（　）気に なる。

2 つぎの □に かんじを かきましょう。 一つ1てん(20てん)

① □(ひゃく)にんの □(おとこ)が あつまる。

② □□(みぎあし)で □(いし)を ける。

③ □(おんな)の子に □(な)まえを きく。

④ □(はな)に □(みず)を やる。

もじちぃ

4

つぎの かんじの 赤い ぶぶんは、なんばんめに かきますか。□に すうじを かきましょう。

一つ2てん(20てん)

(切り取り線)

6

つぎの □に からだの ぶぶんを あらわす かんじを かきましょう。

一つ4てん(16てん)

3 うえと　はんたいの　いみの　ことばを、かんじで　かきましょう。

一つ2てん(14てん)

① すわる――□つ

② はたらく――□む

③ 右――□

④ にせもの――□もの

⑤ はれ――□

⑥ おとな――□ども

⑦ 出す――□てる

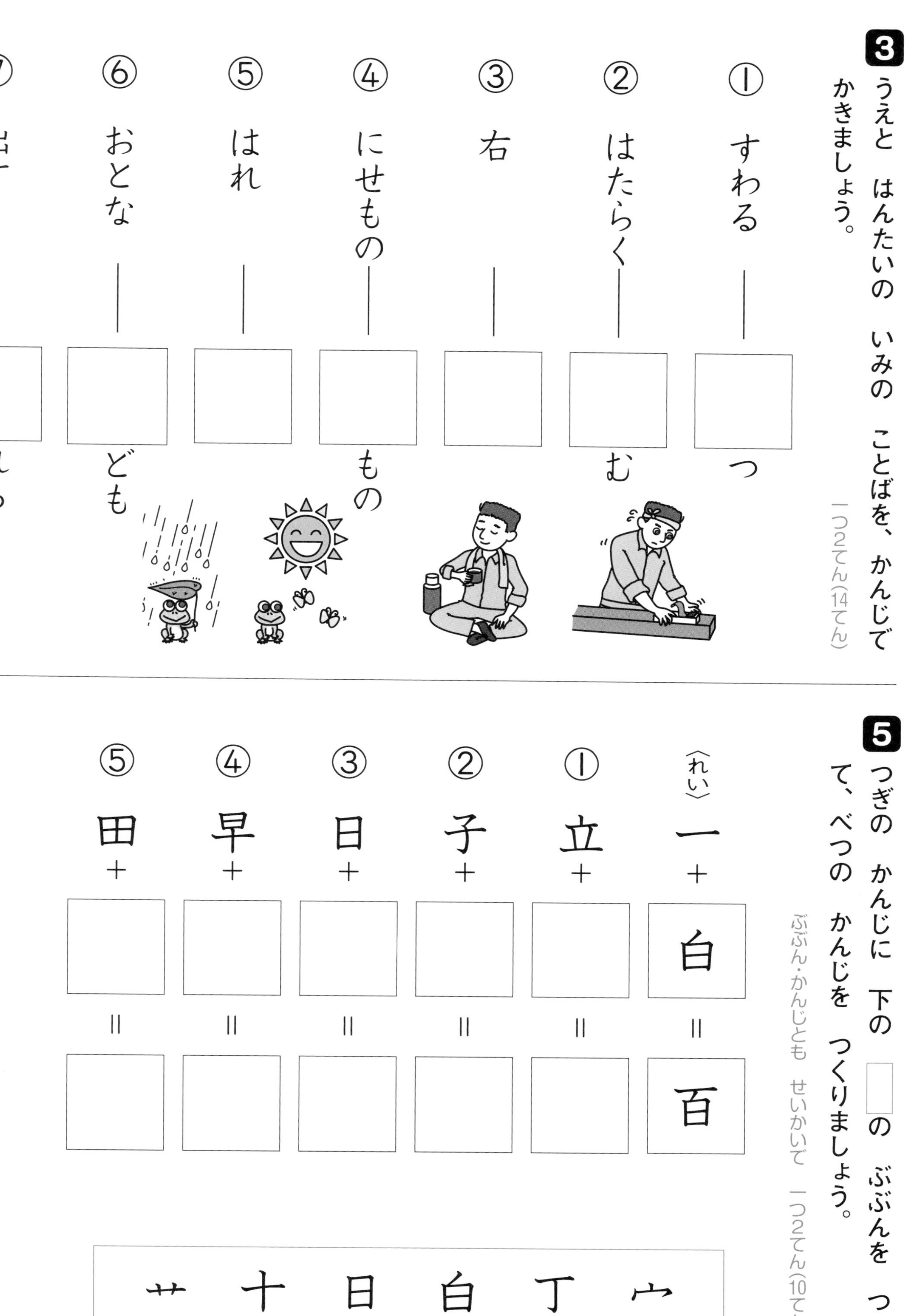

5 つぎの　かんじに　下の　□の　ぶぶんを　つけて、べつの　かんじを　つくりましょう。

ぶぶん・かんじとも　せいかいで　一つ2てん(10てん)

〈れい〉 一＋白＝百

① 立＋□＝□

② 子＋□＝□

③ 日＋□＝□

④ 早＋□＝□

⑤ 田＋□＝□

艹	十	日	白	丁	宀

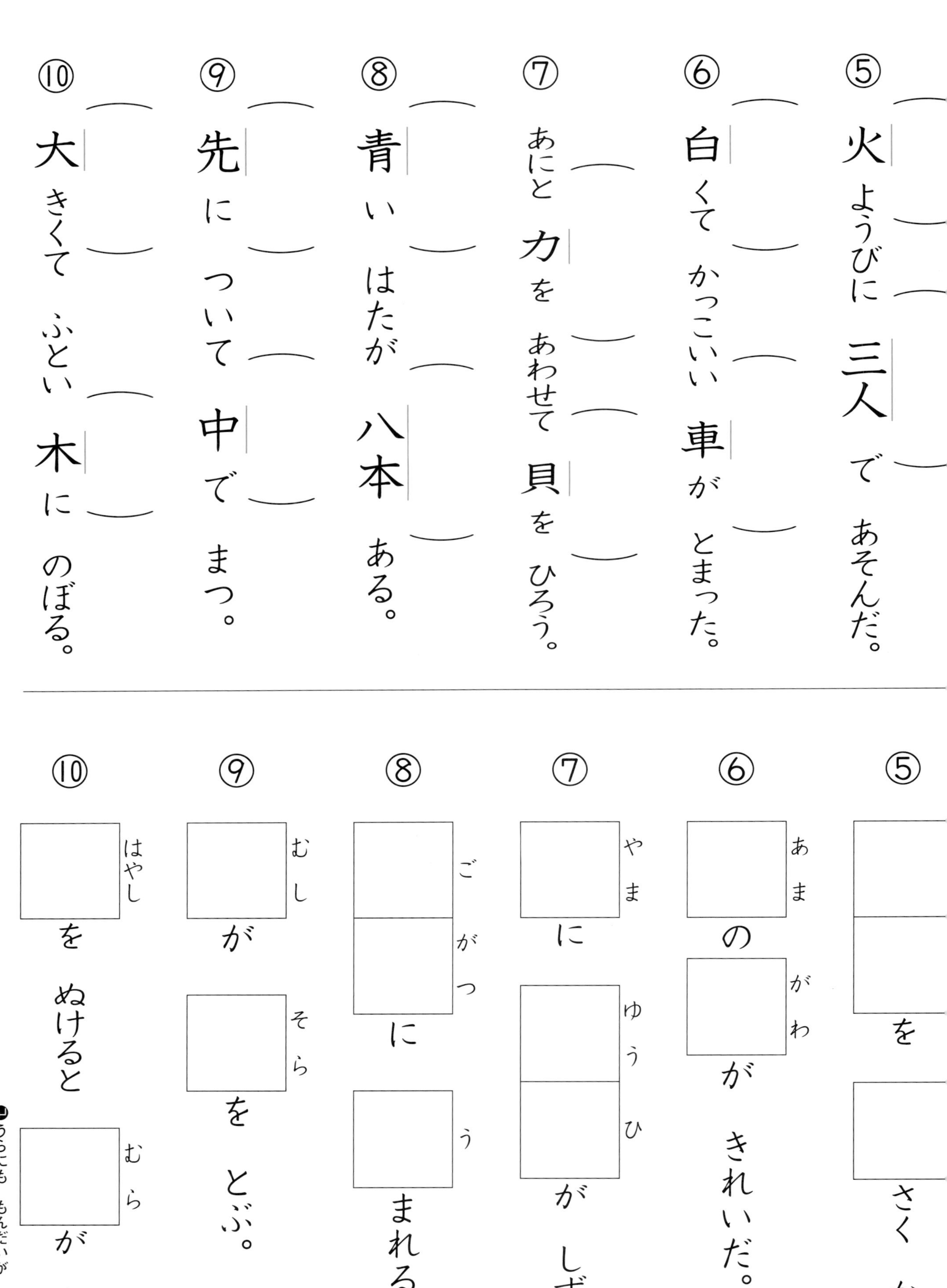

⑤ 火ようびに 三人で あそんだ。
⑥ 白くて かっこいい 車が とまった。
⑦ あにと 力を あわせて 貝を ひろう。
⑧ 青い はたが 八本 ある。
⑨ 先に ついて 中で まつ。
⑩ 大きくて ふとい 木に のぼる。

⑤ □□を □ さく かく。
⑥ □(あま)の □(がわ)が きれいだ。
⑦ □(やま)に □□(ゆうひ)が しずむ。
⑧ □□(ごがつ)に □(う)まれる。
⑨ □(むし)が □(そら)を とぶ。
⑩ □(はやし)を ぬけると □(むら)が ある。

うらにも もんだいが あります。

この「まるつけラクラクかいとう」はとりはずしてお使いください。

教科書ぴったりトレーニング

まるつけラクラクかいとう

教育出版版 かん字１年

「まるつけラクラクかいとう」では問題と同じ紙面に、赤字で答えを書いています。

見やすい答え

てびき

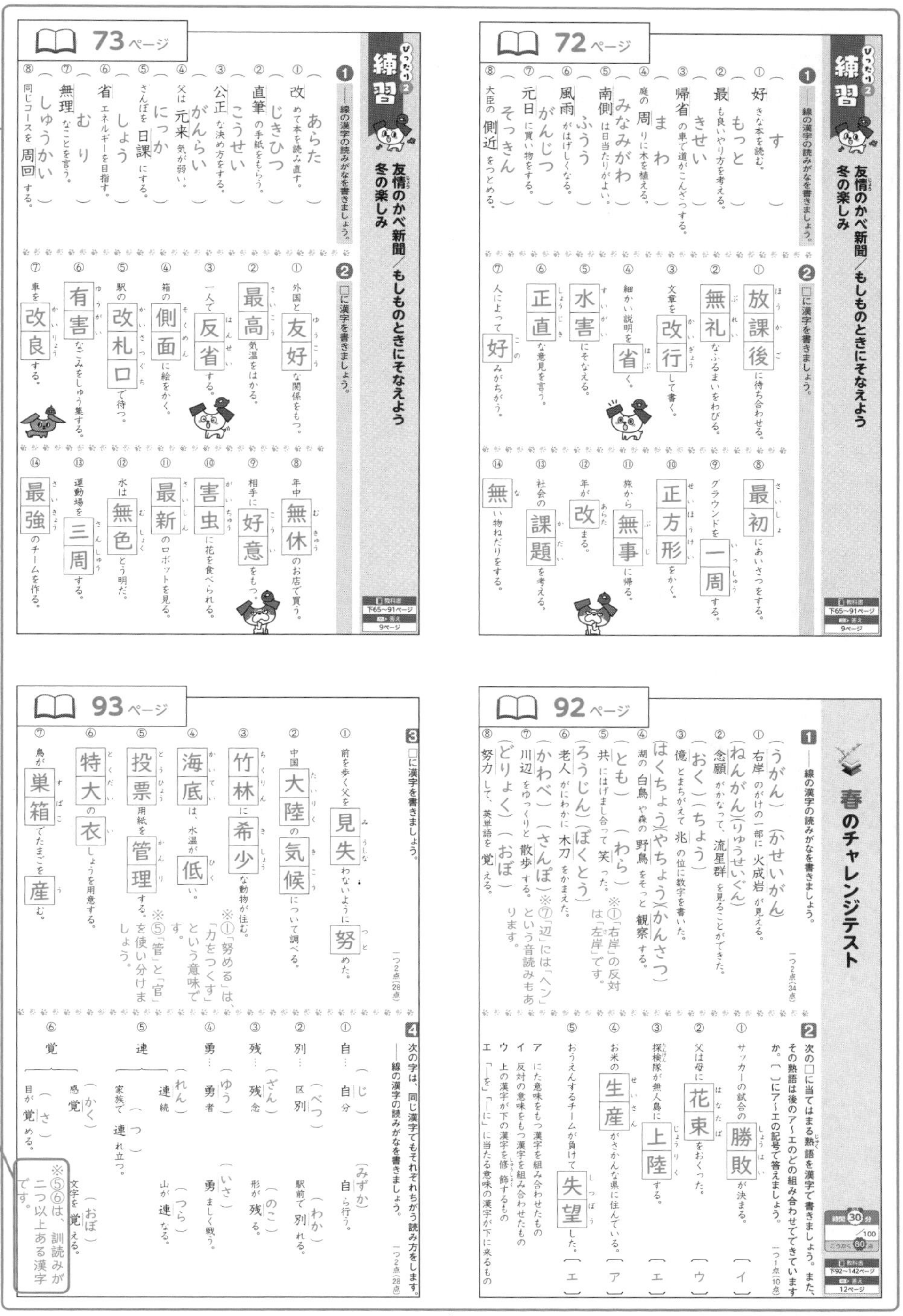

※紙面はイメージです。

6ページ

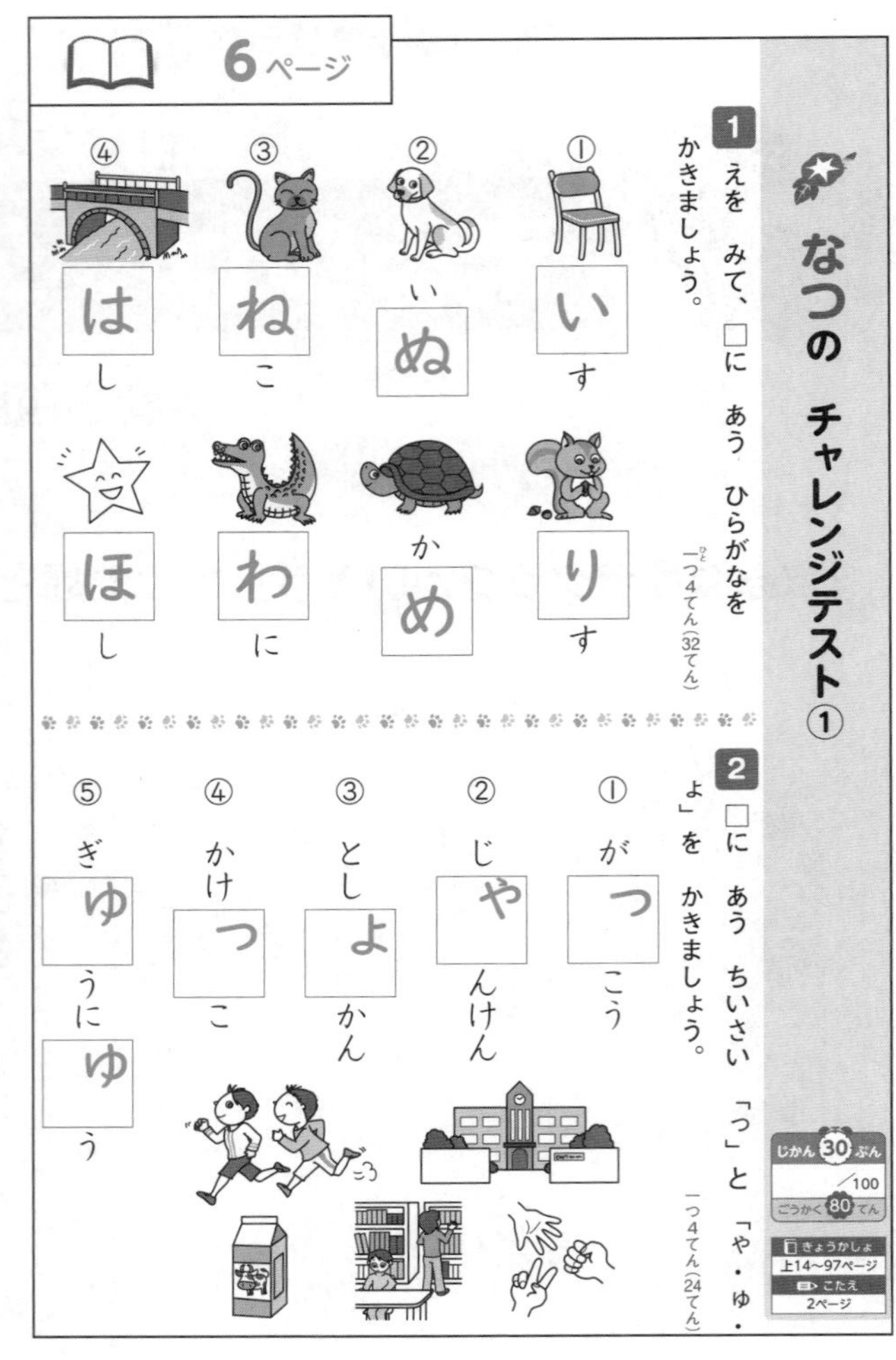

7ページ

3 「は・へ・を」を つかわないと いけない じに ×を つけて、みぎに ただしい じを かきましょう。（一つ2てん〈20てん〉）

（れい）おとうとわ（は） けんかお（を） した。

① わたしわ（は） へちまの えお（を） かいた。

② やまえ（へ） くりお（を） ひろいに いこう。

③ みんなわ（は） おにごっこお（を） した。

④ べんとうお（を） もって うみえ（へ） いく。

⑤ にわとりわ（は） にわお（を） かけまわった。

「は・へ・を」と かかないと いけない 「わ・え・お」を みつけるんだ。

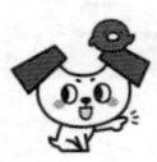

4 かたかなを なぞって、たべものの なまえを かんせいさせましょう。（一つ4てん〈24てん〉）

① バナナ ② トマト ③ プリン ④ カステラ ⑤ キャベツ ⑥ ドーナツ

8ページ

9ページ

3 □に あう ひらがなを いれて、しりとりを しましょう。（一つ4てん〈24てん〉）

いか → からす → すずめ → めがね → ねずみ → みずでっぽう

4 うすい もじを なぞって、かたかなの れんしゅうを しましょう。（一つ4てん〈24てん〉）

① てれび テレビ

② ぺんぎん ペンギン

③ とらっく トラック

④ しゃつ シャツ

⑤ さっかあ サッカー

⑥ すぷうん スプーン

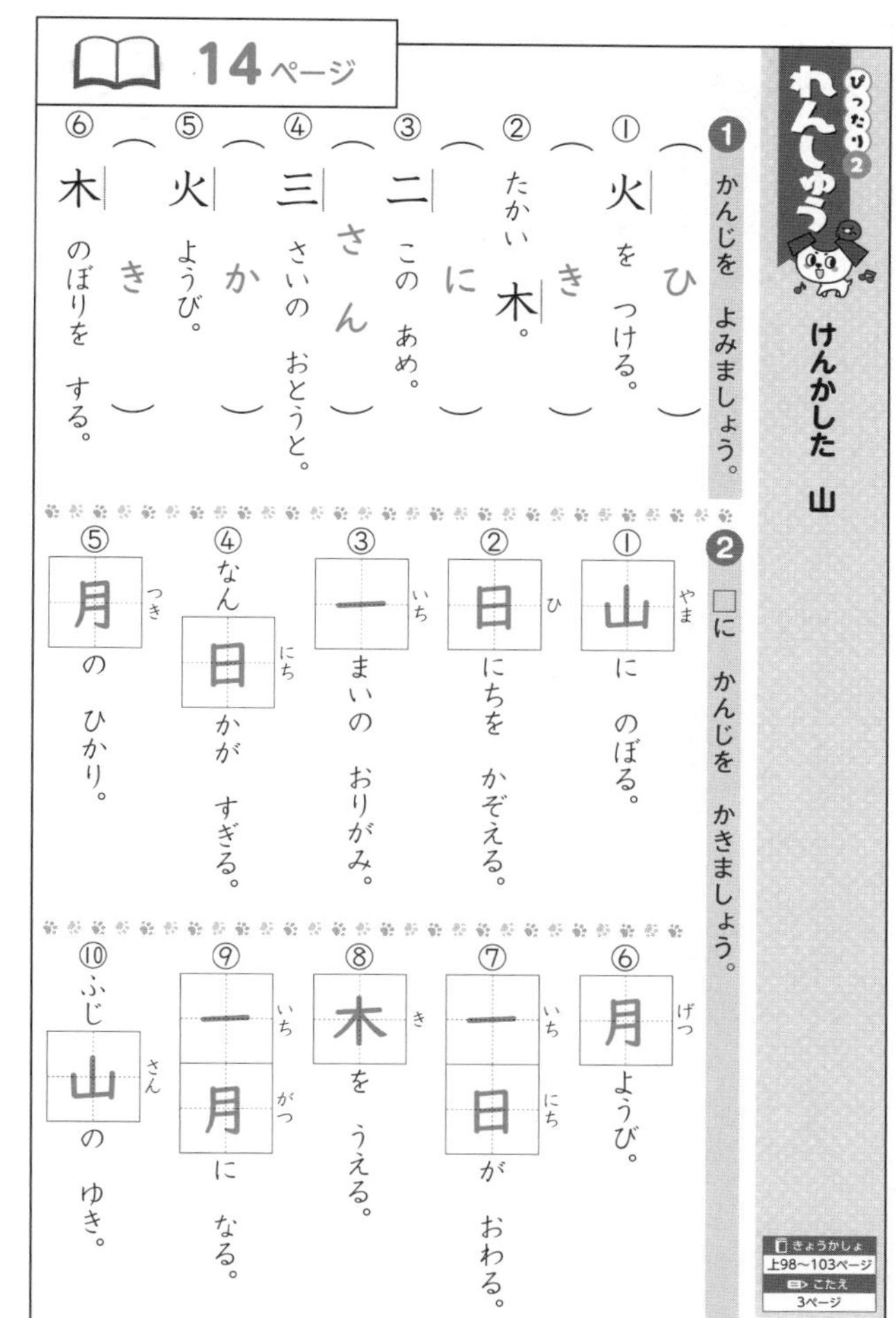
14ページ

ぴったり2 れんしゅう

けんかした 山

1 かんじを よみましょう。

① 火（ひ）を つける。
② たかい 木（き）。
③ 二（に） この あめ。
④ 三（さん） さいの おとうと。
⑤ 火（か）ようび。
⑥ 木（き） のぼりを する。

2 □に かんじを かきましょう。

① 山（やま）に のぼる。
② 日（ひ）にちを かぞえる。
③ 一（いち）まいの おりがみ。
④ なん日（にち）かが すぎる。
⑤ 月（つき）の ひかり。
⑥ 月（げつ）ようび。
⑦ 一日（いちにち）が おわる。
⑧ 木（き）を うえる。
⑨ 一月（いちがつ）に なる。
⑩ ふじ山（さん）の ゆき。

きょうかしょ 上98～103ページ こたえ 3ページ

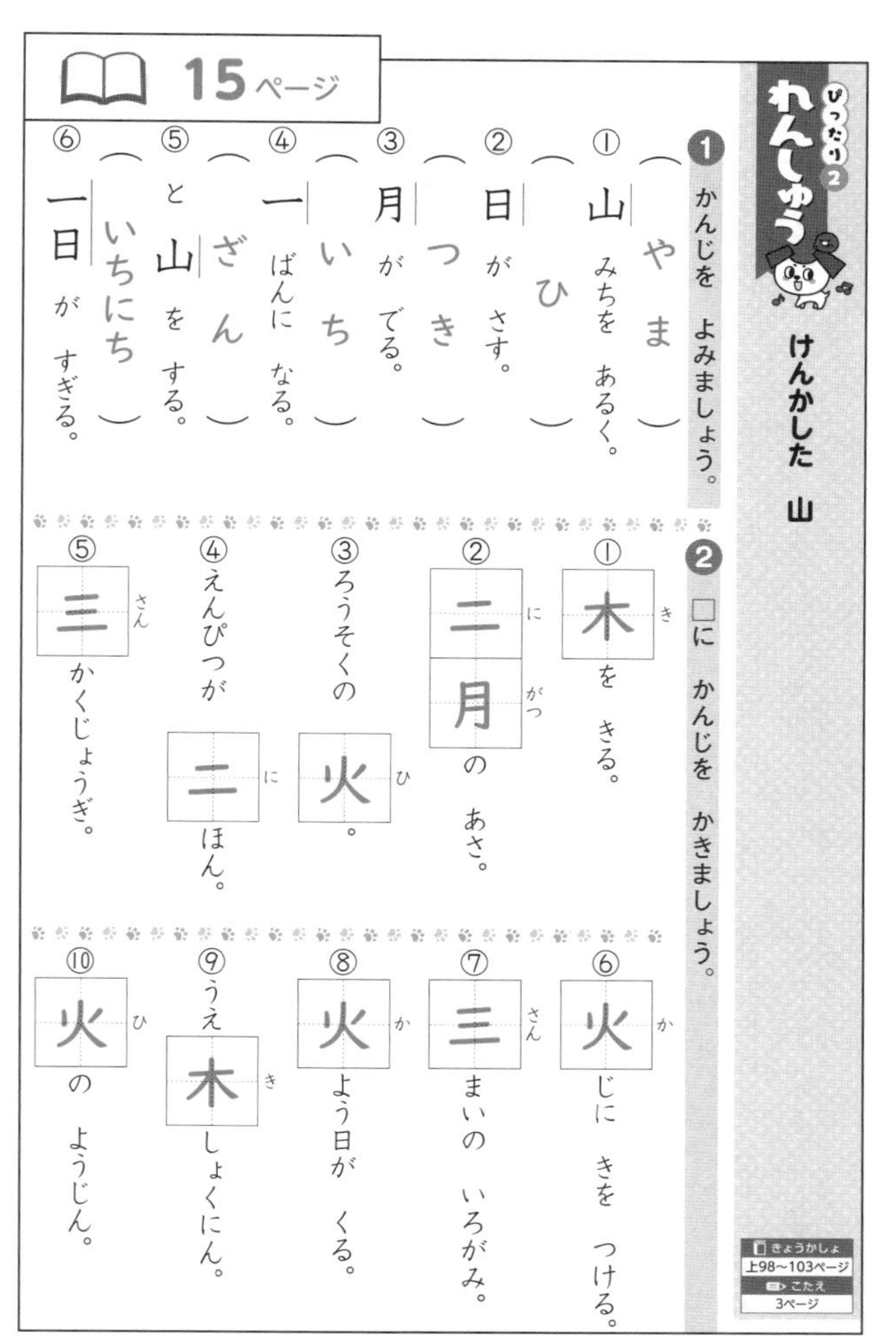
15ページ

ぴったり2 れんしゅう

けんかした 山

1 かんじを よみましょう。

① 山（やま） みちを あるく。
② 日（ひ）が さす。
③ 月（つき）が でる。
④ 一（いち）ばんに なる。
⑤ と山（ざん）を する。
⑥ 一日（いちにち）が すぎる。

2 □に かんじを かきましょう。

① 木（き）を きる。
② 二月（にがつ）の あさ。
③ ろうそくの 火（ひ）。
④ えんぴつが 二（に）ほん。
⑤ 三（さん）かくじょうぎ。
⑥ 火（か）じに きを つける。
⑦ 三（さん）まいの いろがみ。
⑧ 火（か）よう日が くる。
⑨ うえ木（き）しょくにん。
⑩ 火（ひ）の ようじん。

きょうかしょ 上98～103ページ こたえ 3ページ

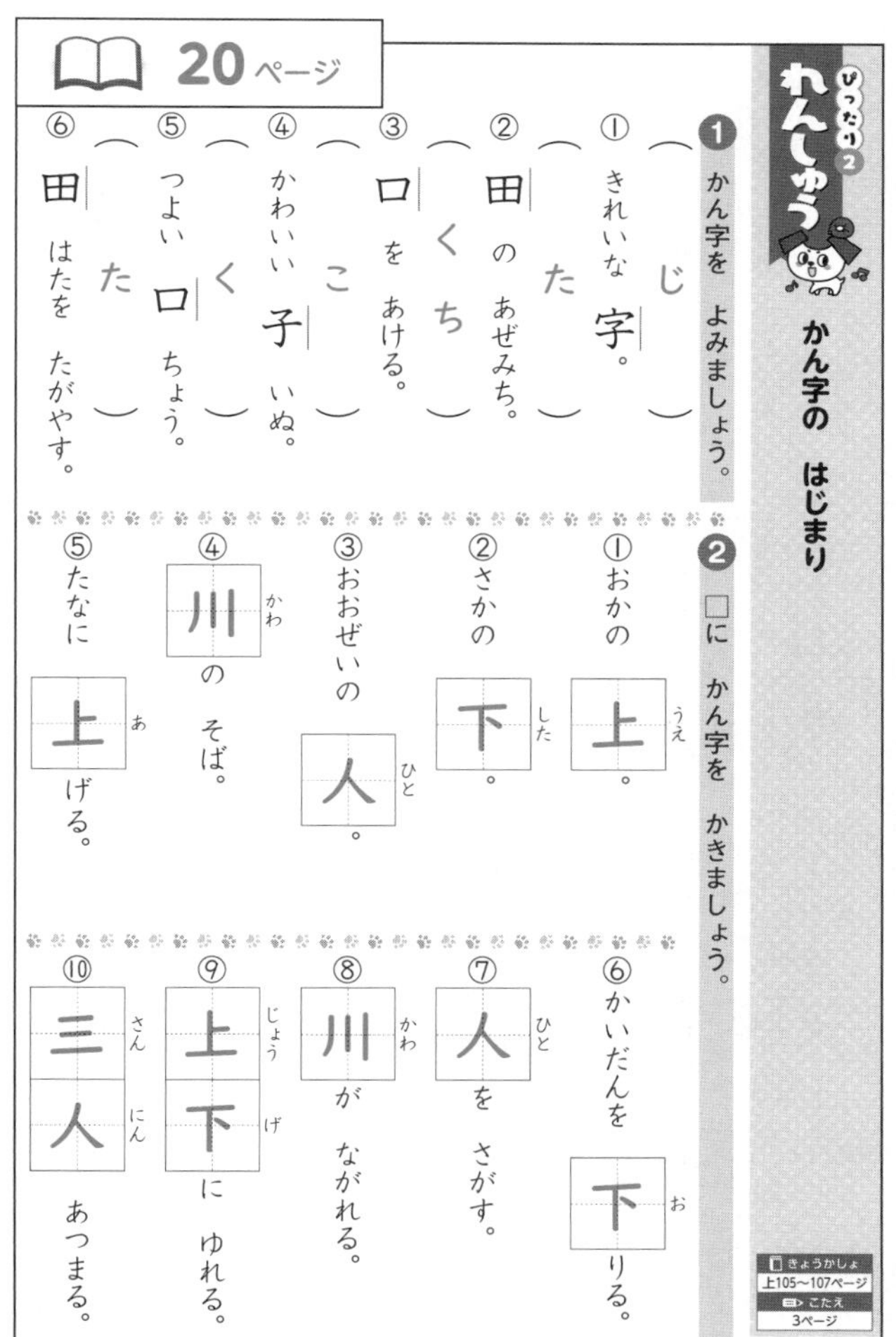
20ページ

ぴったり2 れんしゅう

かん字の はじまり

1 かん字を よみましょう。

① きれいな 字（じ）。
② 田（た）の あぜみち。
③ 口（くち）を あける。
④ かわいい 子（こ）いぬ。
⑤ つよい 口（く）ちょう。
⑥ 田（た）はたを たがやす。

2 □に かん字を かきましょう。

① おかの 上（うえ）。
② さかの 下（した）。
③ おおぜいの 人（ひと）。
④ 川（かわ）の そば。
⑤ たなに 上（あ）げる。
⑥ かいだんを 下（お）りる。
⑦ 人（ひと）を さがす。
⑧ 川（かわ）が ながれる。
⑨ 上下（じょうげ）に ゆれる。
⑩ 三人（さんにん） あつまる。

きょうかしょ 上105～107ページ こたえ 3ページ

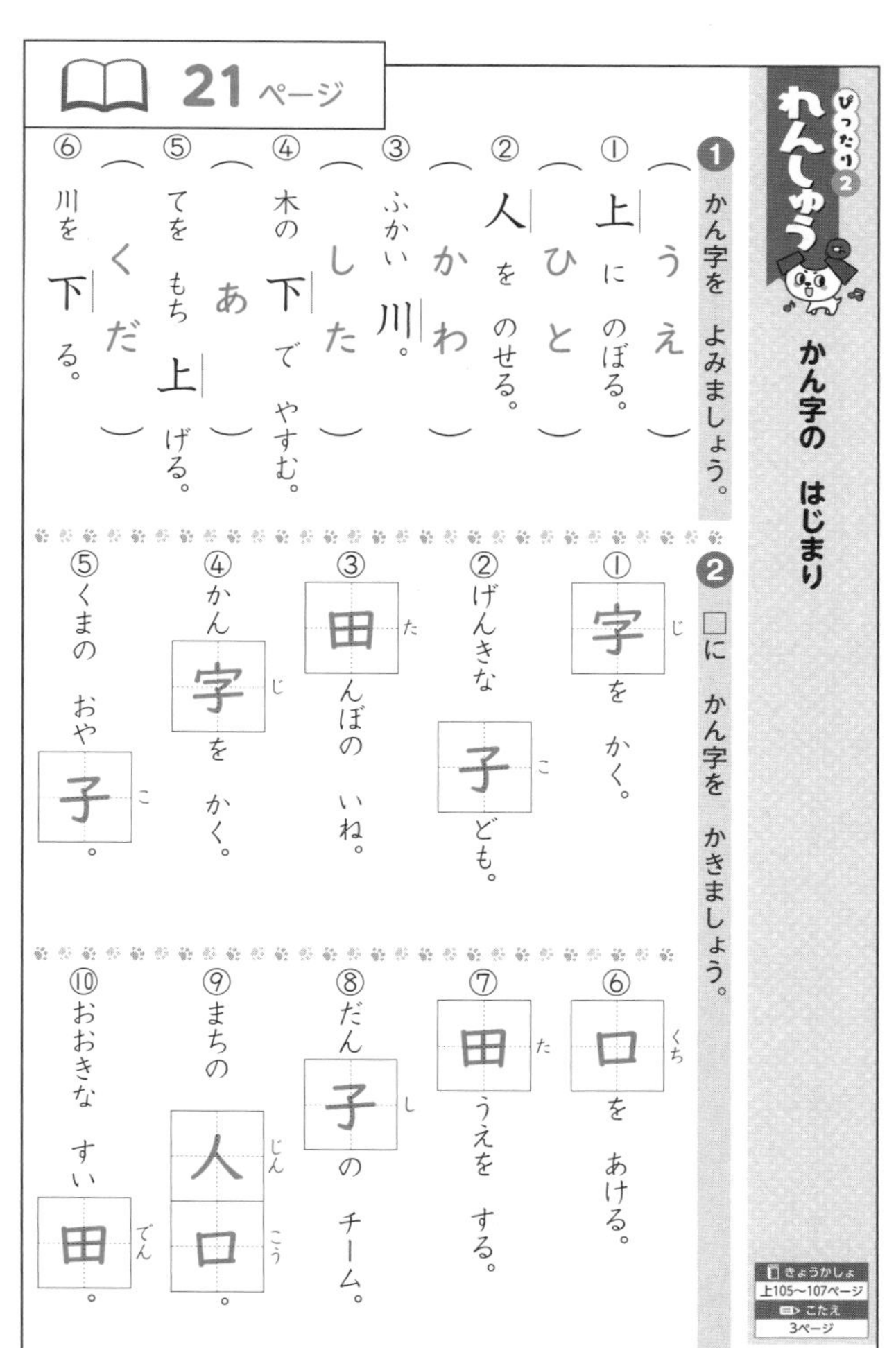
21ページ

ぴったり2 れんしゅう

かん字の はじまり

1 かん字を よみましょう。

① 上（うえ）に のぼる。
② 人（ひと）を のせる。
③ ふかい 川（かわ）。
④ 木の 下（した）で やすむ。
⑤ てを もち上（あ）げる。
⑥ 川を 下（くだ）る。

2 □に かん字を かきましょう。

① 字（じ）を かく。
② げんきな 子（こ）ども。
③ 田（た）んぼの いね。
④ かん字（じ）を かく。
⑤ くまの おや子（こ）。
⑥ 口（くち）を あける。
⑦ 田（た）うえを する。
⑧ だん子（し）の チーム。
⑨ まちの 人口（じんこう）。
⑩ おおきな すい田（でん）。

きょうかしょ 上105～107ページ こたえ 3ページ

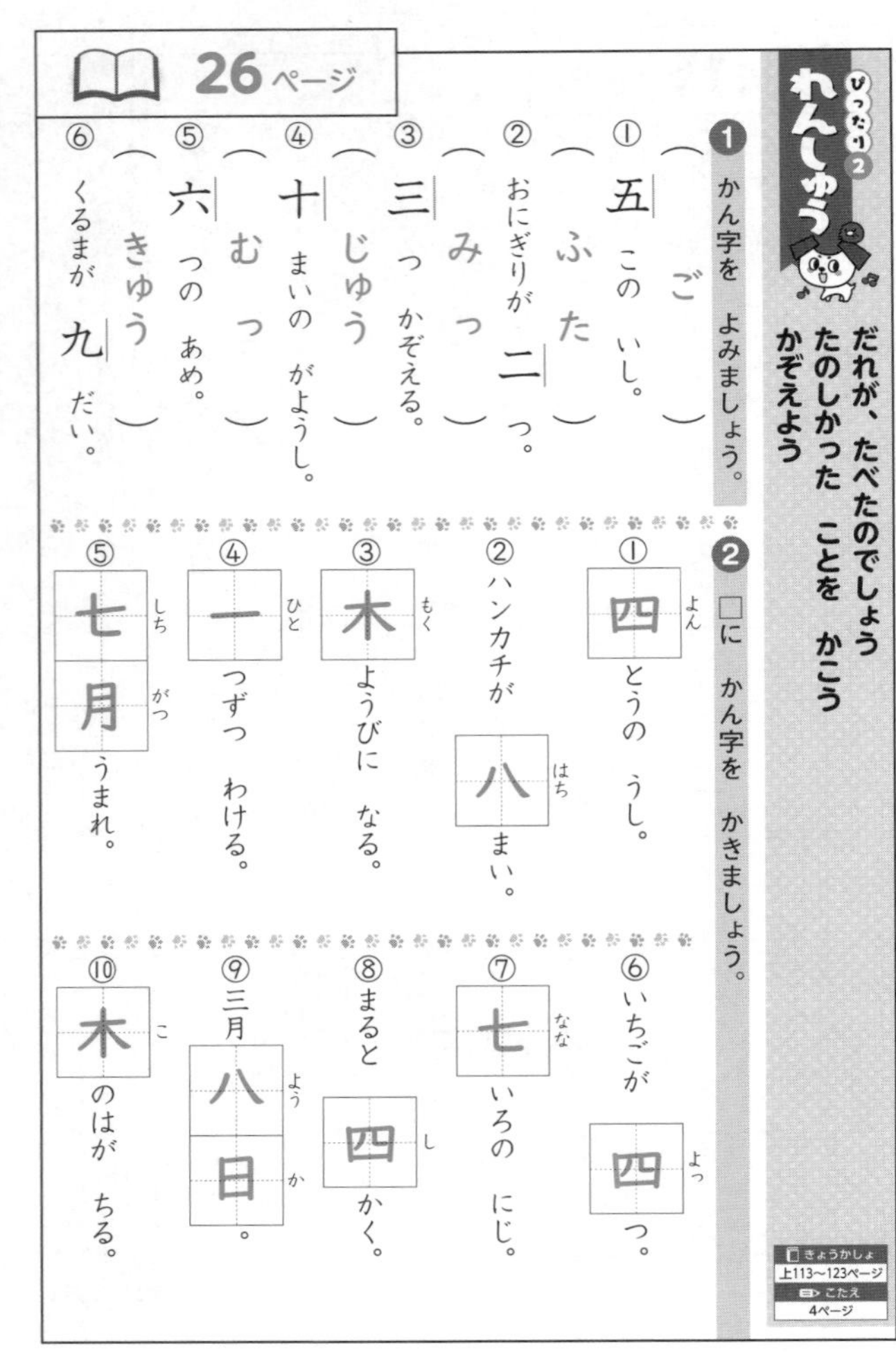

26ページ

ぴったり2 れんしゅう

だれが、たべたのでしょう たのしかった ことを かぞえよう

1 かん字を よみましょう。

① 五（ご）この いし。
② おにぎりが 二（ふた）つ。
③ 三（みっ）つ かぞえる。
④ 十（じゅう）まいの がようし。
⑤ 六（むっ）つの あめ。
⑥ くるまが 九（きゅう）だい。

2 □に かん字を かきましょう。

① 四（よん）とうの うし。
② ハンカチが 八（はち）まい。
③ 木（もく）ようびに なる。
④ 一（ひと）つずつ わける。
⑤ 七（しち）月（がつ）うまれ。
⑥ いちごが 四（よっ）つ。
⑦ 七（なな）いろの にじ。
⑧ まるを 四（し）かく。
⑨ 三月 八（よう）日（か）。
⑩ 木（こ）のはが ちる。

きょうかしょ 上113～123ページ
こたえ 4ページ

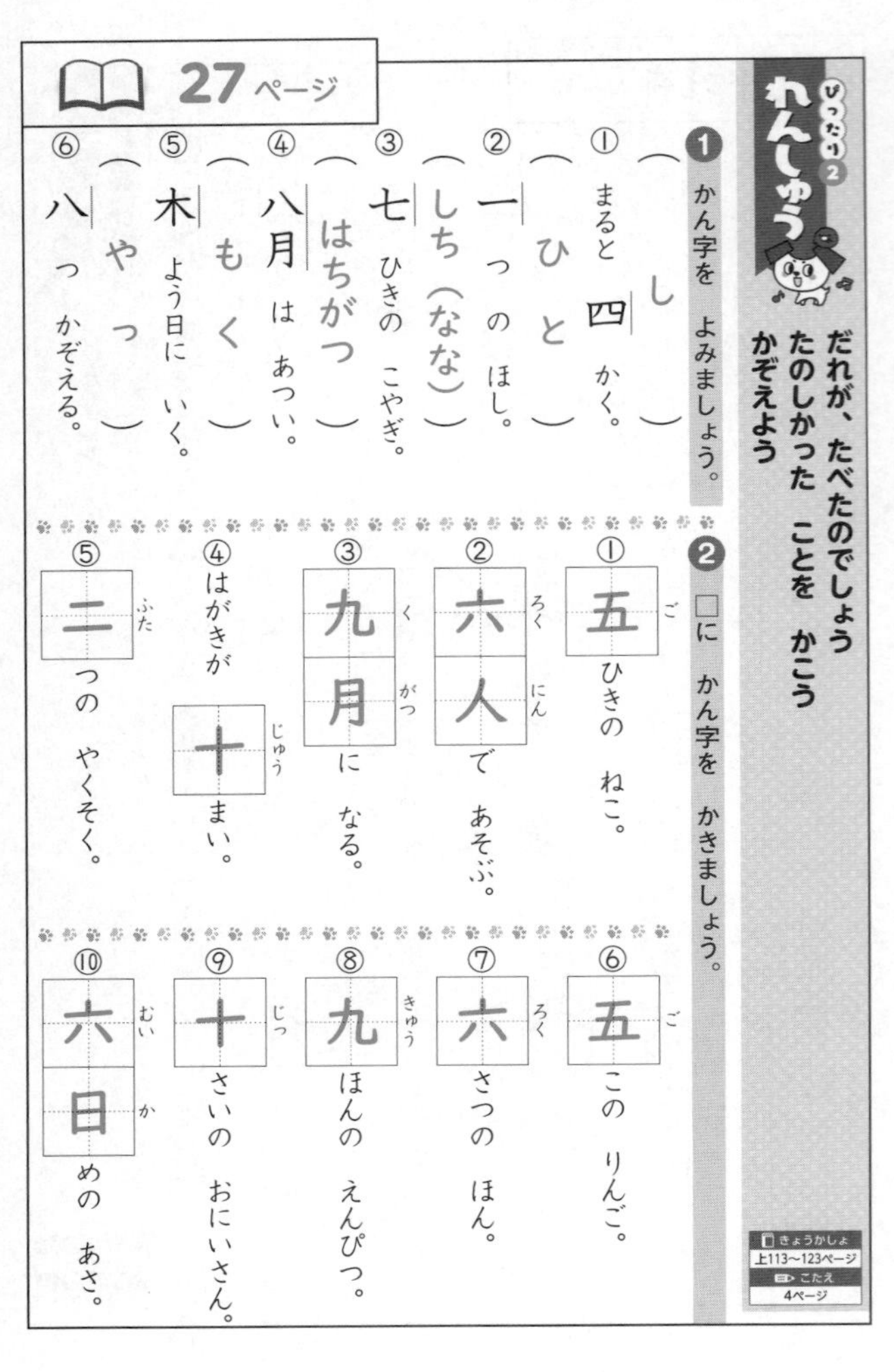

27ページ

ぴったり2 れんしゅう

だれが、たべたのでしょう たのしかった ことを かぞえよう

1 かん字を よみましょう。

① まるを 四（し）かく。
② 一（ひと）つの ほし。
③ 七（しち（なな））ひきの こやぎ。
④ 八月（はちがつ）は あつい。
⑤ 木（もく）よう日に いく。
⑥ 八（やっ）つ かぞえる。

2 □に かん字を かきましょう。

① 五（ご）ひきの ねこ。
② 六（ろく）人（にん）で あそぶ。
③ 九（く）月（がつ）に なる。
④ はがきが 十（じゅう）まい。
⑤ 二（ふた）つの やくそく。
⑥ 五（ご）この りんご。
⑦ 六（ろく）さつの ほん。
⑧ 九（きゅう）ほんの えんぴつ。
⑨ 十（じっ）さいの おにいさん。
⑩ 六（むい）日（か）めの あさ。

きょうかしょ 上113～123ページ
こたえ 4ページ

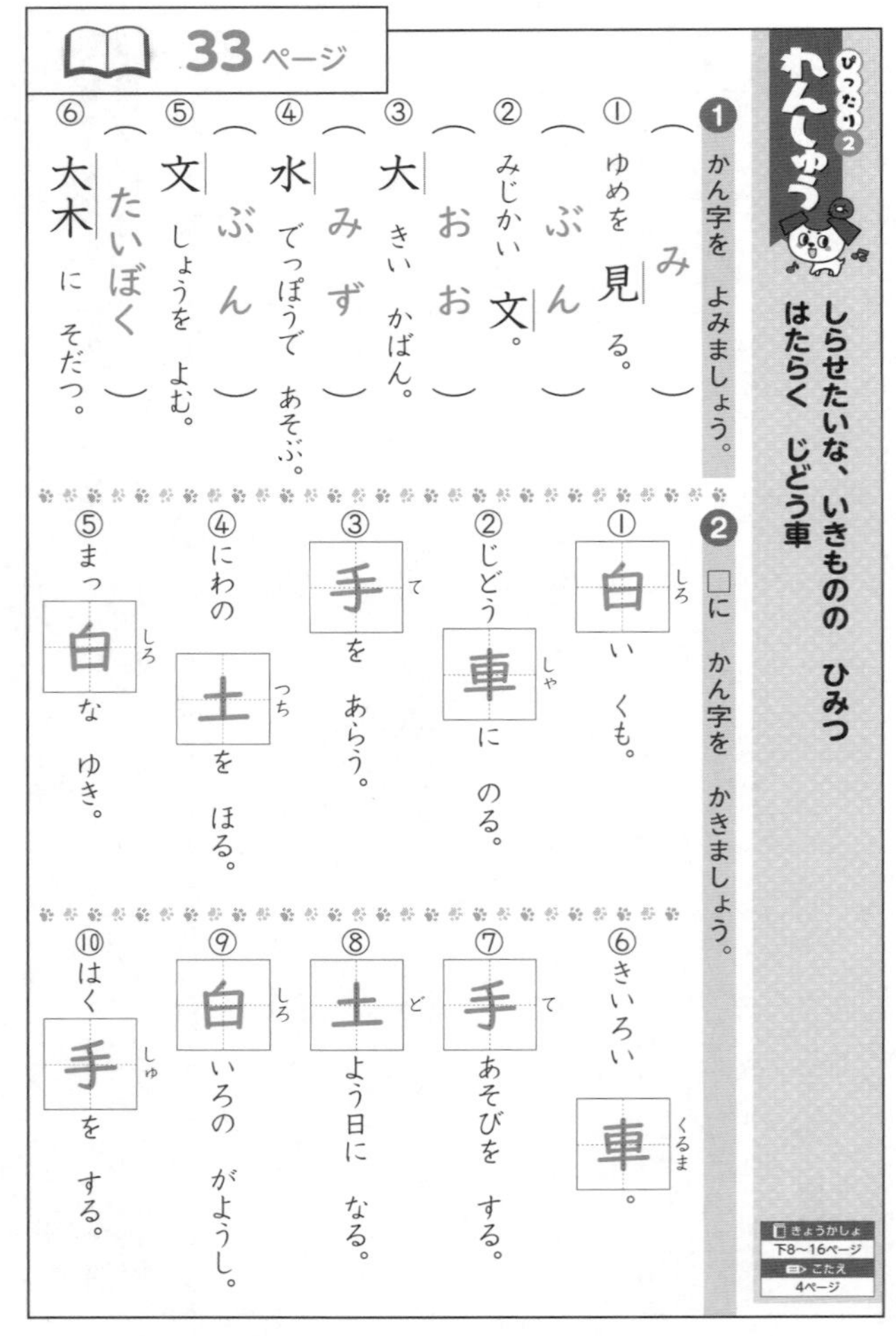

33ページ

ぴったり2 れんしゅう

しらせたいな、いきものの ひみつ はたらく じどう車

1 かん字を よみましょう。

① ゆめを 見（み）る。
② みじかい 文（ぶん）。
③ 大（おお）きい かばん。
④ 水（みず）でっぽうで あそぶ。
⑤ 文（ぶん）しょうを よむ。
⑥ 大木（たいぼく）に そだつ。

2 □に かん字を かきましょう。

① 白（しろ）い くも。
② じどう車（しゃ）に のる。
③ 手（て）を あらう。
④ にわの 土（つち）を ほる。
⑤ まっ白（しろ）な ゆき。
⑥ きいろい 車（くるま）。
⑦ 手（て）あそびを する。
⑧ 土（ど）よう日に なる。
⑨ 白（しろ）いろの がようし。
⑩ はく手（しゅ）を する。

きょうかしょ 下8～16ページ
こたえ 4ページ

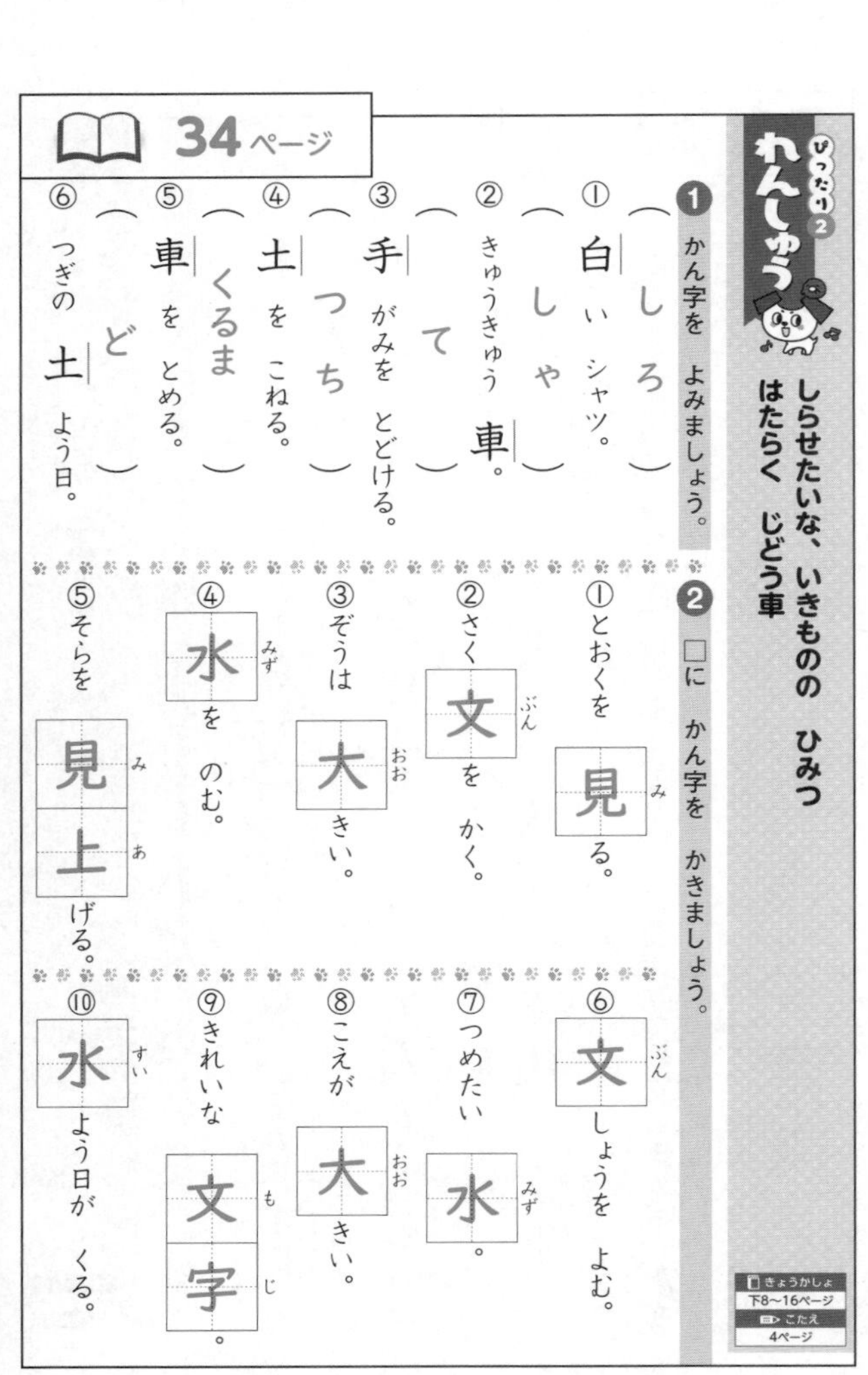

34ページ

ぴったり2 れんしゅう

しらせたいな、いきものの ひみつ はたらく じどう車

1 かん字を よみましょう。

① 白（しろ）い シャツ。
② きゅうきゅう車（しゃ）。
③ 手（て）がみを とどける。
④ 土（つち）を こねる。
⑤ 車（くるま）を とめる。
⑥ つぎの 土（ど）よう日。

2 □に かん字を かきましょう。

① とおくを 見（み）る。
② さく文（ぶん）を かく。
③ ぞうは 大（おお）きい。
④ 水（みず）を のむ。
⑤ そらを 見（み）上（あ）げる。
⑥ 文（ぶん）しょうを よむ。
⑦ つめたい 水（みず）。
⑧ こえが 大（おお）きい。
⑨ きれいな 文（も）字（じ）。
⑩ 水（すい）よう日が くる。

きょうかしょ 下8～16ページ
こたえ 4ページ

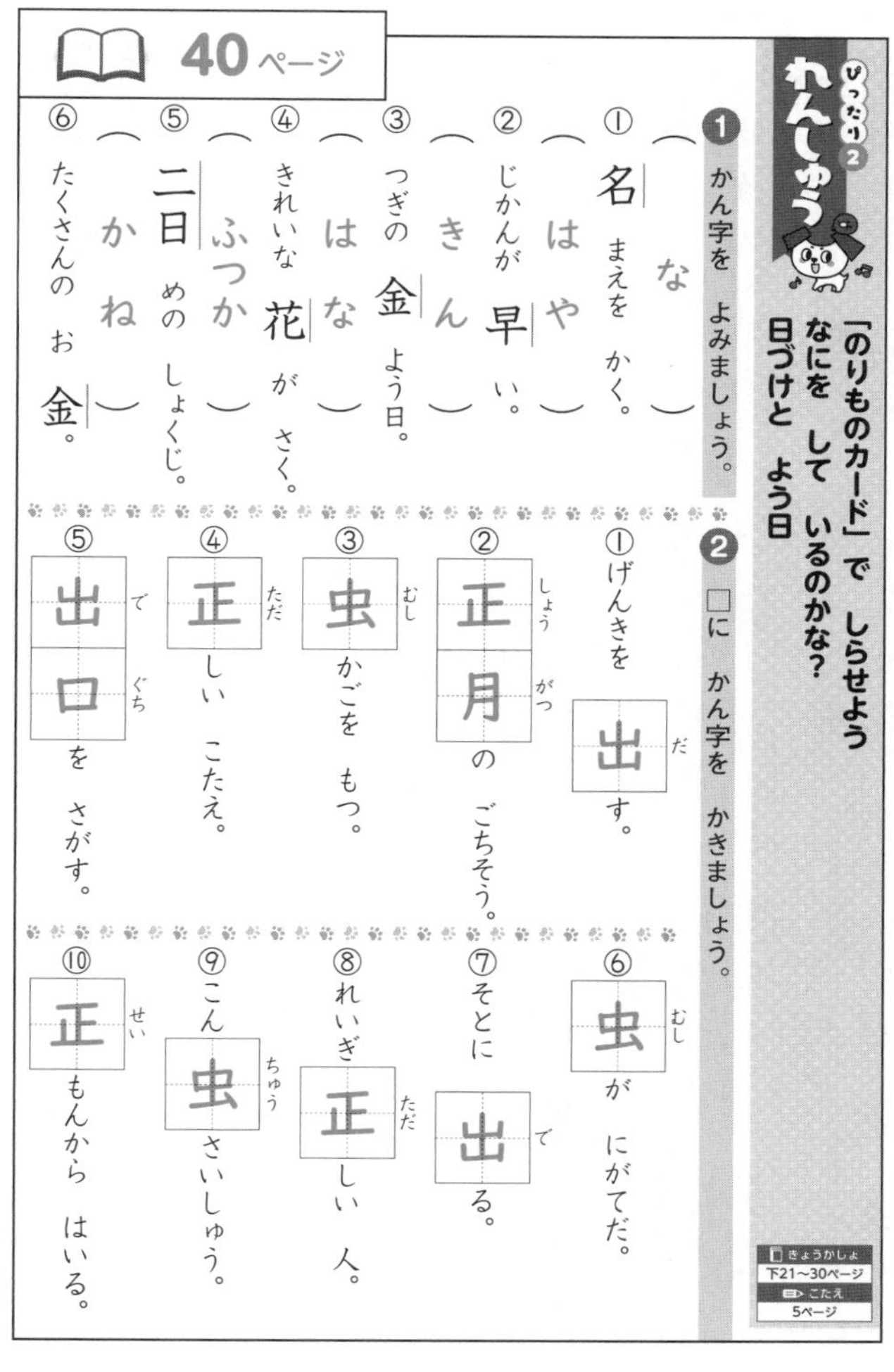

40ページ

ぴったり2 れんしゅう

「のりものカード」で しらせよう
なにを して いるのかな? 日づけと よう日

1 かん字を よみましょう。

① 名（な）まえを かく。
② じかんが 早（はや）い。
③ つぎの 金（きん）よう日。
④ きれいな 花（はな）が さく。
⑤ 二日（ふつか）めの しょくじ。
⑥ たくさんの お金（かね）。

2 □に かん字を かきましょう。

① げんきを 出（だ）す。
② 正月（しょうがつ）の ごちそう。
③ 虫（むし）かごを もつ。
④ 正（ただ）しい こたえ。
⑤ 出口（でぐち）を さがす。
⑥ 虫（むし）が にがてだ。
⑦ そとに 出（で）る。
⑧ れいぎ 正（ただ）しい 人。
⑨ こん虫（ちゅう） さいしゅう。
⑩ 正（せい）もんから はいる。

きょうかしょ 下21～30ページ
こたえ 5ページ

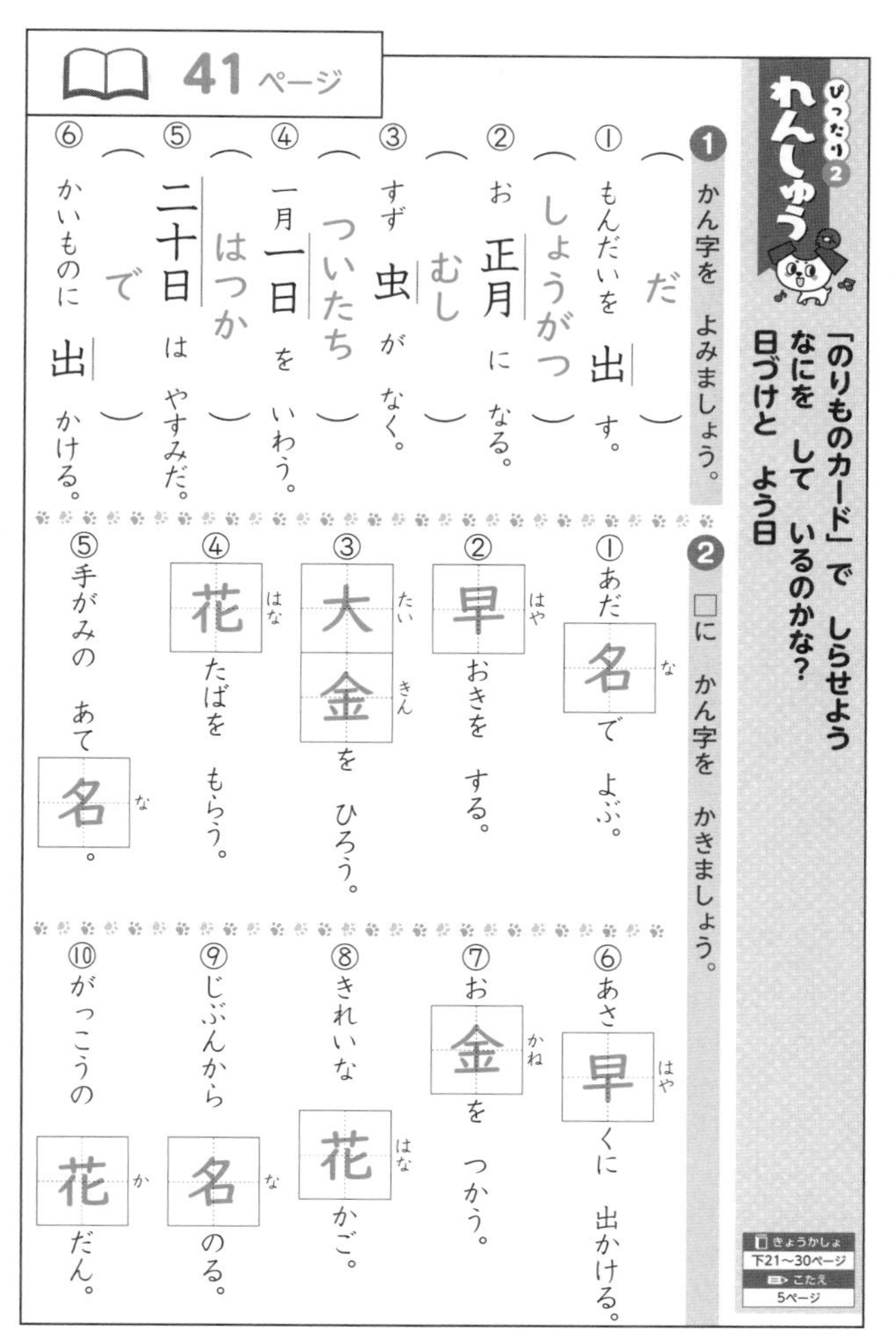

41ページ

ぴったり2 れんしゅう

「のりものカード」で しらせよう
なにを して いるのかな? 日づけと よう日

1 かん字を よみましょう。

① もんだいを 出（だ）す。
② お正月（しょうがつ）に なる。
③ すず虫（むし）が なく。
④ 一月一日（ついたち）を いわう。
⑤ 二十日（はつか）は やすみだ。
⑥ かいものに 出（で）かける。

2 □に かん字を かきましょう。

① あだ名（な）で よぶ。
② 早（はや）おきを する。
③ 大金（たいきん）を ひろう。
④ 花（はな）たばを もらう。
⑤ 手がみの あて名（な）。
⑥ あさ早（はや）くに 出かける。
⑦ お金（かね）を つかう。
⑧ きれいな 花（はな）かご。
⑨ じぶんから 名（な）のる。
⑩ がっこうの 花（か）だん。

きょうかしょ 下21～30ページ
こたえ 5ページ

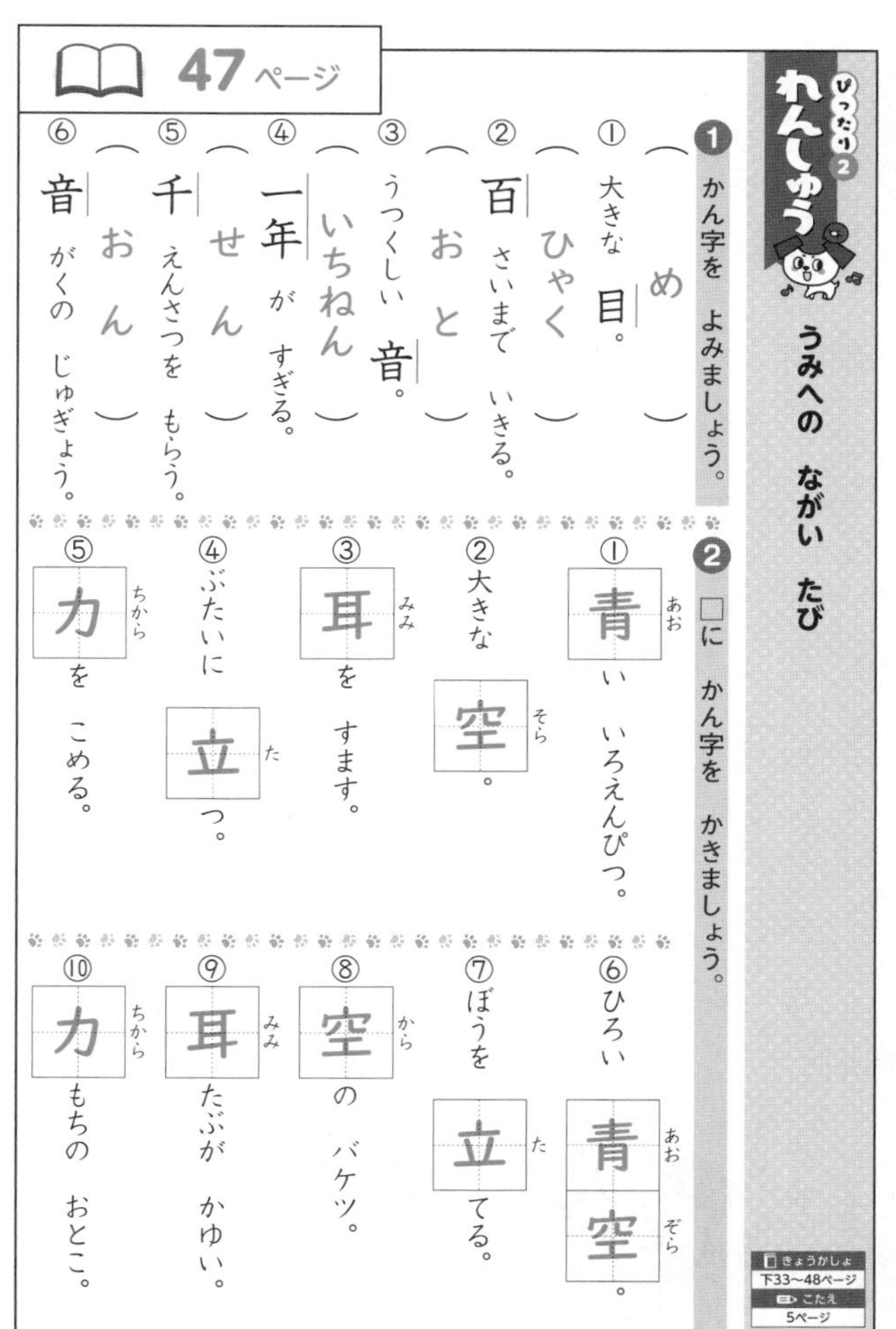

47ページ

ぴったり2 れんしゅう

うみへの ながい たび

1 かん字を よみましょう。

① 大きな 目（め）。
② 百（ひゃく）さいまで いきる。
③ うつくしい 音（おと）。
④ 一年（いちねん）が すぎる。
⑤ 千（せん）えんさつを もらう。
⑥ 音（おん）がくの じゅぎょう。

2 □に かん字を かきましょう。

① 青（あお）い いろえんぴつ。
② 大きな 空（そら）。
③ 耳（みみ）を すます。
④ ぶたいに 立（た）つ。
⑤ 力（ちから）を こめる。
⑥ ひろい 青空（あおぞら）。
⑦ ぼうを 立（た）てる。
⑧ 空（から）の バケツ。
⑨ 耳（みみ）たぶが かゆい。
⑩ 力（ちから）もちの おとこ。

きょうかしょ 下33～48ページ
こたえ 5ページ

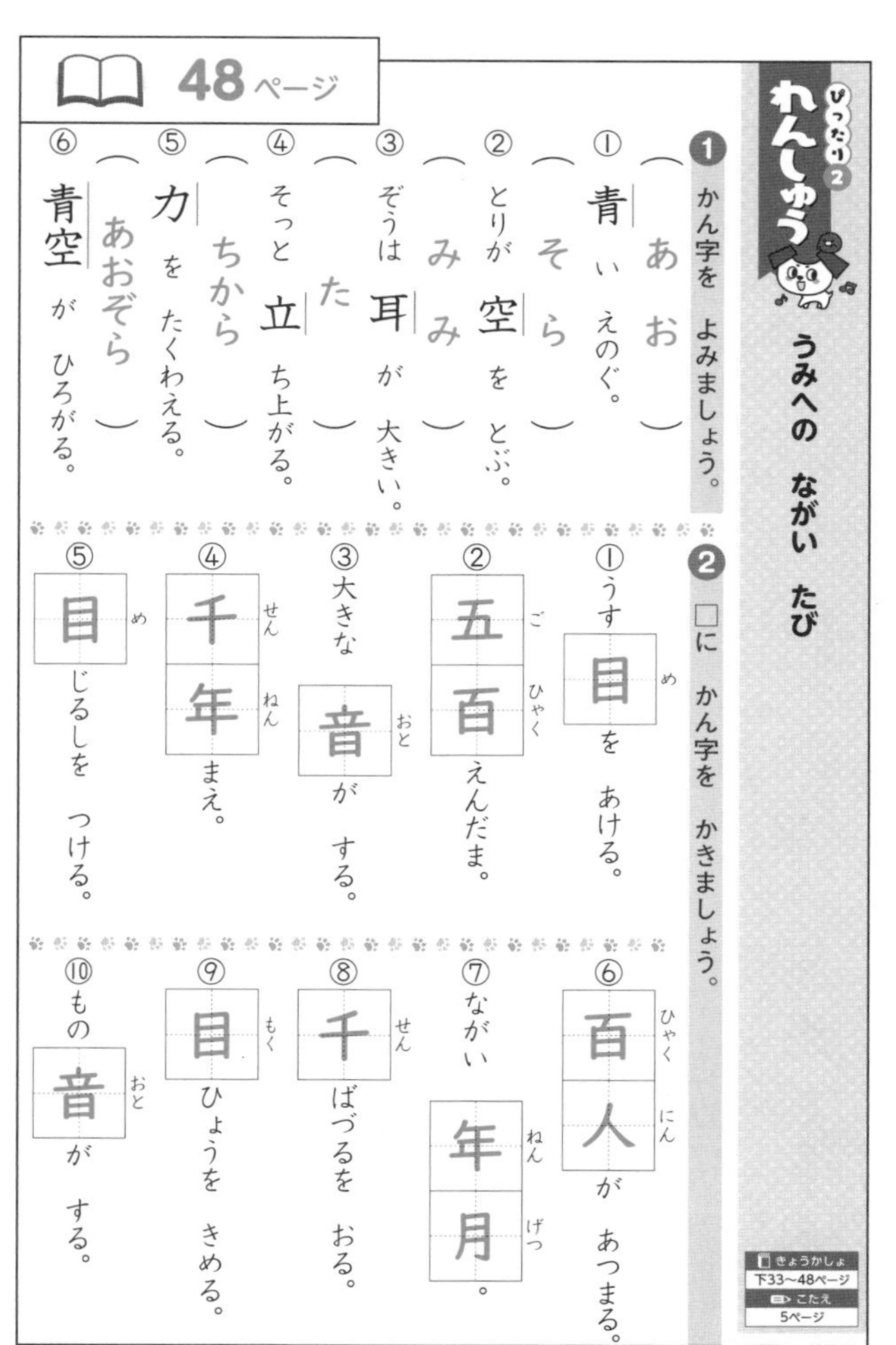

48ページ

ぴったり2 れんしゅう

うみへの ながい たび

1 かん字を よみましょう。

① 青（あお）い えのぐ。
② とりが 空（そら）を とぶ。
③ ぞうは 耳（みみ）が 大きい。
④ そっと 立（た）ち上がる。
⑤ 力（ちから）を たくわえる。
⑥ 青空（あおぞら）が ひろがる。

2 □に かん字を かきましょう。

① うす目（め）を あける。
② 五百（ごひゃく）えんだま。
③ 大きな 音（おと）が する。
④ 千年（せんねん）まえ。
⑤ 目（め）じるしを つける。
⑥ 百人（ひゃくにん）が あつまる。
⑦ ながい 年月（ねんげつ）。
⑧ 千（せん）ばづるを おる。
⑨ 目（もく）ひょうを きめる。
⑩ もの音（おと）が する。

きょうかしょ 下33～48ページ
こたえ 5ページ

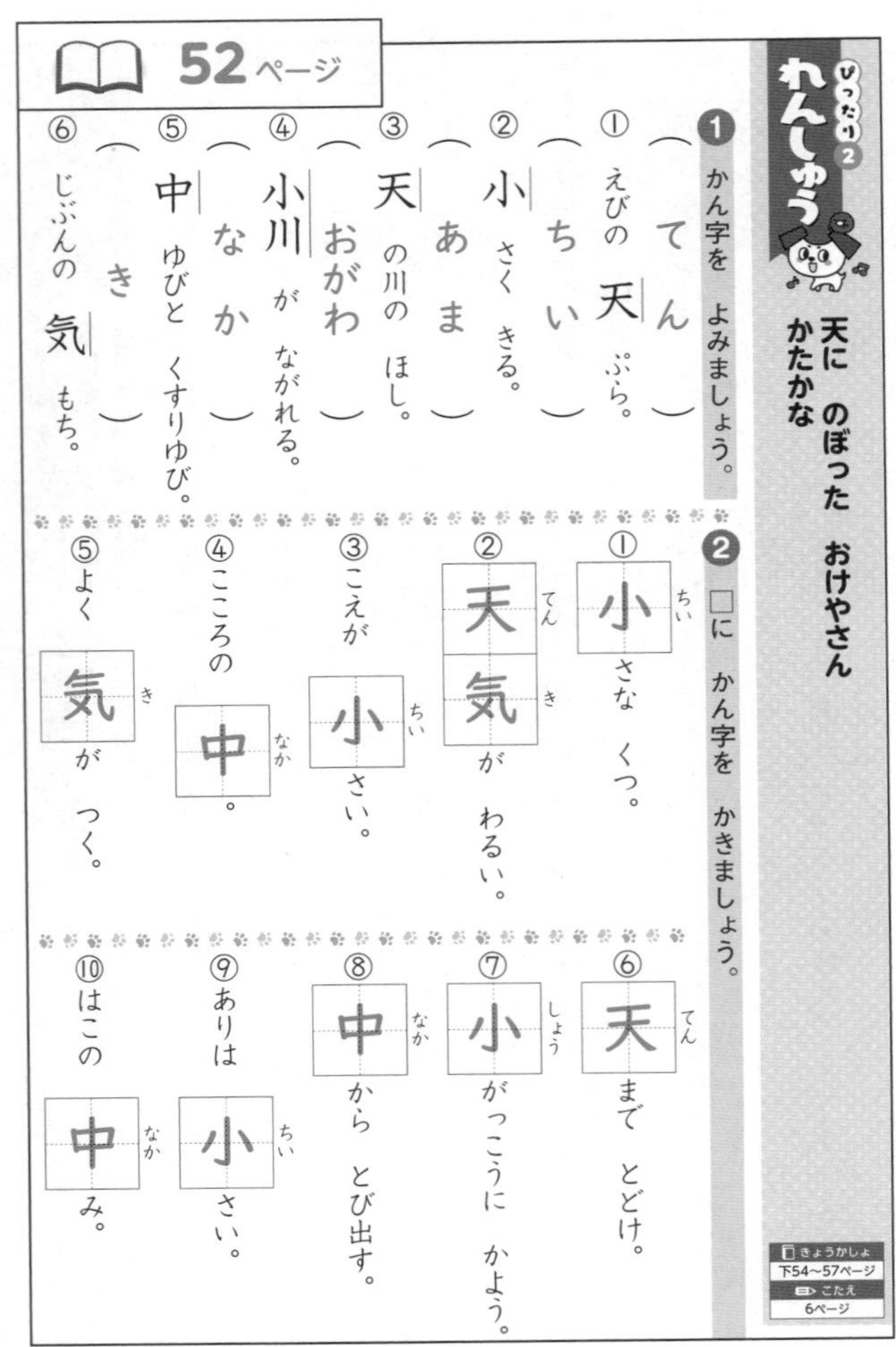

52ページ

ぴったり2 れんしゅう

天に のぼった おけやさん　かたかな

1 かん字を よみましょう。

①（てん）えびの 天ぷら。
②（ちい）小さく きる。
③（あま）天の川の ほし。
④（おがわ）小川が ながれる。
⑤（なか）中ゆびと くすりゆび。
⑥（き）じぶんの 気もち。

2 □に かん字を かきましょう。

① 小さな くつ。
② 天気が わるい。
③ こえが 小さい。
④ こころの 中。
⑤ よく 気が つく。
⑥ 天まで とどけ。
⑦ 小がっこうに かよう。
⑧ 中から とび出す。
⑨ ありは 小さい。
⑩ はこの 中み。

きょうかしょ 下54～57ページ　こたえ 6ページ

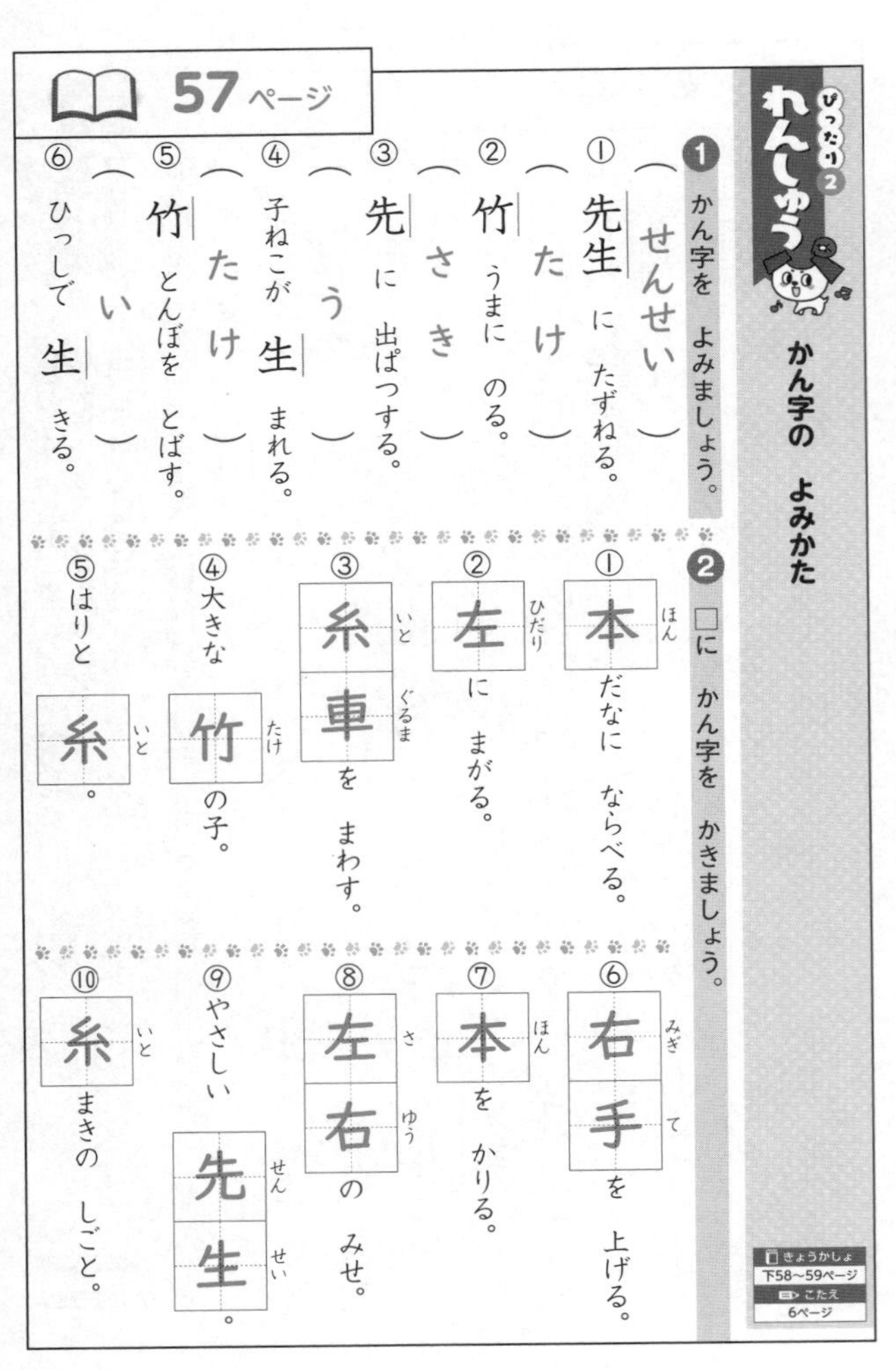

57ページ

ぴったり2 れんしゅう

かん字の よみかた

1 かん字を よみましょう。

①（せんせい）先生に たずねる。
②（たけ）竹うまに のる。
③（さき）先に 出ぱつする。
④（う）子ねこが 生まれる。
⑤（たけ）竹とんぼを とばす。
⑥（い）ひっしで 生きる。

2 □に かん字を かきましょう。

① 本だなに ならべる。
② 左に まがる。
③ 糸車を まわす。
④ 大きな 竹の子。
⑤ はりと 糸。
⑥ 右手を 上げる。
⑦ 本を かりる。
⑧ 左右の みせ。
⑨ やさしい 先生。
⑩ 糸まきの しごと。

きょうかしょ 下58～59ページ　こたえ 6ページ

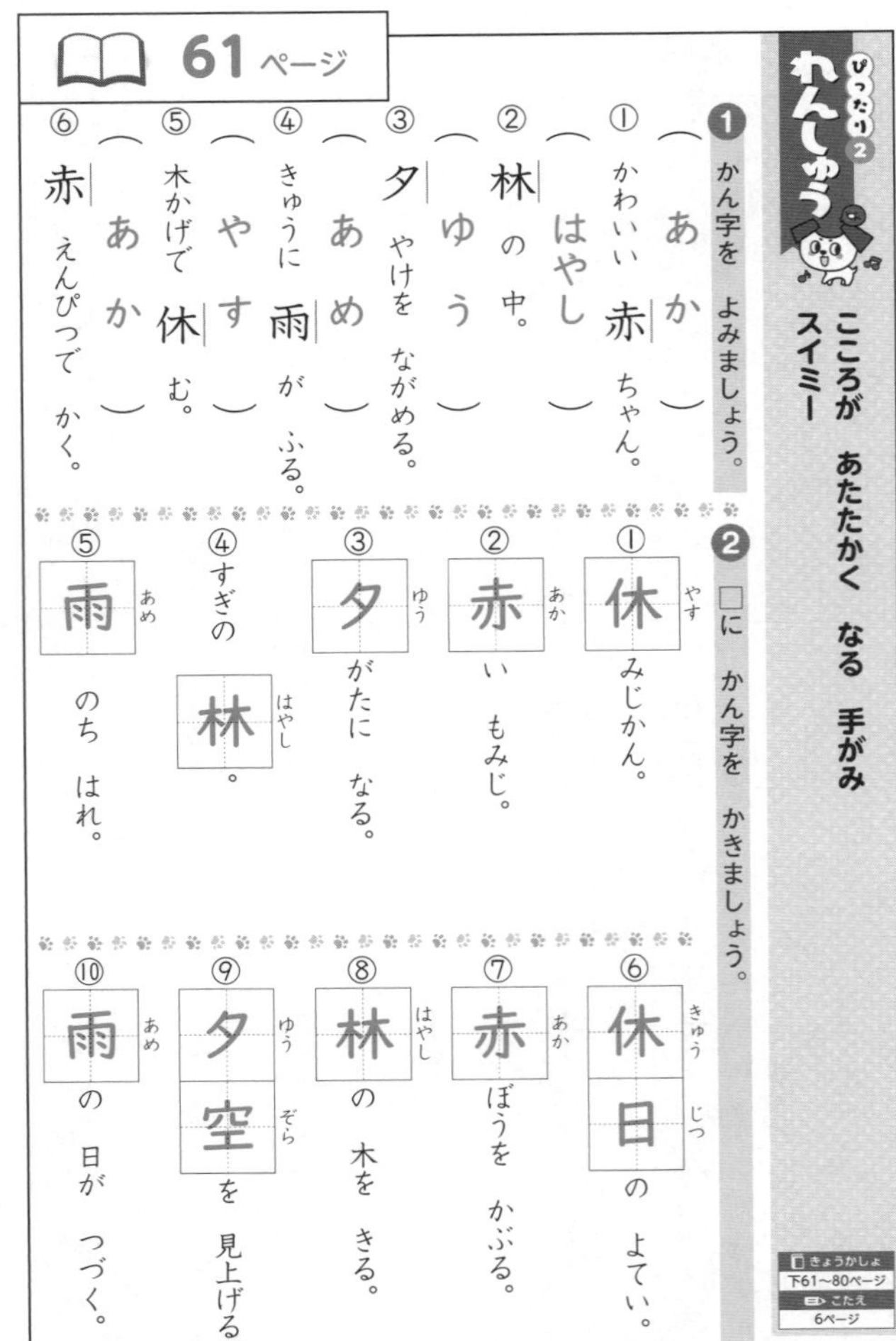

61ページ

ぴったり2 れんしゅう

こころが あたたかく なる 手がみ　スイミー

1 かん字を よみましょう。

①（あか）かわいい 赤ちゃん。
②（はやし）林の 中。
③（ゆう）夕やけを ながめる。
④（あめ）きゅうに 雨が ふる。
⑤（やす）木かげで 休む。
⑥（あか）赤えんぴつで かく。

2 □に かん字を かきましょう。

① 休み じかん。
② 赤い もみじ。
③ 夕がたに なる。
④ すぎの 林。
⑤ 雨のち はれ。
⑥ 休日の よてい。
⑦ 赤ぼうを かぶる。
⑧ 林の 木を きる。
⑨ 夕空を 見上げる。
⑩ 雨の 日が つづく。

きょうかしょ 下61～80ページ　こたえ 6ページ

くりかえし れんしゅうしよう。

62ページ

ふゆの チャレンジテスト①

じかん30ぷん　/100　ごうかく80てん
きょうかしょ 上98〜下80ページ
こたえ 7ページ

1 ——せんの かん字の よみがなを かきましょう。　一つ2てん(20てん)

① 赤(あか)い じどう車(しゃ)。
② 手(て)を つないだ 子(こ)どもたち。
③ 正(ただ)しい 文(ぶん)を かく。
④ いえの 中(なか)から そとへ 出(で)る。　※「出(だ)す」ともよみます。
⑤ 本(ほん)を 百(ひゃく)ページ よむ。

2 つぎの かたちから できた かん字を かきましょう。　一つ4てん(20てん)

① 山
② 田
③ 雨　※「こ」は雨のつぶをあらわします。
④ 竹
⑤ 川

63ページ

3 じゅんばんに よう日を あらわす かん字を かきましょう。　一つ4てん(24てん)

☆ 日よう日
① 月よう日
② 火よう日
③ 水よう日
④ 木よう日
⑤ 金よう日
⑥ 土よう日

※よう日のじゅんばんを正しくおぼえましょう。

4 つぎの □に かん字を かきましょう。　一つ3てん(36てん)

① 白(しろ)い 糸(いと)で ぬう。　※「糸」のかきじゅんにちゅういします。
② 虫(むし)が 三(さん)びき いる。
③ 目(め)と 耳(みみ)で たしかめる。
④ 木(き)の かげで 休(やす)む。
⑤ 小(ちい)さく 口(くち)を あける。
⑥ 千(せん)えんで 竹(たけ)の子を かう。

64ページ

ふゆの チャレンジテスト②

じかん30ぷん　/100　ごうかく80てん
きょうかしょ 上98〜下80ページ
こたえ 7ページ

1 ——せんの かんじの よみがなを かきましょう。　一つ2てん(20てん)

① 雨(あめ)で 川(かわ)の みずが ふえる。
② 二(に)まいの かんばんが 立(た)つ。
③ 正月(しょうがつ)の お年玉(だま)の お金(かね)。
④ よぞらの 月(つき)と 天(あま)の川。
⑤ 一年中(いちねんじゅう)、花(はな)が さく。

2 うえと はんたいの いみの ことばを かんじで かきましょう。　一つ4てん(20てん)

① 下 ↔ 上　※「上」「中」「下」のセットでおぼえます。
② 小さい ↔ 大きい
③ おそい ↔ 早い　※「はしるのがはやい」はべつのかん字です。
④ 右 ↔ 左
⑤ おや ↔ 子

65ページ

3 つぎの 日づけを よみましょう。　一つ4てん(24てん)

① 五月五日(ごがついつか)　※「十五日」は「じゅうごにち」とよみます。
② 六月六日(ろくがつむいか)
③ 七月七日(しちがつなのか)
④ 八月八日(はちがつようか)
⑤ 九月九日(くがつここのか)
⑥ 十月十日(じゅうがつとおか)　※「とうか」ではありません。ちゅういしましょう。

4 つぎの □に かんじを かきましょう。　一つ3てん(36てん)

① 先生(せんせい)に 本(ほん)を かりる。
② 青空(あおぞら)を 見上(みあ)げる。
③ かん字(じ)を 四(よっ)つ おぼえる。
④ 名(な)まえ。
⑤ 力(ちから)を こめる。
⑥ 夕(ゆう)やけ。
⑦ 小さな 音(おと)。
⑧ 林(はやし)の 中。
⑨ 気(き)を つける。

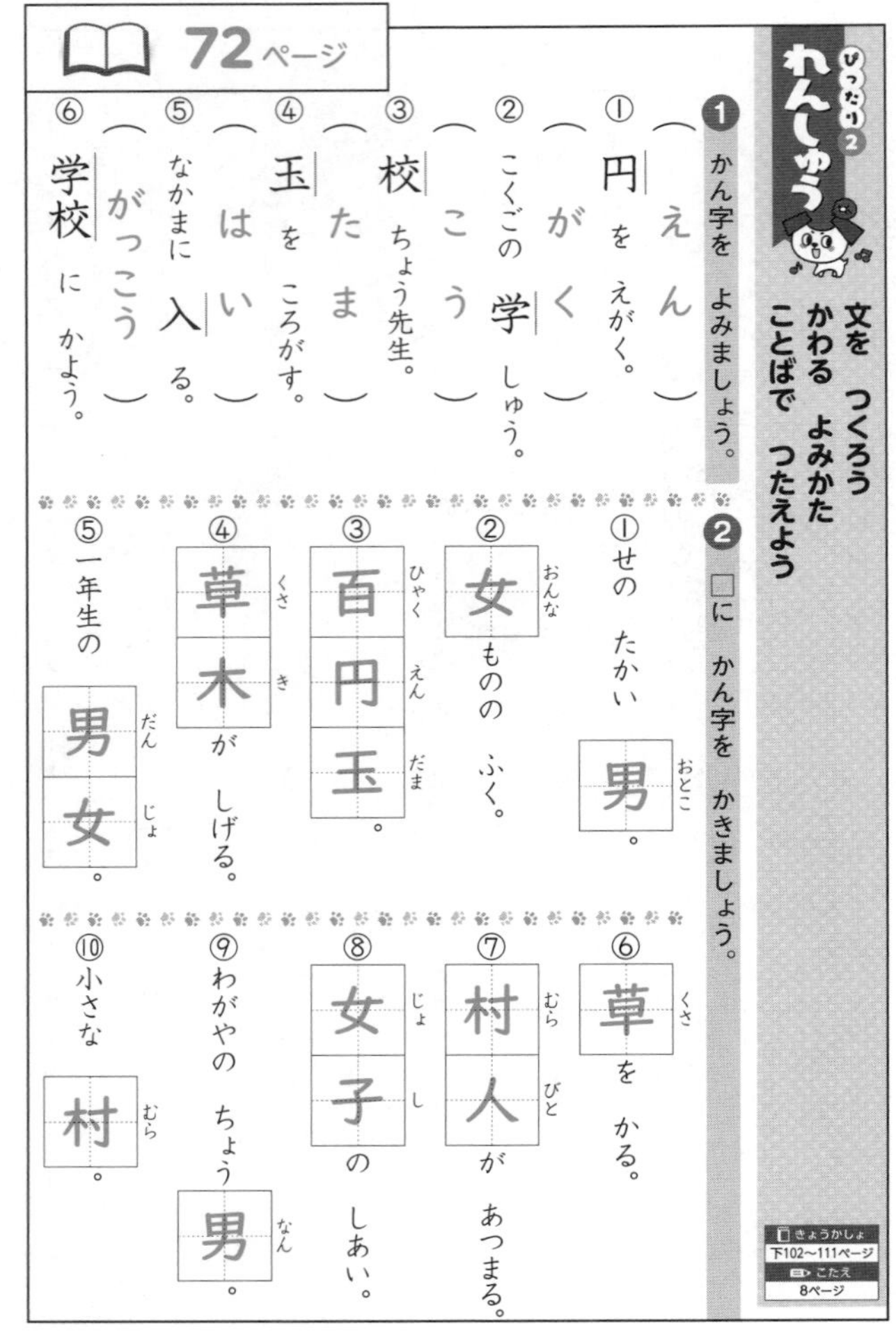

72ページ

ぴったり2 れんしゅう

文を つくろう かわる よみかた ことばで つたえよう

1 かん字を よみましょう。

① 円（えん）を えがく。
② こくごの 学（がく）しゅう。
③ 校（こう）ちょう先生。
④ 玉（たま）を ころがす。
⑤ なかまに 入（はい）る。
⑥ 学校（がっこう）に かよう。

2 □に かん字を かきましょう。

① せの たかい 男（おとこ）。
② 女（おんな）ものの ふく。
③ 百円玉（ひゃくえんだま）。
④ 草木（くさき）が しげる。
⑤ 一年生の 男女（だんじょ）。
⑥ 草（くさ）を かる。
⑦ 村人（むらびと）が あつまる。
⑧ 女子（じょし）の しあい。
⑨ わがやの ちょう男（なん）。
⑩ 小さな 村（むら）。

きょうかしょ 下102〜111ページ こたえ 8ページ

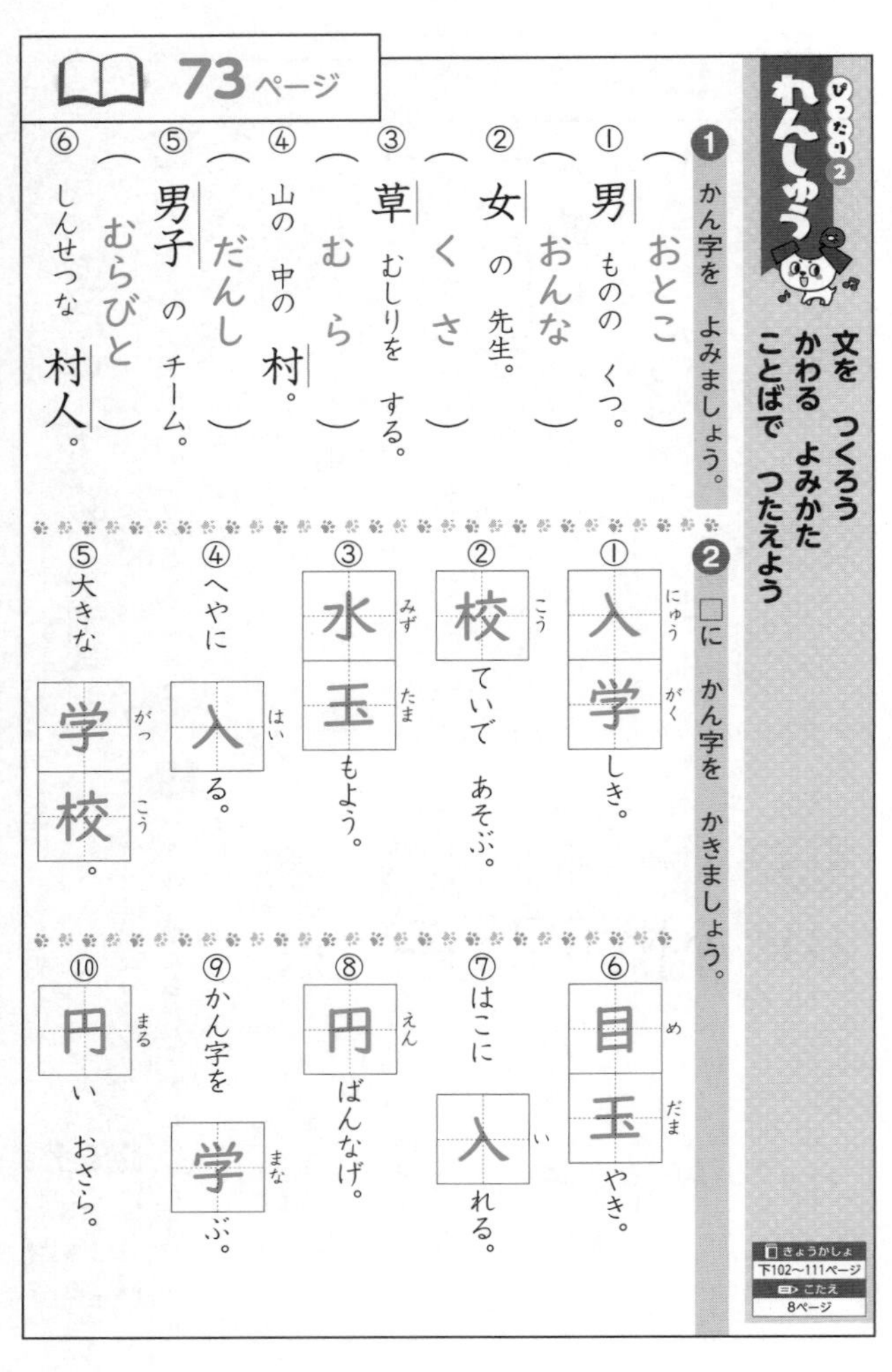

73ページ

ぴったり2 れんしゅう

文を つくろう かわる よみかた ことばで つたえよう

1 かん字を よみましょう。

① 男（おとこ）ものの くつ。
② 女（おんな）の 先生。
③ 草（くさ）むしりを する。
④ 山の 中の 村（むら）。
⑤ 男子（だんし）の チーム。
⑥ しんせつな 村人（むらびと）。

2 □に かん字を かきましょう。

① 入学（にゅうがく）しき。
② 校（こう）ていで あそぶ。
③ 水玉（みずたま）もよう。
④ へやに 入（はい）る。
⑤ 大きな 学校（がっこう）。
⑥ 目玉（めだま）やき。
⑦ はこに 入（い）れる。
⑧ 円（えん）ばんなげ。
⑨ かん字を 学（まな）ぶ。
⑩ 円（まる）い おさら。

きょうかしょ 下102〜111ページ こたえ 8ページ

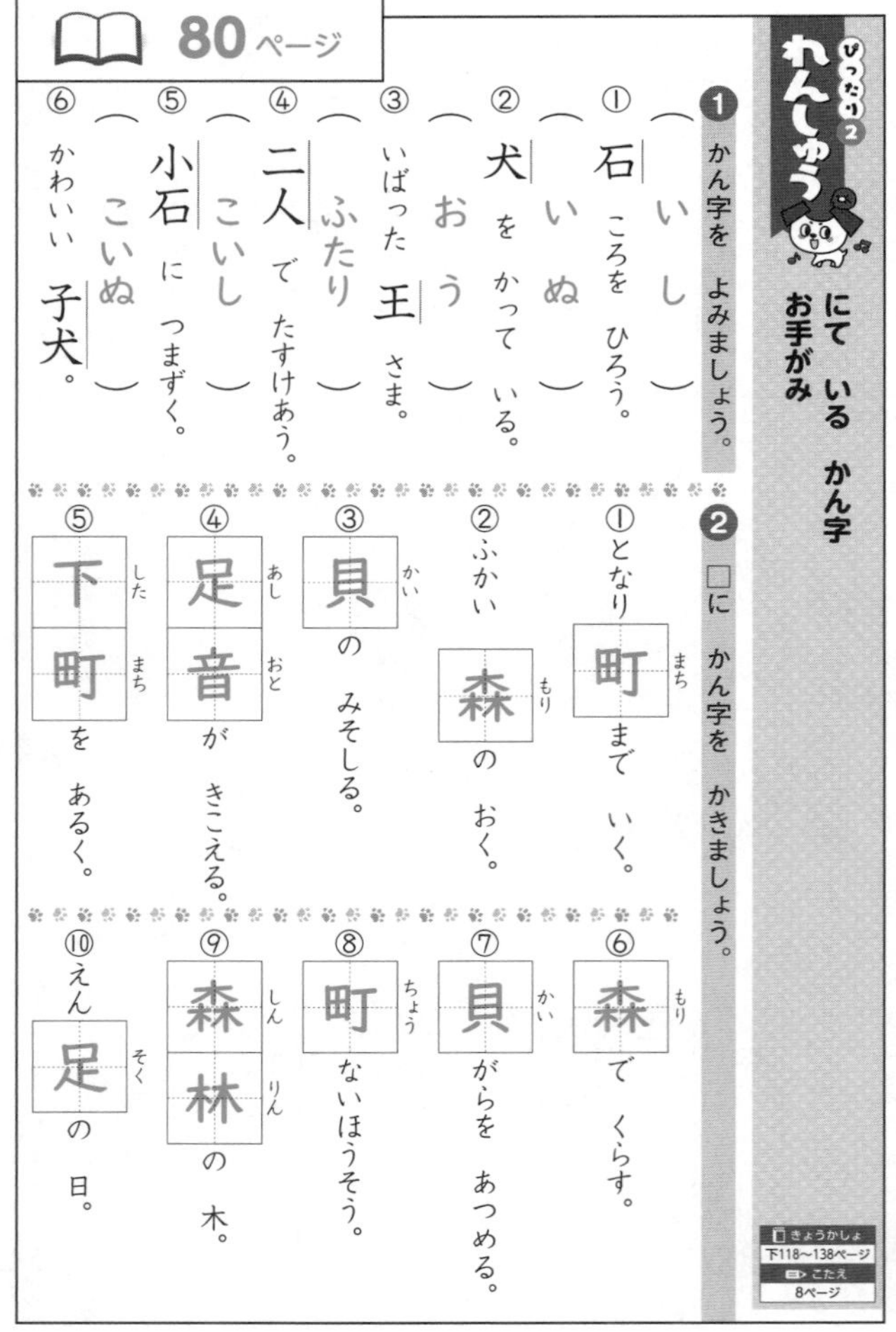

80ページ

ぴったり2 れんしゅう

にて いる かん字 お手がみ

1 かん字を よみましょう。

① 石（いし）ころを ひろう。
② 犬（いぬ）を かって いる。
③ いばった 王（おう）さま。
④ 二人（ふたり）で たすけあう。
⑤ 小石（こいし）に つまずく。
⑥ かわいい 子犬（こいぬ）。

2 □に かん字を かきましょう。

① となり 町（まち）まで いく。
② ふかい 森（もり）の おく。
③ 貝（かい）の みそしる。
④ 足音（あしおと）が きこえる。
⑤ 下町（したまち）を あるく。
⑥ 森（もり）で くらす。
⑦ 貝（かい）がらを あつめる。
⑧ 町（ちょう）ないほうそう。
⑨ 森林（しんりん）の 木。
⑩ えん足（そく）の 日。

きょうかしょ 下118〜138ページ こたえ 8ページ

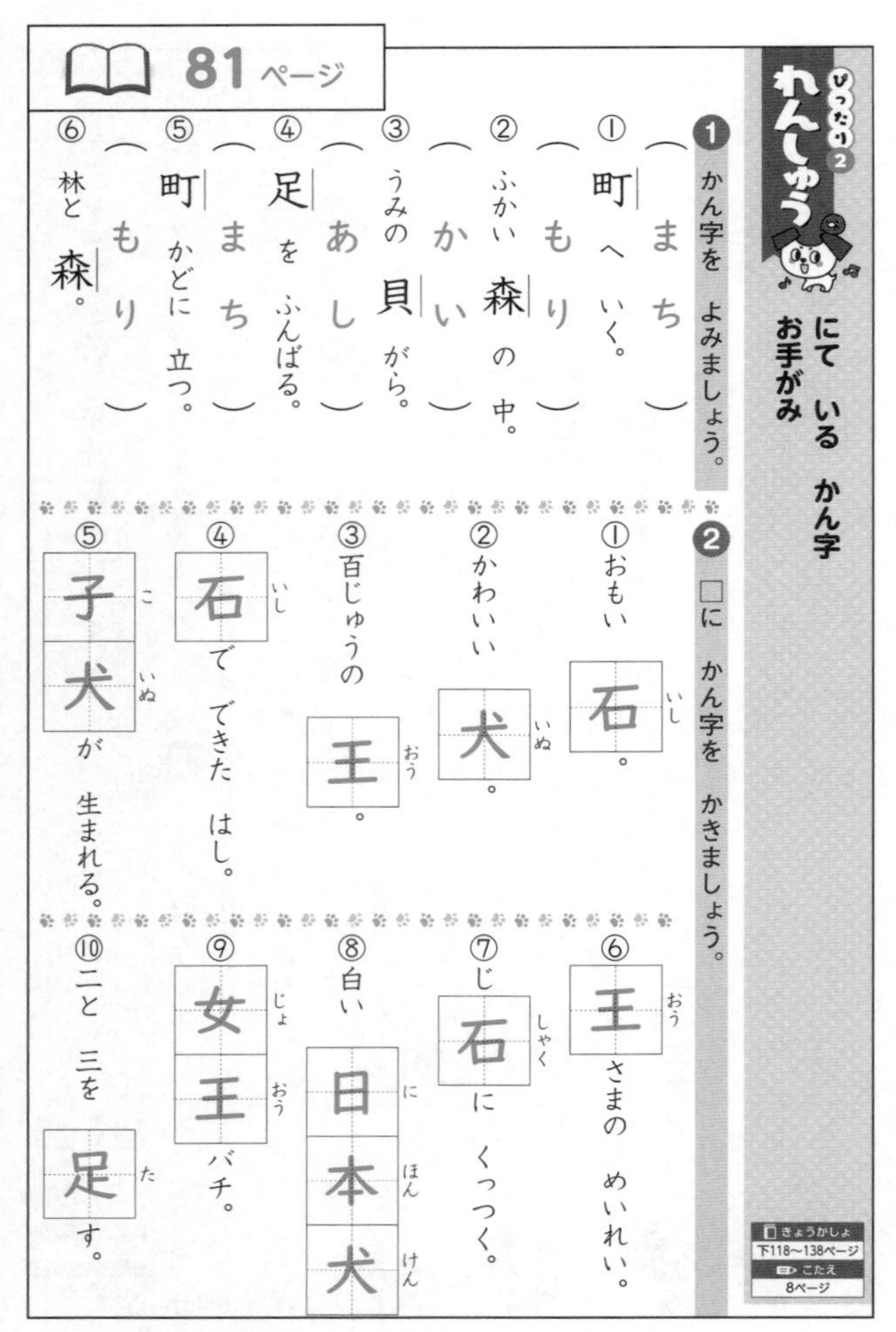

81ページ

ぴったり2 れんしゅう

にて いる かん字 お手がみ

1 かん字を よみましょう。

① 町（まち）へ いく。
② ふかい 森（もり）の 中。
③ うみの 貝（かい）がら。
④ 足（あし）を ふんばる。
⑤ 町（まち）かどに 立つ。
⑥ 林と 森（もり）。

2 □に かん字を かきましょう。

① おもい 石（いし）。
② かわいい 犬（いぬ）。
③ 百じゅうの 王（おう）。
④ 石（いし）で できた はし。
⑤ 子犬（こいぬ）が 生まれる。
⑥ 王（おう）さまの めいれい。
⑦ じ石（しゃく）に くっつく。
⑧ 白い 日本犬（にほんけん）。
⑨ 女王（じょおう）バチ。
⑩ 二と 三を 足（た）す。

きょうかしょ 下118〜138ページ こたえ 8ページ

82ページ

はるの チャレンジテスト①

1 つぎの ――の かん字は まちがって います。正しい かん字に なおしましょう。 一つ4てん（20てん）

① かわいい 大を かう。 **犬**

② うみで 目がらを ひろう。 **貝**

③ にわの 早かりを する。 **草**

④ まい日 小字校に いく。 **学**

⑤ 水王もようの かさ。 **玉**

2 つぎの かん字には なかまはずれが あります。その かん字を ○で かこみましょう。 一つ4てん（20てん）

① 手 足 （中） 耳

② 白 赤 青 （右）
※ほかは、いろの名まえです。

③ 竹 草 花 （雨）

④ （円） 千 百 二
※ほかは、すう字のかん字です。

⑤ 山 川 森 （車）

じかん30ぷん ／100 ごうかく80てん
きょうかしょ 下102〜119ページ
こたえ 9ページ

83ページ

3 つぎの ――の ことばを、正しい おくりがなで かきましょう。 一つ5てん（20てん）

① 一年生の かん字を まなぶ。 （学ぶ）

② かばんの 中に にもつを いれる。 （入れる）

③ 本を かう お金が たりない。 （足りない）

④ まるい おさらに ごちそうを もる。 （円い）

※「ボールがまるい」はべつのかん字です。

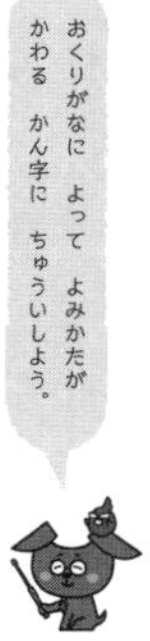

おくりがなに よって よみかたが かわる かん字に ちゅういしよう。

4 つぎの □に かん字を かきましょう。 一つ5てん（40てん）

① 男子（だんし）と 女子（じょし）。

② 校（こう）ていで 虫（むし）を つかまえる。

③ 小（ちい）さな 石（いし）を ひろう。

④ 村（むら）と 町（まち）を いききする。

※「村」は右がわを「十」にしないようにちゅういしましょう。

84ページ

はるの チャレンジテスト②

1 ――せんの かん字の よみがなを かきましょう。 一つ2てん（20てん）

① 千円（せんえん） さつで お金（かね）を はらう。

② 先（さき）に かいだんを 下（お）りる。

③ 林（はやし）を ぬけて 森（もり）に 入る。

④ 小（ちい）さな 文字（もじ）を かく。
※「文」は「もん」ではなく「も」とよみます。

⑤ 雨（あめ）の ふる 音（おと）。

2 つぎの かん字の 正しい かきじゅんに ○を つけましょう。 一つ4てん（20てん）

① 生
あ（○） ノ 𠂉 牛 牛 生
い（　） ノ 𠂉 𠂉 𠂉 生

② 左
あ（○） 一 ナ 𠂇 左 左
い（　） ノ ナ 𠂇 左 左

③ 右
あ（　） 一 ナ 右 右 右
い（○） ノ ナ 右 右 右

④ 糸
あ（○） く 幺 幺 糸 糸 糸
い（　） く 幺 糸 糸 糸 糸

⑤ 耳
あ（　） 一 丅 𠀃 耳 耳 耳
い（　） 一 丅 下 下 耳 耳
う（○） 一 丅 下 下 耳 耳

じかん30ぷん ／100 ごうかく80てん
きょうかしょ 下102〜119ページ
こたえ 9ページ

85ページ

3 かたちに 気を つけて、□に かん字を かきましょう。 一つ4てん（24てん）

① あ さくら 貝（がい）。
い ほしを 見（み）る。

② あ 犬（いぬ）の さんぽ。
い 大（おお）きい たてもの。
※二年で「太（ふと）い」というかん字もならいます。

③ あ 百じゅうの 王（おう）。
い 七いろに ひかる 玉（たま）。
※てんのいちにちゅういしましょう。

4 つぎの □に かん字を かきましょう。 一つ3てん（36てん）

① かた 足（あし）で 立（た）つ。

② 白（しろ）い 石（いし）を ひろう。

③ 校（こう）てい。

④ 入学（にゅうがく）しき。

⑤ 円（えん）ばん。

⑥ 男（おとこ）の人。

⑦ 町（まち）かど。

⑧ 女子（じょし）。

⑨ 草（くさ）かり。

⑩ 村（そん）ちょう。

1年 かん字のまとめ

学力しんだんテスト①

なまえ　　がつ　にち

じかん 30ぷん

ごうかく80てん　／100

こたえ10ページ

1 ——せんの かん字の よみがなを かきましょう。（一つ1てん（20てん））

① 五（ご）年生の たんにんは 男（おとこ）の 先生だ。

② ビルの 上（うえ）から ひろい 空（そら）を ながめる。

③ 耳（みみ）の ような かたちを した 石（いし）。

④ 山（やま）の きれいな 水（みず）を のんだ。

⑤ この 本（ほん）は、ぜんぶで 百（ひゃく）ページ ある。

※「百」は、「白」「日」など かたちの にた かん字に 気を つけます。

⑥ 村（むら）で すこしの あいだ 休（やす）む。

⑦ 名（な）まえも しらない 子（こ）。

⑧ 竹（たけ）やぶに めずらしい 虫（むし）が いた。

⑨ 町（まち）に ついて くわしい 文（ぶん）を かく。

⑩ 左手（ひだりて）に きれいな 花（はな）を もつ。

2 つぎの □に かん字を かきましょう。（一つ1てん（20てん））

① 森（もり）で 王（おう）さまに 出あう。

② 一月 八日（ようか）は 雨（あめ）だった。

※「一日」「二日」「九日」なども、よみかたを かくにん しましょう。

③ 力（ちから）づよく 立（た）ち あがる。

④ 学校（がっこう）に 早（はや）く いく。

⑤ 大（おお）きな 犬（いぬ）が ほえる。

⑥ 田（た）んぼの ちかくの 川（かわ）。

⑦ 貝（かい）が 口（くち）を あける。

⑧ 車（くるま）に 気（き）を つける。

⑨ 下（した）から 音（おと）が きこえる。

⑩ 糸（いと）に 玉（たま）を とおす。

うらにも もんだいが あります。

3 えの ものの かずを、かん字を つかって かきましょう。（一つ2てん（8てん））

（れい）  三びき

①  四わ

②  七さつ

③  六まい

④  十二だい

※ものに よって かぞえかたが ちがいます。おぼえて おきましょう。

4 かん字の 二とおりの よみかたを かきましょう。（一つ2てん（20てん））

① 女　あ 女の子。（おんな）　い 一年の 女子。（じょ）

② 土　あ ねん土ざいく。（ど）　い 土ぼこり。（つち）

③ 足　あ えん足。（そく）　い 足を のばす。（あし）

④ 金　あ お金もち。（かね）　い 金こに しまう。（きん）

⑤ 正　あ 正じきな 人。（しょう）　い 正しい こたえ。（ただ）

5 あとの □から なかまの かん字を えらんで、□の かずだけ かきましょう。（一つ2てん（20てん））

① いろを あらわす かん字。　赤　白　青

② かずを あらわす かん字。　千　九　百

③ しょくぶつを あらわす かん字。　竹　木　花　草

※「⺾」が つく かん字は、しょくぶつに かんけいします。

千　小　竹　赤　九　木
白　百　円　花　青　草

6 ——せんの まちがった かん字を ただしい 字で かきましょう。（一つ2てん（12てん））

① 石手を あげる。 　右

② にわの 上を ほる。 　土

③ 青い うみを 貝る。 　見

④ 町で 入と あう。 　人

⑤ かん学を かく。 　字

⑥ 大ぷらを たべる。 　天

1年 かん字のまとめ

学力しんだんテスト②

なまえ

がつ　にち

じかん 30ぷん

ごうかく80てん　／100

こたえ11ページ

1 ――せんの　かんじの　よみがなを　かきましょう。（一つ1てん〈20てん〉）

① 学校（がっこう）が　ない　あさも　早（はや）く　おきる。

② 犬（いぬ）を　つれて　ちかくの　森（もり）に　いく。

③ 王（おう）さまの　マントは　赤（あか）い。

④ なんの　音（おと）だったのか　気（き）に　なる。

⑤ 火（か）ようびに　三人（さんにん）で　あそんだ。

⑥ 白（しろ）くて　かっこいい　車（くるま）が　とまった。

※「車」は、「しゃ」とも　よみます。

⑦ あにと　力（ちから）を　あわせて　貝（かい）を　ひろう。

⑧ 青（あお）い　はたが　八本（はっぽん）（はちほん）　ある。

⑨ 先（さき）に　ついて　中（なか）で　まつ。

⑩ 大（おお）きくて　ふとい　木（き）に　のぼる。

2 つぎの　□に　かんじを　かきましょう。（一つ1てん〈20てん〉）

① 百（ひゃく）にんの　男（おとこ）が　あつまる。

② 右足（みぎあし）で　石（いし）を　ける。

③ 女（おんな）の子に　名（な）まえを　きく。

④ 花（はな）に　水（みず）を　やる。

⑤ 文字（もじ）を　小（ちい）さく　かく。

※「一文字」などは、「もんじ」と　よみます。

⑥ 天（あま）の川（がわ）が　きれいだ。

⑦ 山（やま）に　夕日（ゆうひ）が　しずむ。

⑧ 五月（ごがつ）に　生（う）まれる。

⑨ 虫（むし）が　空（そら）を　とぶ。

⑩ 林（はやし）を　ぬけると　村（むら）が　ある。

うらにも　もんだいが　あります。

3 うえと　はんたいの　いみの　ことばを、かんじで　かきましょう。（一つ2てん〈14てん〉）

① すわる――立つ

② はたらく――休む

③ 右――左

④ にせもの――本もの

⑤ はれ――雨

⑥ おとな――子ども

⑦ 出す――入れる

※はんたいの　いみの　かん字は　セットで　おぼえましょう。

4 つぎの　かんじの　赤い　ぶぶんは、なんばんめに　かきますか。□に　すうじを　かきましょう。（一つ2てん〈20てん〉）

① 田　4

② 力　2

③ 犬　2

④ 玉　4

⑤ 出　1

⑥ 車　7

⑦ 中　4

⑧ 竹　3

⑨ 気　2

⑩ 糸　4

※「犬」「玉」などの「、」は、さいごに　かきます。

5 つぎの　かんじに　下の　□の　ぶぶんを　つけて、べつの　かんじを　つくりましょう。（一つ2てん〈10てん〉）

ぶぶん・かんじとも　せいかいで

（れい）一＋白＝百

① 立＋日＝音

② 子＋宀＝字

③ 日＋十＝早

④ 早＋艹＝草

⑤ 田＋丁＝町

艹　十　日　白　丁　宀

6 つぎの　□に、からだの　ぶぶんを　あらわす　かんじを　かきましょう。（一つ4てん〈16てん〉）

※からだの　ぶぶんを　あらわす　かん字は、二年生でも　ならいます。

① 耳

② 手

③ 目

④ 口

かん字クイズ

1 山

2 水

3 手

4 ①車　②出　③早

5 ①㋑　②㋒　③㋐

6 木・大・小　※順不同

7 竹

8 ①上下　②正月

9 ①二千六百八十円　②子・人・男・女・車　※順不同

10 ①赤　②足

11 ①空　②山　③林　④川　⑤町　⑥村　⑦田　⑧木　⑨犬　⑩虫

かん字のたしざん

10ページ▽三
28ページ▽見
36ページ▽早
49ページ▽天
58ページ▽休
74ページ▽王

16ページ▽田
30ページ▽車
37ページ▽金
50ページ▽中
59ページ▽林

22ページ▽四
35ページ▽名
42ページ▽百
53ページ▽本
66ページ▽男

ふろく　とりはずしておつかいください。

ひらがな おさらいドリル

なつやすみにチャレンジ！

運筆(うんぴつ)も練習して、きれいなひらがなをかけるようになろう！

もくじ	このふろくの ページ
とめ・まる	2〜3
はね・おれ	4〜5
ひだりはらい・みぎはらい	6〜7
むすび／まとめ①	8〜9
まとめ②	10
ことばの　れんしゅう	11〜13
ひらがなの　ひょう	14
なまえの　れんしゅう	15

＊本冊子では、とめ・はね・はらいなどの注意書きを採用していますが、ひらがなに書き方の決まりはありません。お子様がきれいなひらがなを書けるようになることを目的として制作しています。学校での指導にあわせて学習してください。

1ねん　　くみ

とめ・まる

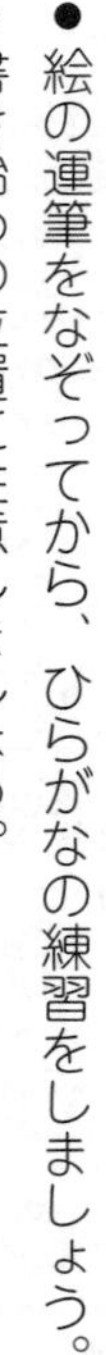

●絵の運筆をなぞってから、ひらがなの練習をしましょう。
●書き始めの位置に注意しましょう。

さいごは
しっかり
とめよう！

く
おれる
とめる

へ
したへ
とめる

さ
はねる
とめる

せ
とめる

きれいな
まるが
かけるかな？
1
2
と
とめる
1
おれる
て
とめる
1
の
はらう
おれる
1
ひ

はね・おれ

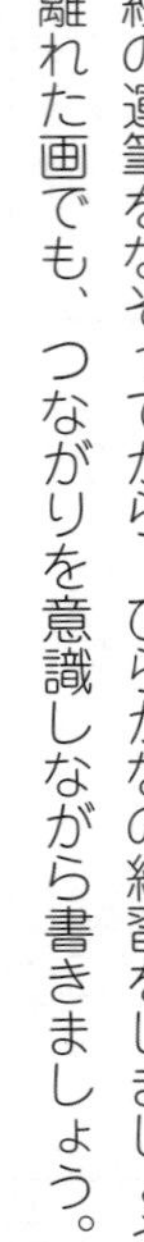

- 絵の運筆をなぞってから、ひらがなの練習をしましょう。
- 離れた画でも、つながりを意識しながら書きましょう。

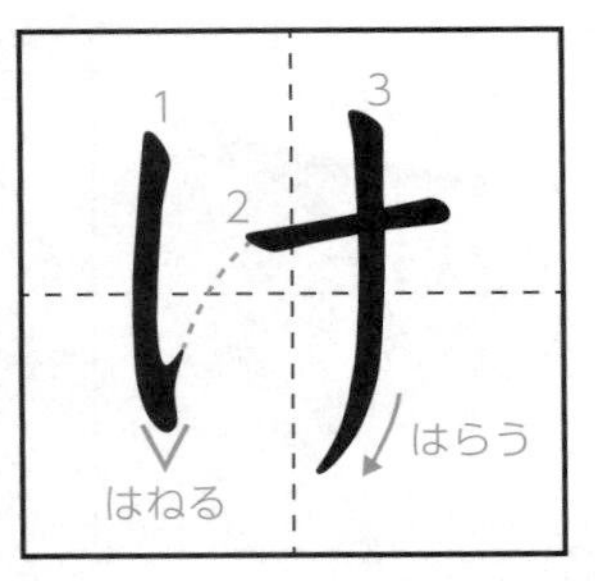

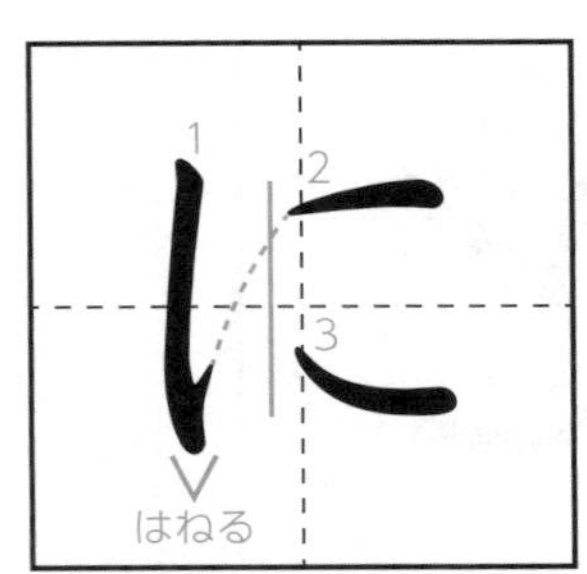

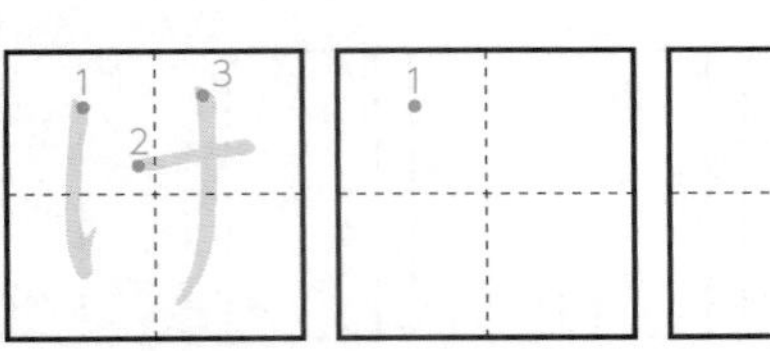

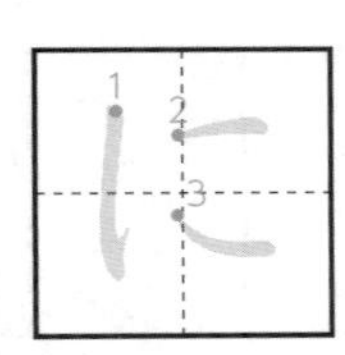

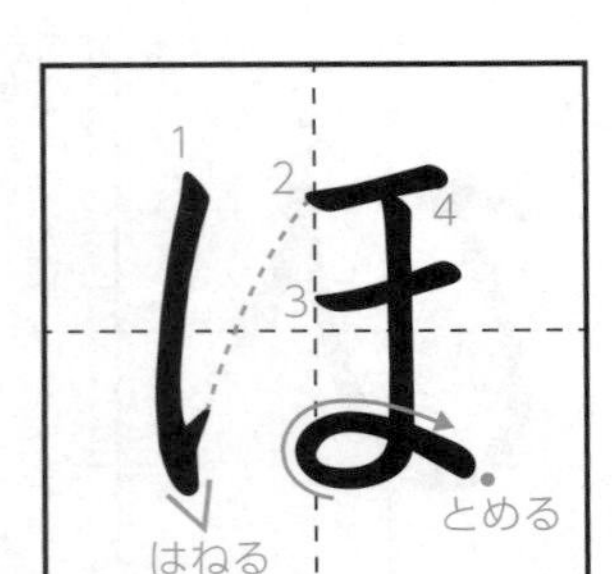

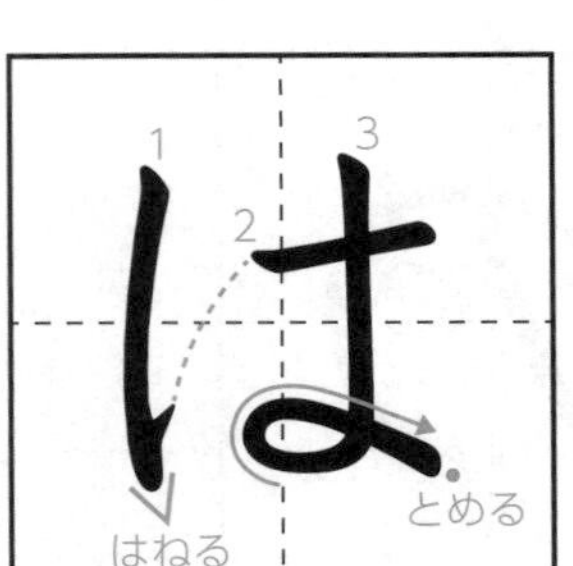

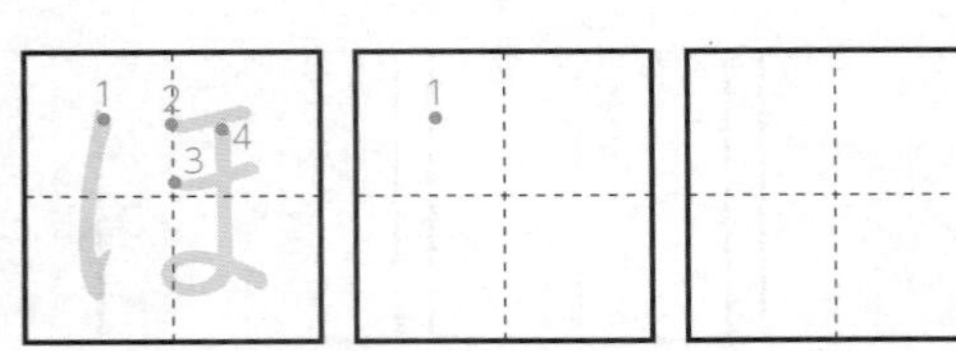

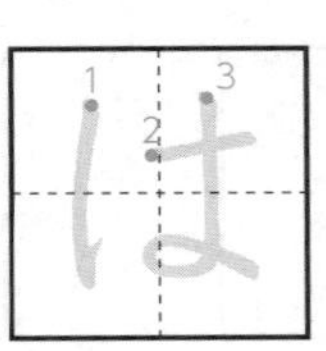

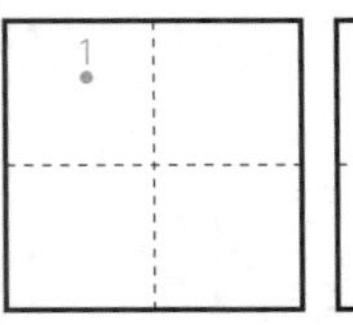

まるく
しないように
おれる
はらう
とめる
ろ
そ
わ
る

ひだりはらい・みぎはらい

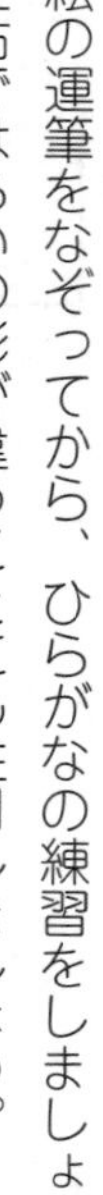

- 絵の運筆をなぞってから、ひらがなの練習をしましょう。
- 左右ではらいの形が違うことにも注目しましょう。

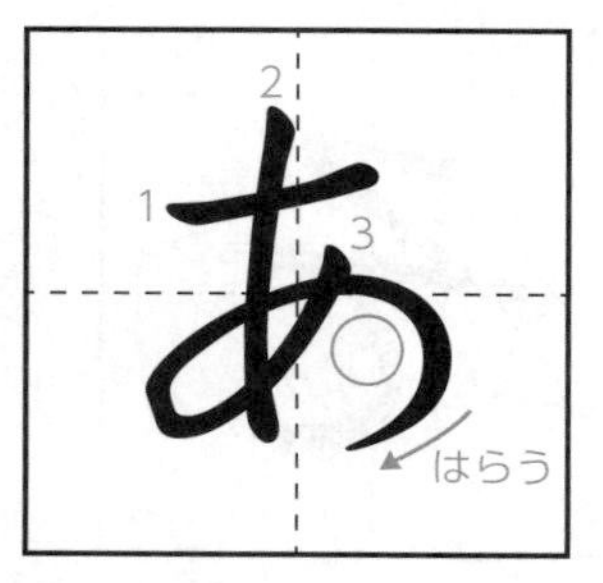

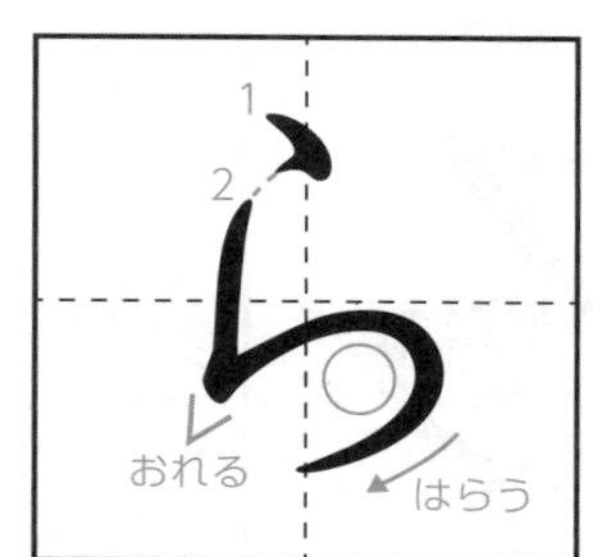

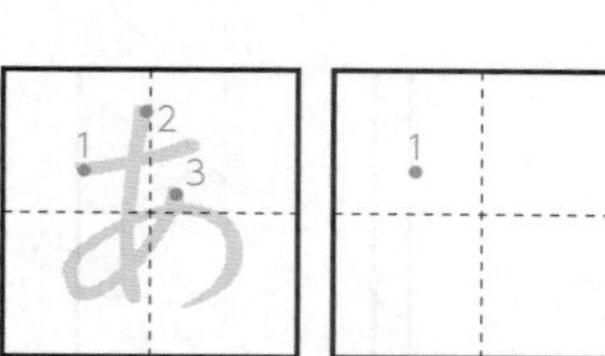

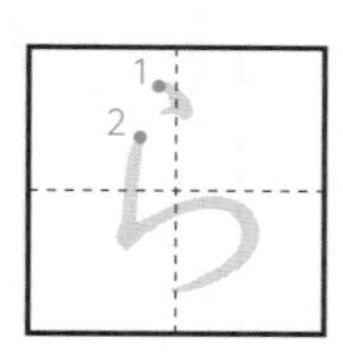

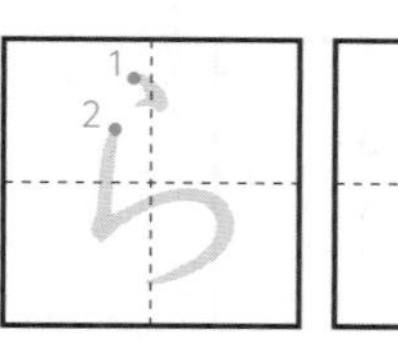

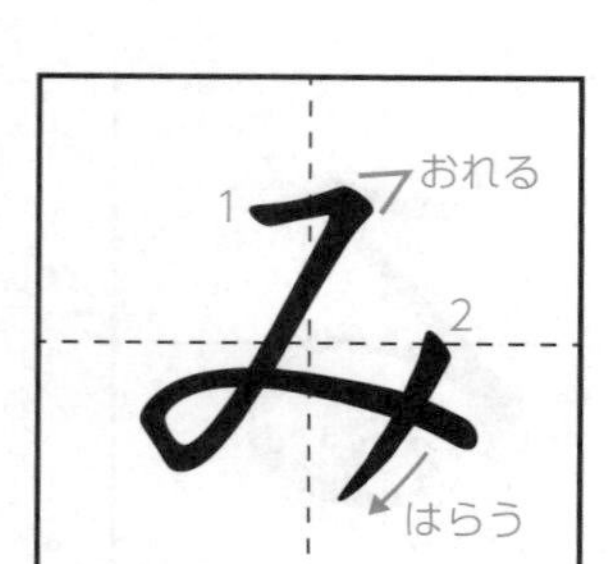

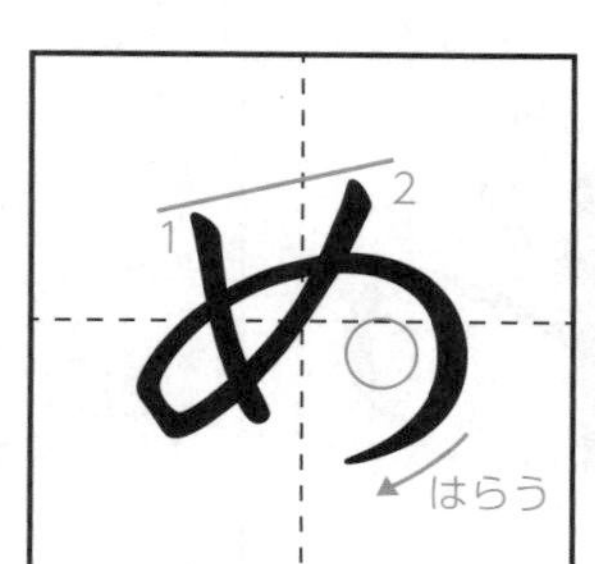

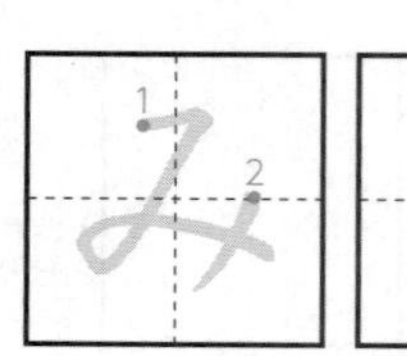

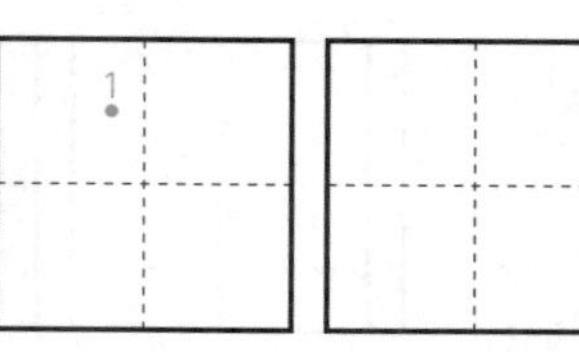

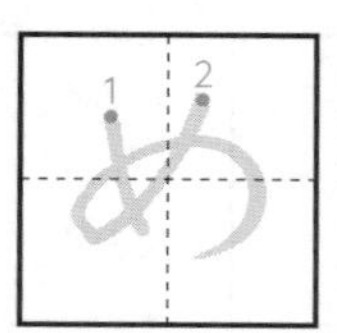

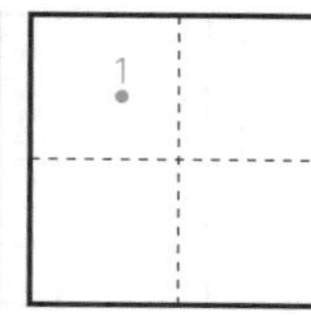

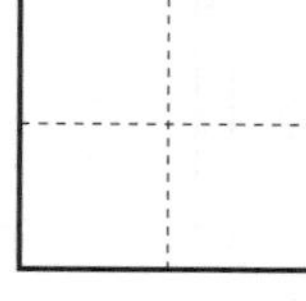

ちからを
ぬいて
はらおう
も
む
れ
ん
はらう
おれる

むすび／まとめ①

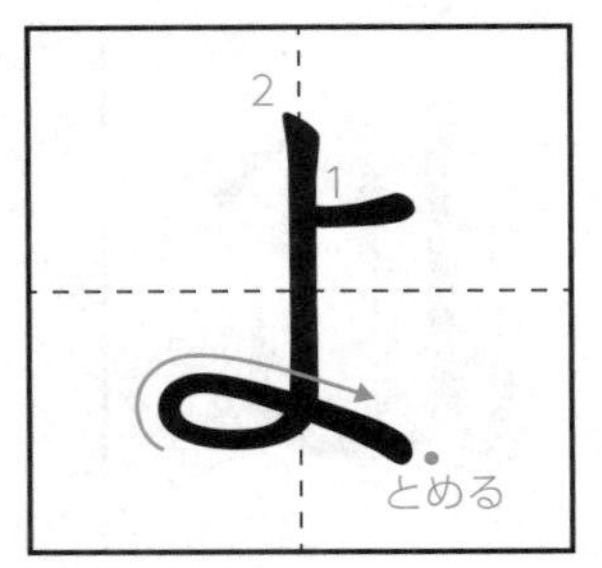

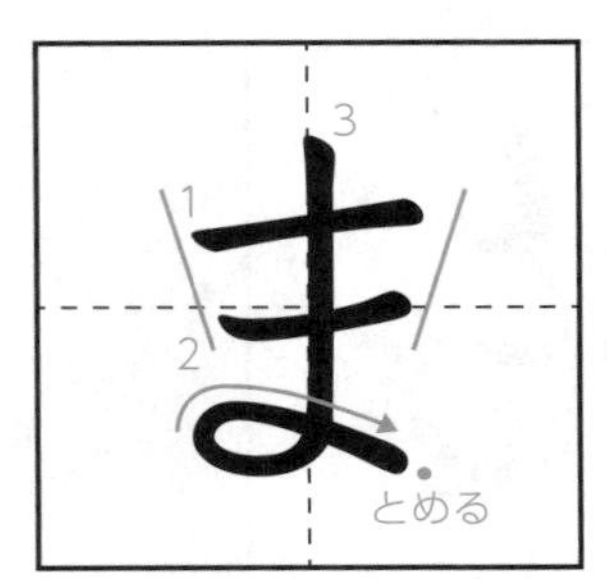

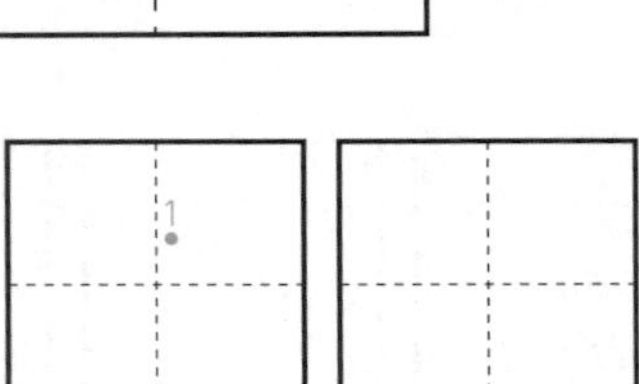

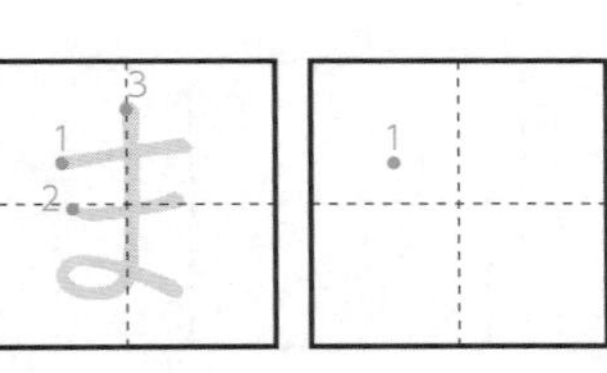

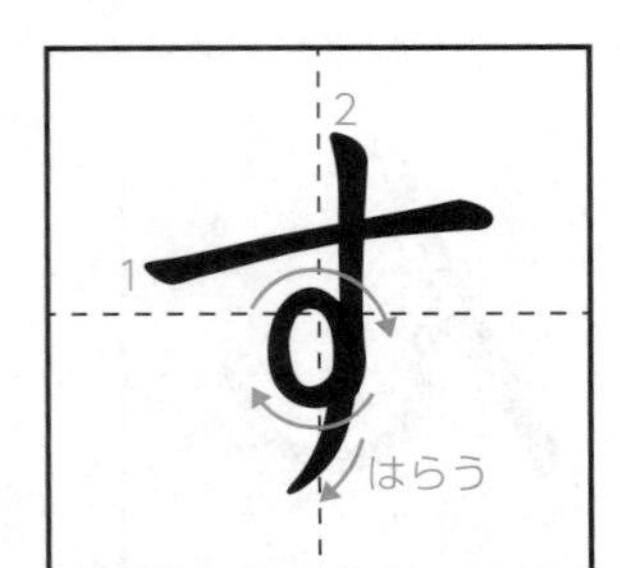

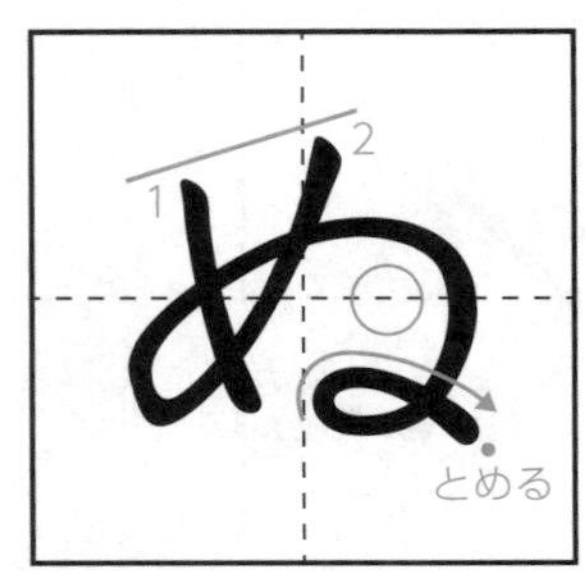

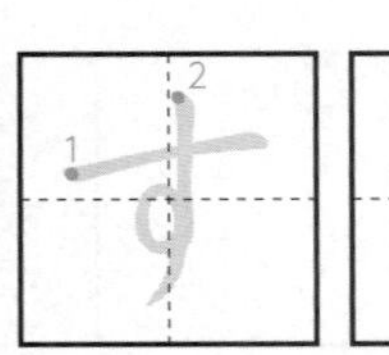

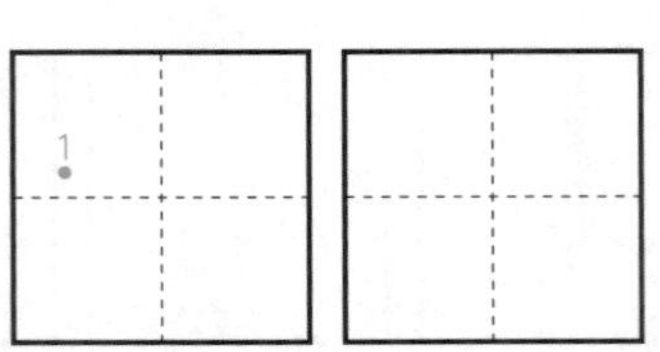

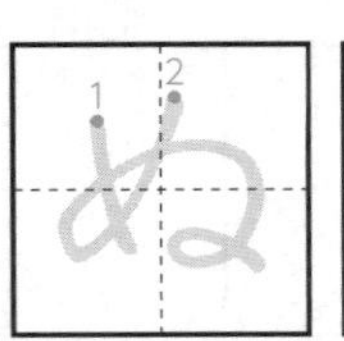

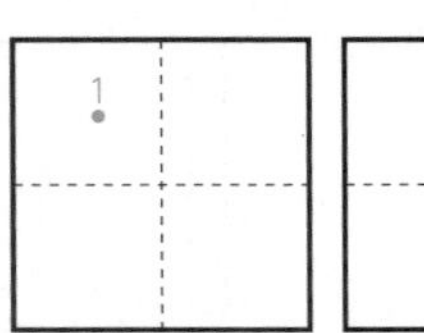

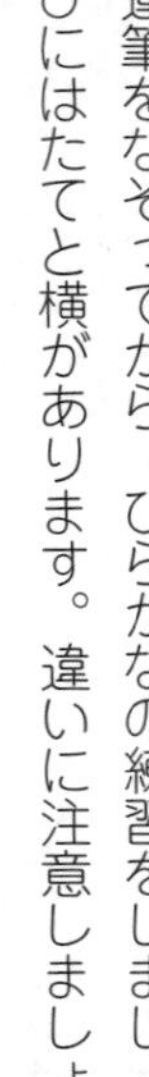

- 絵の運筆をなぞってから、ひらがなの練習をしましょう。
- むすびにはたてと横があります。違いに注意しましょう。

はねる
とめる
はねる
とめる
とめる
とめる
みぎしたへ
はらう

まとめ②

- これまで出てきたすべての要素が入った運筆です。
- 形が複雑なひらがなをあつめました。くり返し練習しましょう。

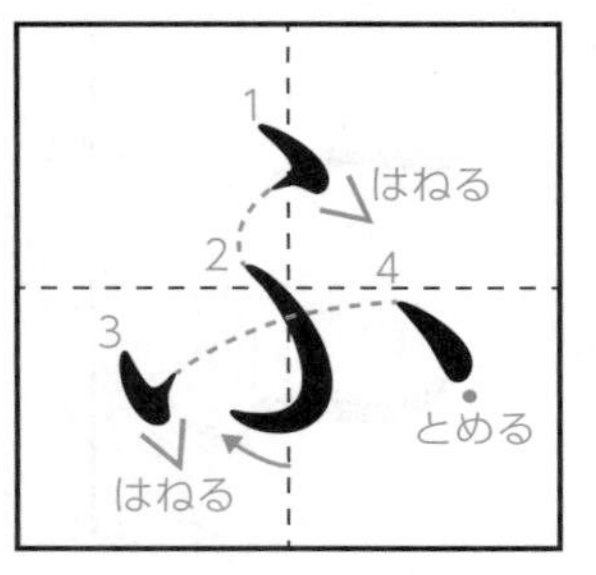

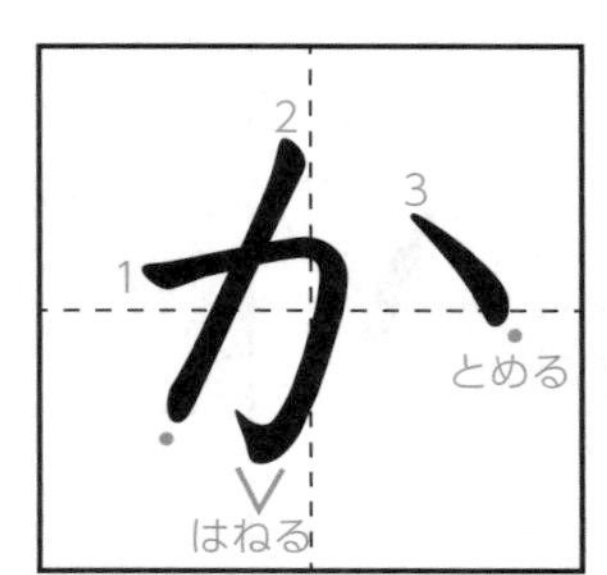

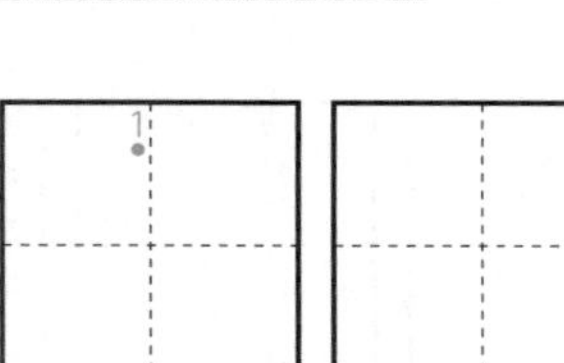

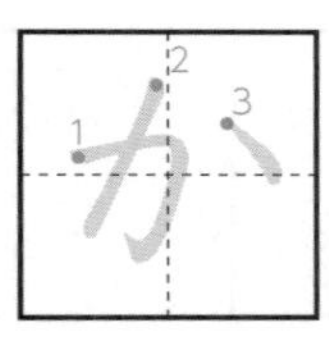

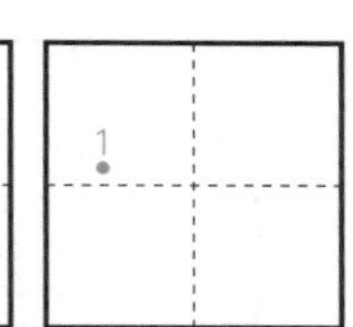

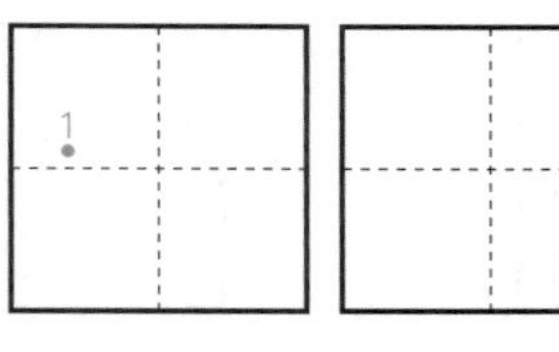

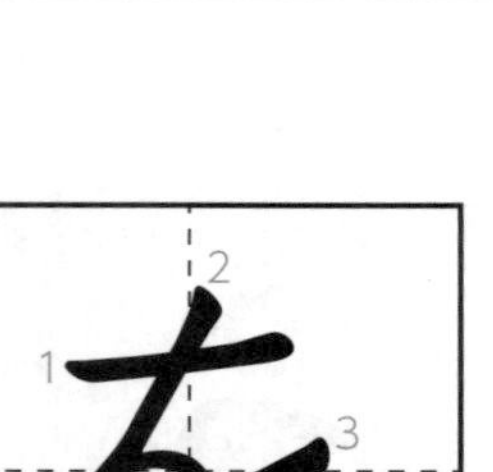

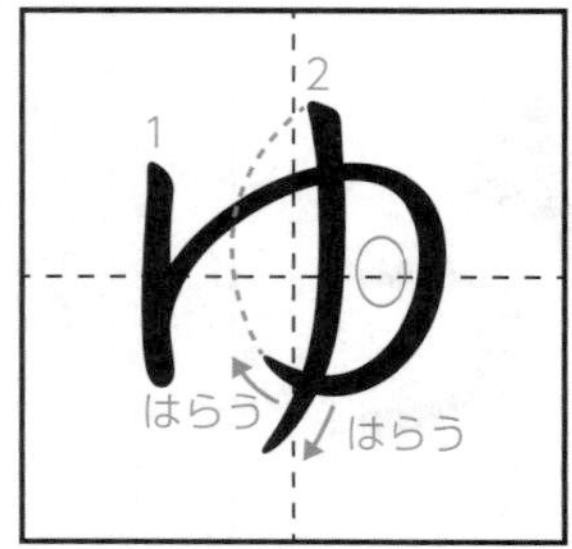

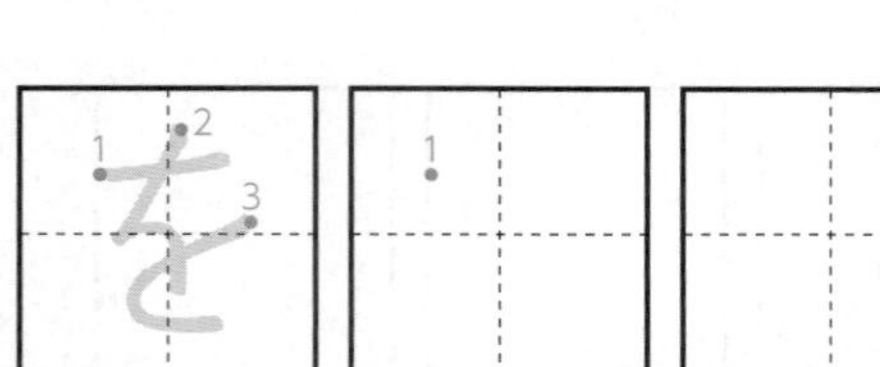

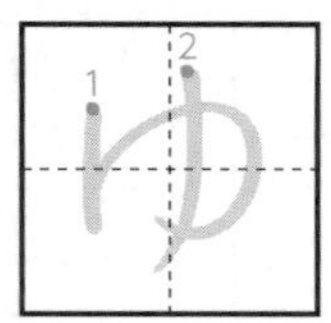

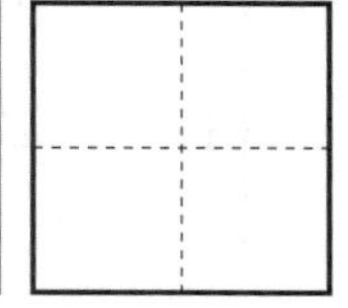

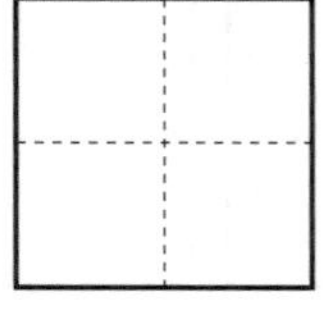

えに　あう　ことばを　かきましょう。

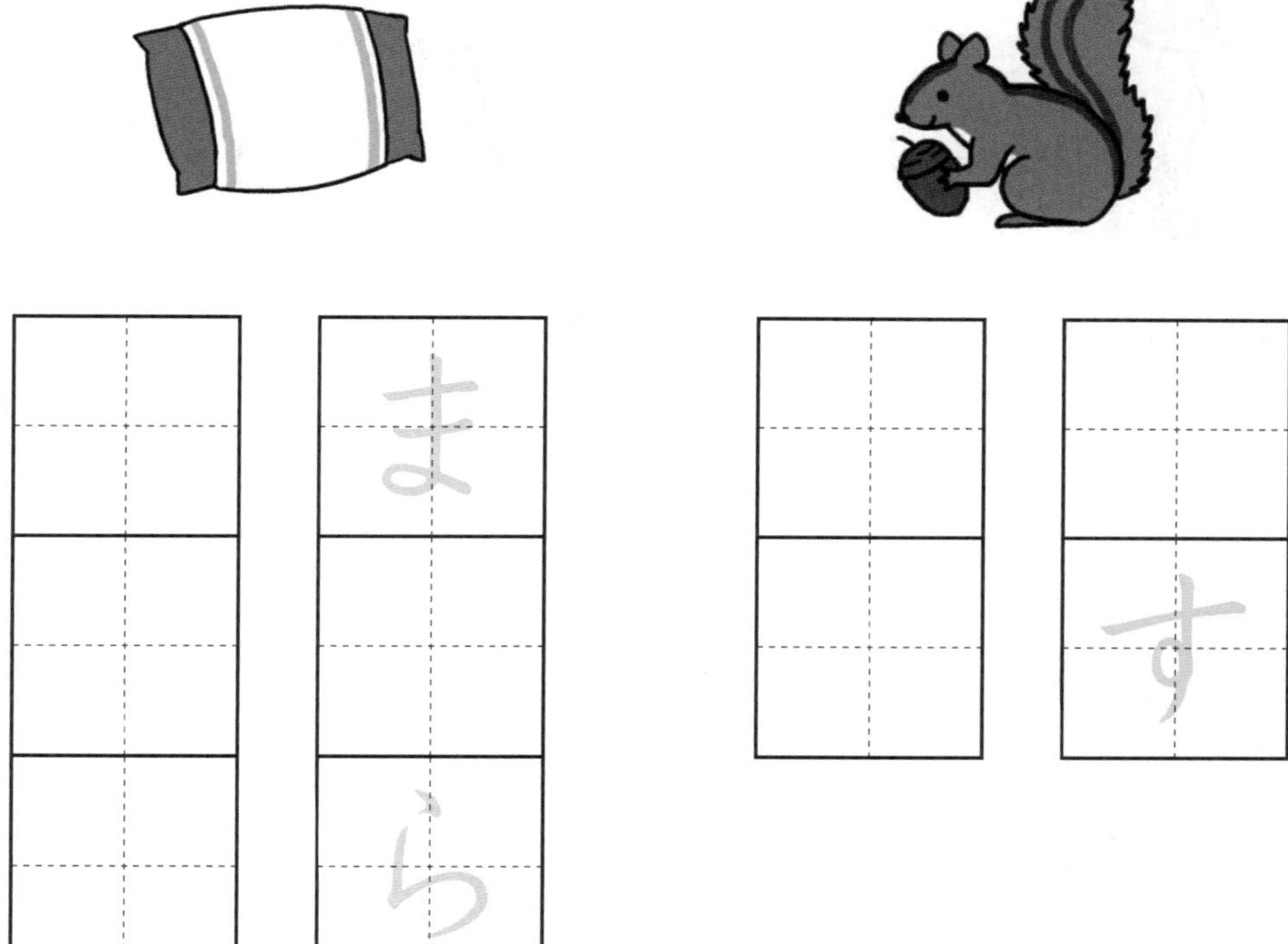

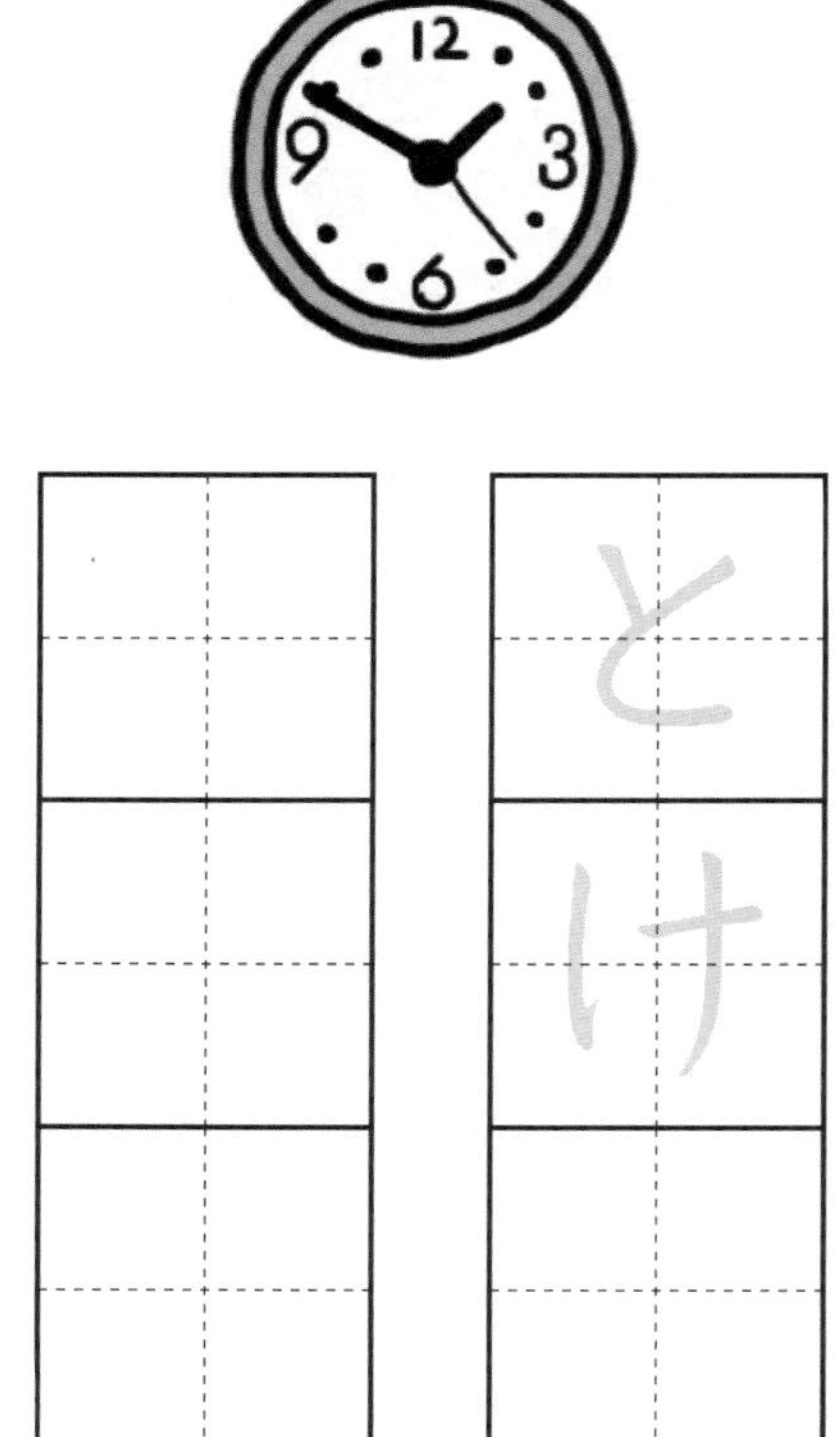

（右上から）りす　まくら　ねこ　とけい

えに　あう　ことばを　かきましょう。

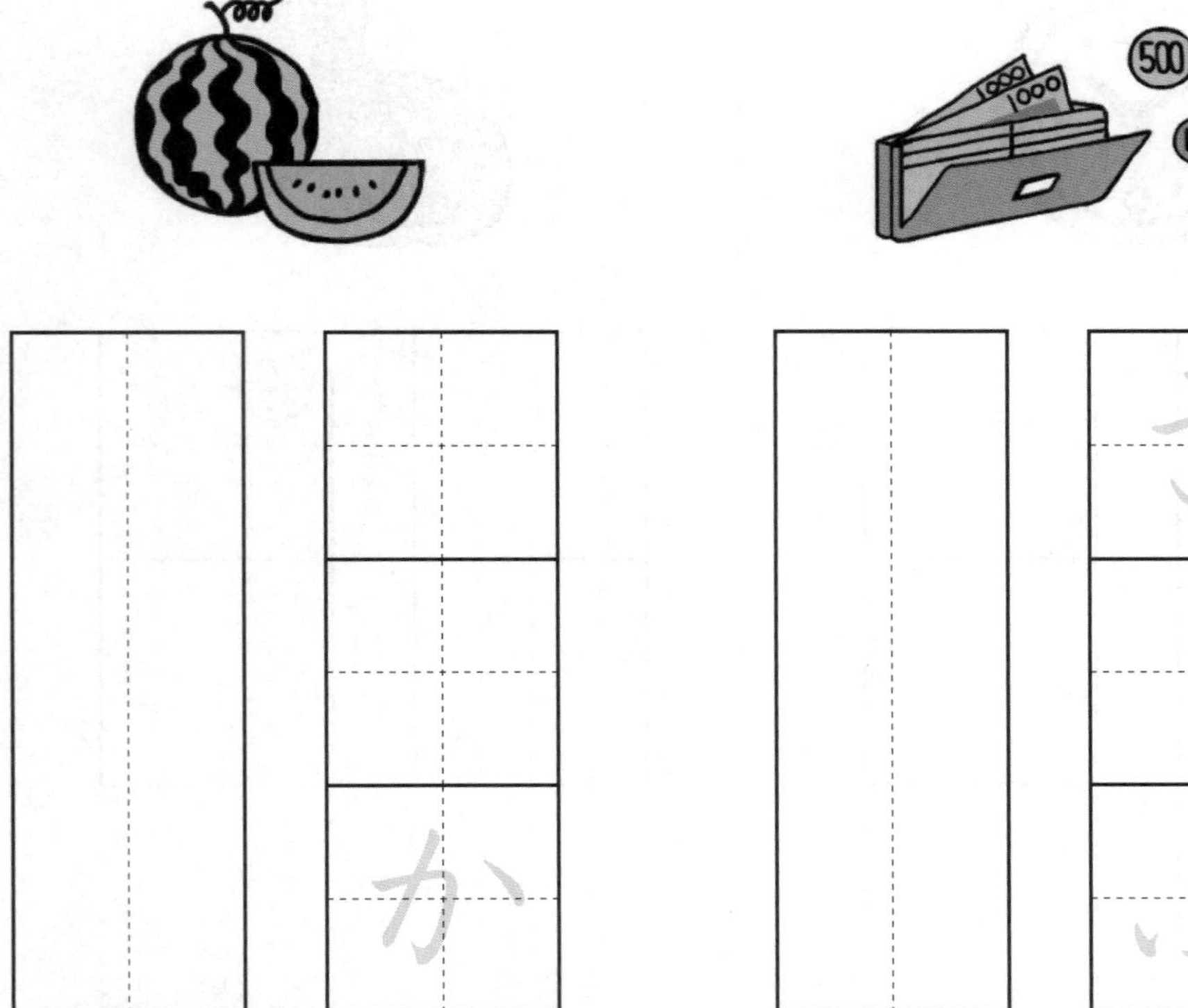

（右上から）やま　きつね　さいふ　すいか

えに　あう　ことばを　かきましょう。

ひらがなの　ひょうを　かんせいさせましょう。

を
（い）
な
き
（え）
ね
せ
え
お

ぜんぶ　かけたら
おうちの　ひとに
みせよう！

じぶんの　なまえを　かく　れんしゅうを　しましょう。

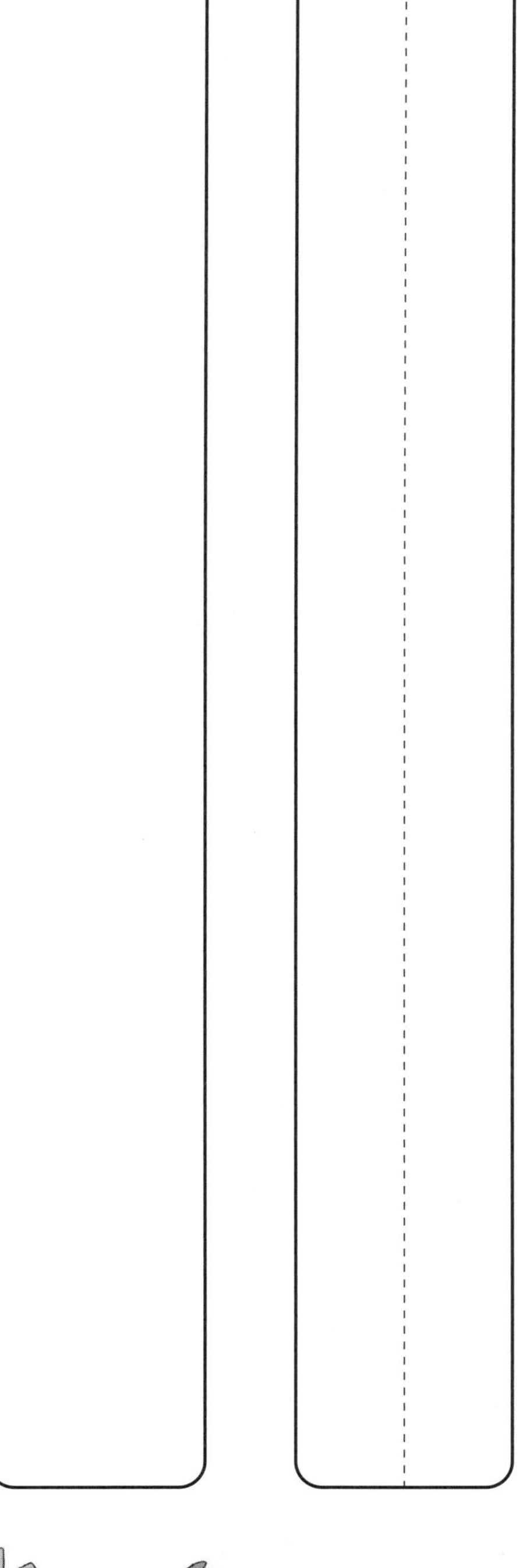

じょうずに　かけたかな？
おうちの　ひとに　みせよう！